哈尔滨职业技术学院

国家骨干高职院校建设项目成果

会计电算化专业系列教材

会计信息化实务

张俊龙　主编

科　学　出　版　社

北　京

内 容 简 介

本书以用友ERP—U8V10.1为操作平台，以“情境+任务”的形式介绍会计软件的应用原理及操作技能。以企业典型的会计工作任务为出发点，以任务驱动式教学方式使学习者在轻松地完成任务的过程中学习财务软件的基本工作原理和使用方法。全书共设计了5个学习情境，即系统管理与基础档案设置、总账系统管理、UFO报表系统管理、薪资系统管理、固定资产系统管理。全书共11个任务，突出任务实施的操作步骤及相应图示，循序渐进，简单易学。为系统综合学习各学习情境内容，本书设置了综合实训，便于学习者巩固所学知识，增强学生的应用能力和自信心。

本书可作为高职院校财会专业用书，也可作为会计人员的岗位培训、会计从业资格考试、ERP资格认证考试等用书。

图书在版编目（CIP）数据

会计信息化实务 / 张俊龙主编. —北京：科学出版社，2014.12
国家骨干高职院校建设项目成果·会计电算化专业系列教材
ISBN 978-7-03-042466-2

Ⅰ. ①会… Ⅱ. ①张… Ⅲ. ①会计信息—财务管理系统—高等职业教育—教材 Ⅳ. ① F232

中国版本图书馆CIP数据核字（2014）第268312号

策划编辑：宋　丽 / 责任编辑：龚亚妮
责任校对：刘玉靖 / 责任印制：吕春珉
封面设计：东方人华平面设计部 / 版式设计：金舵手世纪

科 学 出 版 社 出版
北京东黄城根北街16号
邮政编码：100717
http://www.sciencep.com

北京中科印刷有限公司印刷
科学出版社发行　各地新华书店经销

*

2015年1月第 一 版　开本：787×1092 1/16
2020年7月第五次印刷　印张：16 1/4
字数：366 000

定价：49.00元

（如有印装质量问题，我社负责调换〈中科〉）
销售部电话 010-62134988　编辑部电话 020-62132460（VZ02）

哈尔滨职业技术学院会计电算化专业教材
编审委员会

本书编写人员

主　编　张俊龙

副主编　郎　琳　李剑飞　刘震威　张海鹰

编　委　苏　黎　张　楠

主　审　孙百鸣　李英琦

WRITTEN DESCRIPTION

丛书编写说明

《国家中长期教育改革和发展规划纲要（2010—2020 年）》指出："职业教育要面向人人、面向社会，着力培养学生的职业道德、职业技能和就业创业能力。""把提高质量作为重点，以服务为宗旨，以就业为导向，推进教育教学改革。实行工学结合、校企合作、顶岗实习的人才培养模式。"教育部在《关于推进高等职业教育改革创新引领职业教育科学发展的若干意见》中提出，要深化工学结合、校企合作、顶岗实习的人才培养模式改革，实现专业与产业对接，教学内容与职业标准对接，教学过程与生产过程对接，学历证书与职业资格证书对接，职业教育与终身教育对接，校企合作共同开发专业课程和教学资源，推行项目导向、任务驱动等学做一体的教学模式等，对职业教育教学改革提出了新的更高的要求。

为深入贯彻落实《国家中长期教育改革和发展规划纲要（2010—2020 年）》及教育部《关于全面提高高等职业教育教学质量的若干意见》、教育部财政部《关于实施国家示范性高等职业院校建设计划加快高等职业教育改革与发展的意见》、教育部《关于推进高等职业教育改革创新引领职业教育科学发展的若干意见》等有关文件精神，有效促进高职高专院校转变教育教学理念，推进教育教学改革，加快专业和课程建设，提升专业办学质量，突出专业办学特色，交流先进的教育教学经验，展示国家骨干高职院校重点专业及核心课程改革成果，做好宣传推广与共享，由国家骨干高职院校哈尔滨职业技术学院与科学出版社联合策划了"国家骨干高职院校建设项目成果会计电算化专业系列教材"编写项目，组织编写了会计电算化专业核心课程教材 7 本，专业群共享教材 2 本，本系列教材的主要特色如下：

1. 更新理念，确定教材编写思路。本系列教材从高职高专教育的特点出发，按照高职高专教育"以服务为宗旨，以就业为导向，注重实践能力培养"的原则，更新教材开发理念，确定了以教育部会计类专业教学标准为参照，校企合作组建开发团队，融入最新会计制度，安排教材内容，创造仿真性教学环境，实施以学生为主体的行动导向教学等教材编写与使用思路，更加有利于会计类专业教学。

2. 校企合作，组建教材开发团队。9本书均由学校与企业会计人员组成开发团队，深入行业企业调研，找准会计类核心课程改革的关键节点，摸清会计职业对工作人员的知识、能力、素质要求，校企合作开发教材编写提纲和体例框架。

3. 对接标准，开发教材内容体系。对接教育部新修订的《高等职业学校专业教学标准（试行）》和《会计从业人员资格考试标准》，融入会计软件应用（用友平台）高级电算化员级职业资格考试内容，重新构建学习情境与任务驱动相结合的教材体系，突出学生会计职业能力培养，实现教学内容的针对性和实用性，使岗、证、课深度融合，学生可考取会计从业资格证书、会计电算化证书、ERP工程师证书，提高会计职业能力。

4. 工学结合，突出会计职业能力培养。本系列教材以企业会计工作过程为导向开发具体教学内容，对接会计岗位工作过程安排教学过程，对会计的典型工作任务设计学习性工作任务，构建仿真的会计职业环境，对每个特定的任务采用直观生动的软件画面、清晰的操作步骤说明和典型的应用实例，指导学习者去完成学习任务，工学有机结合，有效培养学生的会计职业能力。

本系列教材完全摆脱了传统教材编写和使用模式，按照工作过程导向和任务驱动方式进行开发，归纳提炼了典型工作任务，设计了学习情境描述、任务单、资讯单、计划单、决策单等组成的教材体例框架，实施过程中以分组方式组织教学，采用引导文教学法、行动导向法、头脑风暴法等先进的教学方法，让学生在做中学，学中练，实现会计电算化专业工学真正结合，强化学生会计应用能力培养。

在本系列教材的编写过程中，行业企业及黑龙江省高职高专财经类专业教学指导委员会对本系列教材体系构架和教材编写模式确定及部分课程教材编写大纲论证提出了很好的建议，同时本书也参考了相关的教材和资料，对此我们表示衷心的感谢！

本系列教材适合于高等职业院校会计类专业工作过程导向课程改革使用，由于实践周期短，缺点在所难免，仅以此系列教材为国家示范性高职院校和国家骨干高职院校建设贡献应有的力量。

哈尔滨职业技术学院国家骨干高职院校会计电算化专业教材编审委员会

2014年6月

PREFACE
前　言

本书是国家骨干高职院校建设项目成果会计电算化专业系列教材，以《国家中长期教育改革和发展规划纲要（2010—2020 年）》及教育部《关于全面提高高等职业教育教学质量的若干意见》、教育部财政部《关于实施国家示范性高等职业院校建设计划加快高等职业教育改革与发展的意见》、教育部《关于推进高等职业教育改革创新引领职业教育科学发展的若干意见》等有关文件精神为指导，力求体现两大理念：一是“校企合作开发，课证深度融合，充分体现职业性、实践性和开放性”；二是“从学做分离转向工学结合，促进综合素养养成，突出学生学习能力、实践能力、创新能力和就业能力培养”。

本书的培养目标是，强化会计信息化基础能力、核心专业技术应用能力和一般关键能力，使学生不仅能够掌握财务与业务一体化管理软件的基本操作技能，同时还能学到会计工作岗位之间的业务衔接关系和内部控制要求，以及会计人员的职业道德规范等内容，从而完成从理论向实践、从单项技能向综合技能的过渡。为了实现培养适合企业需要的会计信息化专门人才的目标，本书的编写人员集中优势资源，以工学结合为切入点，根据课程内容和学生特点，精心打造了《会计信息化实务》这本书。

本书是在现有众多教材的基础上，广泛吸收了会计信息化教学的教研成果，本着完善和创新的原则编写而成，是为了满足高等会计职业教育会计专业会计电算化和会计信息化课程教学的需要。在编写过程中参阅了大量的教材和学术文章，在此向这些作者表示衷心的感谢。全书突出了以下特点：

1. 采用学习情境和工作任务法组织教学内容。基于会计信息化岗位工作能力要求选取教学内容，以案例为载体，设计学习情境和学习任务，在每个实训任务中，明确实训内容，采用先操作，从操作中总结理论的思路设计每个模块的学习。

2. 实训内容充实实用。一方面，首次在教学中引入虚拟机技术，解决了软件安装实训的环境，同时也为学生课外练习提供了解决方案。另一方面，整套实训业务经过精心设计，难度和强度适中，指导过程图文并茂，突出知识的落实和技能的掌握，以求做到学以致用。

3. 编写手法新颖细腻。会计软件的系列实训教学充分体现了任务驱动教学的模式，在关键的操作步骤中给出友情提示和注意事项，同时在每一个操作步骤中首先给出操作意图，再书写操作步骤，学生在阅读教材的过程中很容易明白操作思路，加上适当的疑难解答，学生可以自行解决大部分操作问题，减轻老师的实验指导工作强度。

4. 与 ERP 实践专家合作开发教材。在本书编写过程中，得到了多位 ERP 行业实践专家指导和协助，其中，用友新道科技有限公司经理李英琦对软件的选定给出了指导性意见，用友新道科技有限公司王天明提供大量的编写素材。

为了方便本书的使用和院校开展教学工作，我们免费提供一整套教学文件和相关软件，包括课程标准、实训指导书、技能考核大纲、技能考核方案、授课计划、教案、教学 PPT、演示版软件、账套备份、虚拟机软件等。欢迎需要这些资料或者需要同我们进行合作交流的老师与我们联系，联系方式：915494969@qq.com。

本书由哈尔滨职业技术学院张俊龙担任主编，哈尔滨职业技术学院郎琳、哈尔滨职业技术学院李剑飞、哈尔滨职业技术学院刘震威担任副主编，由哈尔滨职业技术学院孙百鸣、用友新道科技有限公司李英琦担任主审。全书共分五个教学情境，学习情境一由孙百鸣和张楠编写，学习情境二由张俊龙、张海鹰编写，学习情境三由刘震威编写，学习情境四由郎琳和苏黎编写，学习情境五由李剑飞编写。综合实训一、二、三、五由张俊龙编写，综合实训四、六、七、八由苏黎编写。

本书在编写过程中参考了有关专家学者编写的教材和专著，在此向这些作者表示衷心的感谢。

鉴于编者水平有限及实践经验有限，书中难免有不足之处，恳请广大读者批评指正。

编　者

2014 年 8 月

CONTENTS

目录

学习情境一

系统管理与基础档案设置

学习目标

- 理解用友 ERP-U8V10.1 系统管理中的主要功能；
- 了解用友 ERP-U8V10.1 基础档案设置的主要内容；
- 掌握会计科目设置的主要内容；
- 了解企业应用平台的主要功能；
- 能熟练建立会计账套；
- 能够设置操作员并授予相应的权限；
- 会备份、恢复会计账套；
- 能根据企业核算要求设置总账系统参数、数据权限、科目辅助属性；
- 能根据资料设置会计科目、各项档案、凭证类别、外币、结算方式、项目目录；
- 设置部门、个人、供应商、客户、外币等基础信息；
- 能正确建立企业会计信息化核算系统并录入期初余额，完成系统初始化工作。

工作任务

- 系统管理：增加、修改和删除用户；建立、修改、引入和输出账套；
- 基础档案设置：部门档案、人员档案、往来单位档案、凭证类别、结算方式等设置。

学习情境描述

进入21世纪以来，我国社会经济发展迅速，资本市场不断发展壮大，计算机、通信技术和经济学等相关技术与学科获得迅速发展，为会计电算化发展创造了条件。同时，各类企业和行政事业单位对会计电算化的要求也在不断提高，为此，会计学习者和会计工作者必须努力学习会计电算化知识，不断提高自身的岗位技能水平，应对会计新的形势变化。

用友ERP-U8V10.1管理系统是由多个子系统构成的，各个子系统功能彼此独立，彼此之间紧密联系，共享数据，共用相同的基础信息。用友ERP-U8V10.1的企业应用平台，集合了软件的所有功能，可以实现系统基础数据的集中维护、各种信息的及时沟通、数据资源的有效利用等功能。

任务1 系统管理

任务单

学习领域	会计信息化实务		
学习情境一	系统管理与基础档案设置	学　时	12
工作任务1	系统管理	学　时	6

布置任务

工作目标	1. 能够进行用户及权限的集中管理； 2. 能够熟练地建立、修改、引入和输出账套； 3. 能够对整个系统的运行过程进行监控，清除系统运行过程中的异常任务； 4. 会设置系统自动备份计划。			
任务描述	哈尔滨冰城科技有限责任公司在激烈的市场竞争环境中，为了提高办公效率，决定于2014年1月1日开始实行会计电算化，经过对多种会计软件的比较选择，选中了用友公司生产的以中小企业为目标的用友ERP-U8V10.1管理系统，现需要完成对软件的安装任务，建立账套。 用友软件ERP-U8V10.1账套是一组相互关联的数据，是每个独立核算企业建立的一套完整的账簿体系。各账套之间的数据相互独立、互不影响。系统设立统一的安全机制，包括用户、角色和权限设置等功能。已明确指定系统权限进行授权的操作员，并对操作人员的使用进行明确规定，以避免无关人员对系统进行非法操作。			
学时安排	资讯1学时	计划与决策1学时	实施3学时	检查与评价1学时
提供资料	1. 会计电算化管理办法； 2. 会计核算软件基本功能规范； 3. 会计电算化工作规范； 4. 会计基础工作规范； 5. 会计档案管理办法； 6.《新编用友ERP财务管理系统实验教程》，王新玲主编，清华大学出版社，2009； 7.《电算会计项目化教程》，张冬梅主编，电子工业出版社，2012； 8.《会计信息化实务》，徐亚文主编，武汉大学出版社，2011； 9.《会计电算化实务》，王曦东主编，北京邮电大学出版社，2013。			

续表

学习领域	会计信息化实务		
学习情境一	系统管理与基础档案设置	学　时	12
工作任务 1	系统管理	学　时	6
对学生的要求	1. 掌握会计软件的概念、掌握会计软件的不同分类方法； 2. 掌握会计软件的功能，熟悉会计软件功能在具体会计业务处理中的体现； 3. 掌握会计信息系统实施的主要步骤； 4. 能根据单位计算机系统操作、维护、开发的特点，结合会计工作的要求，划分不同的会计信息化岗位； 5. 能熟练建立会计账套； 6. 能够设置操作员并授予相应的权限； 7. 能备份、恢复会计账套； 8. 能够熟练设置编码方案、数据精度； 9. 学生必须具有团队合作的精神，以小组的形式完成工作任务； 10. 严格遵守课堂纪律和工作纪律，不迟到，不早退，不旷课； 11. 学生应树立职业意识，按照企业的岗位职责要求自己。		

资　讯　单

学习领域	会计信息化实务		
学习情境一	系统管理与基础档案设置	学　时	12
工作任务 1	系统管理	学　时	6
资讯方式	在图书馆、专业期刊、互联网及信息单上查询问题；咨询任课教师。		
资讯问题	1. 我国会计信息化的管理都有哪些文件、主要内容是什么？ 2. 在会计核算中取得原始凭证、开设账户、填制凭证、审核凭证、登记账簿、核算成本、编制会计报表等过程，分别是加工会计数据的什么环节？ 3. 会计信息化系统中的会计工作组织与手工方式相比，有何不同？两者的依据各是什么？ 4. 建立会计信息化岗位责任制的意义是什么？ 5. 如何建立账套、修改账套、输出账套、引入账套、备份账套？ 6. 如何设置操作员的权限？ 7. 如何设置编码方案、数据精度？		
资讯引导	问题的解答可以在下面的资料中查找： 1.《新编用友 ERP 财务管理系统实验教程》，王新玲主编，清华大学出版社，2009，2-8 页； 2.《电算会计项目化教程》，张冬梅主编，电子工业出版社，2012，3-7 页； 3.《会计信息化实务》，徐亚文主编，武汉大学出版社，2011，2-7 页； 4.《会计电算化实务》，王曦东主编，北京邮电大学出版社，2013，4-10 页； 5.《会计信息系统应用》，孙莲香主编，清华大学出版社，2010，3-6 页； 6. 哈尔滨职业技术学院会计信息化实务教学资源库。		

信　息　单

【任务导入】

哈尔滨冰城科技有限责任公司在激烈的市场竞争环境中，为了提高办公效率，决定于 2014 年 1 月 1 日开始实行会计电算化，经过对多种会计软件的比较选择，选中了用友公司生产的以中小企业为目标的用友 ERP-U8V10.1 管理系统，需要完成对软件的安装任务；建立、修改、引入和输出账套。用户及账套基本信息如表 1-1、表 1-2 所示。

表 1-1　用户及其权限

编　号	姓　名	口　令	所属部门	认证方式	角　色	权　限
001	李　明	001	财务部	用户＋口令（传统）	账套主管	账套主管的全部权限
002	李小明	002	财务部	用户＋口令（传统）	总账会计	除恢复记账前状态（GL0209）外的所有总账系统的权限
003	李明明	003	财务部	用户＋口令（传统）		总账系统中出纳签字（GL0203）及出纳（GL04）的所有权限

表 1-2　哈尔滨冰城科技有限责任公司账套基本信息

账　套　号	100
账套名称	哈尔滨冰城科技有限责任公司
启用会计期	2014 年 1 月 1 日
账套路径	D:\2014 年会计账套（或默认）
单位名称	哈尔滨冰城科技有限责任公司
单位简称	冰城科技
单位域名	http://www.bingchengkeji.com
单位地址	哈尔滨市香坊区哈平路 217 号
法人代表	李行天
邮政编码	150081
联系电话及传真	0451-86636666，0451-86638888
电子邮件	bingcheng@163.com
税号	110105293499110
本币代码	RMB
企业类型	工业
行业性质	2007 年新会计制度科目
账套主管	李明
按行业性质设置会计科目	按行业性质设置科目
基础信息	该企业有外币核算；需要对客户、供应商进行分类
编码方案	科目编码级次：4-2-2-2，其他科目编码级次采用默认值
数据精度	小数位定为 2
需要立即启用的模块	启用总账系统，启用时间为 2014 年 1 月 1 日

【任务要求】

（1）建立账套（不进行系统启用的设置）。

（2）将账套修改为有“外币核算”的账套。

（3）设置备份计划。

（4）对系统运行安全进行统一管理。

（5）根据企业财务需要进行账套输出、引入和修改。

【相关知识】

系统管理的主要功能是对用友 ERP-U8 管理系统的各个产品进行统一的操作管理和数据维护，包括以下内容：

1.1　账套管理

账套指的是一组相互关联的数据，每一个企业（或每一个独立核算部门）的数据在系统内部都体现为一个账套。账套管理包括账套的建立、修改、引入和输出。

1.2　年度账管理

在用友 ERP-U8 管理系统中，每个账套都存放有企业不同年度的数据，称为年度账。包括年度账的建立、引入、输出和结转上年数据，清空年度数据等。

1.3　用户及权限集中管理

为了保证系统数据的安全与保密，系统管理提供了用户及其功能权限的集中管理功能。通过对系统操作分工和权限的管理，一方面可以避免与业务无关的人员进入系统，另一方面可以按照企业需求对各个用户进行管理授权，以保证各负其责。用户及权限的集中管理主要包括定义角色、设定系统用户及设置用户功能权限。

1.4　系统运行安全的统一管理

系统管理员要对系统运行安全负责，在系统管理中，可以对整个系统的运行过程进行监控、清除系统在运行过程中的异常任务、设置系统自动备份计划等。

【任务实施】

1.1　以系统管理员身份登录系统管理

操作步骤

（1）执行“开始”|“程序”|“用友 ERP-U8”|“系统服务”命令，进入“用友 ERP-U8（系统管理）”窗口。

（2）执行“系统”|“注册”命令，打开“登录”系统管理对话框。

（3）系统中预先设定了一个系统管理员 admin，第一次运行时，系统管理员密码为空，如图 1-1 所示。单击“确定”按钮，以系统管理员的身份进入系统。

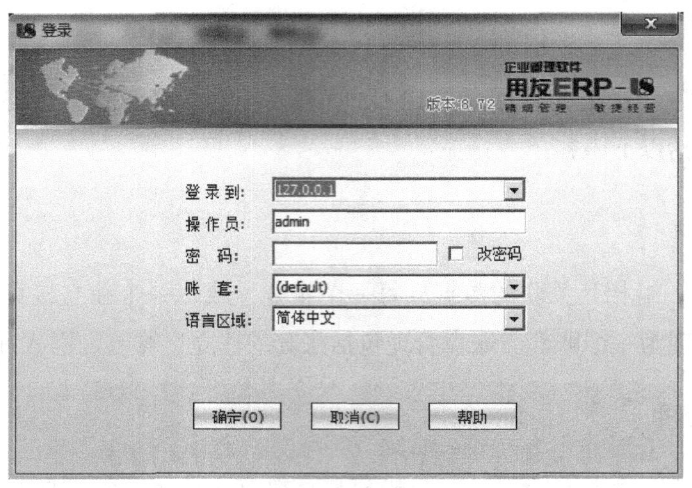

图 1-1　以系统管理员身份登录系统管理

提示

- 系统管理员的初始密码为空。为保证系统运行的安全性，在企业实际应用中应及时为系统管理员设置密码、设置系统管理员密码为“super”的操作步骤是：在系统管理员登录系统管理对话框中选中“改密码”复选框，单击“确定”按钮，打开“设置操作员密码”对话框，在“新密码”和“确认”文本框中均输入“super”，如图 1-2 所示。最后单击“确定”按钮，返回系统管理。在教学过程中，由于多人用一套系统，为了避免由于他人不知道系统管理员密码，而无法以系统管理员的身份进入系统管理的情况出现，建议不要给系统管理员设置密码。

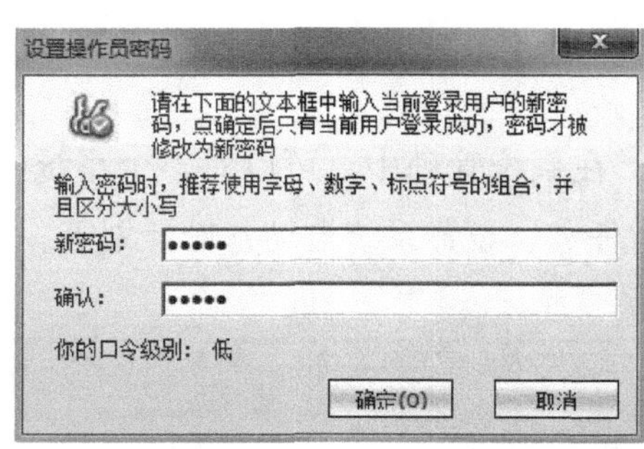

图 1-2　为系统管理员设置密码

1.2　增加用户

只有系统管理员（admin）才能进行增加用户的操作。

操作步骤

（1）以系统管理员身份登录系统管理，执行“权限”|“用户”命令，打开“用户管理”对话框。

（2）单击“增加”按钮，打开“增加用户”对话框，录入编号“001”、姓名“李明”、认证方式“用户＋口令（传统）”、口令及确认口令“001”、所属部门“财务部”，在所属角色列表中选中“账套主管”前的复选框，如图 1-3 所示。

（3）单击“增加”按钮。依次设置其他操作员。设置完成后单击“取消”按钮退出。

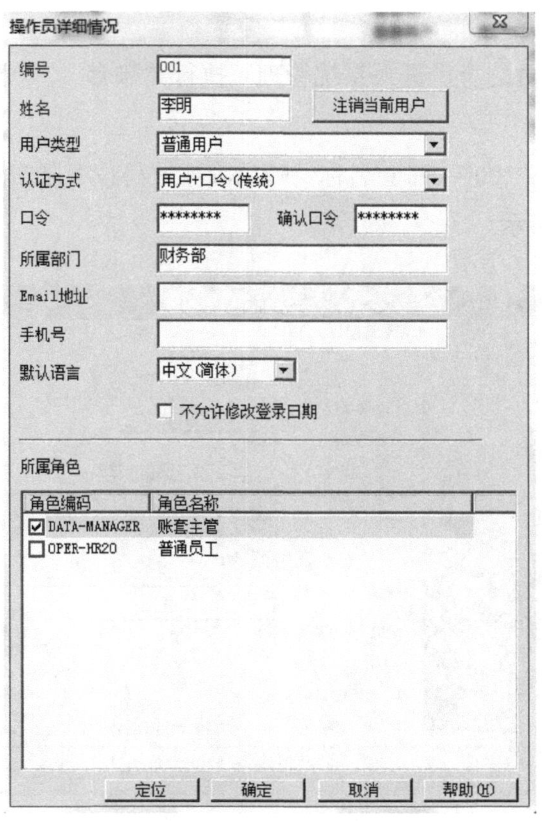

图 1-3　增加用户

提示

- 在增加用户时可以直接指定用户所属角色。如：李明的角色为：“账套主管”，李小明的角色为“总账会计”。由于系统中已经为预设的角色赋予了相应权限，因此，如果在增加用户时就指定角色，则其就自动拥有了该角色的所有权限，如果该用户所拥有的权限与该角色的权限不完全相同，可以在“权限”|“权限”功能中进行修改。
- 如果已设置用户为“账套主管”角色，则该用户也是系统内所有账套的账套主管。
- 用户被启用后将不允许删除。用户使用过系统如果又调离单位，应在用户管理窗口中单击“修改”按钮，在“修改用户信息”对话框中单击“注销当前用户”按钮，最后单击“修改”按钮返回系统管理。此后该用户无权再进入系统。

1.3 建立账套

只有系统管理员可以建立企业账套。建账过程在建账向导引导下完成。

操作步骤

（1）以系统管理员的身份进入系统管理，执行“账套”|“建立”命令，打开“账套信息”对话框。

（2）录入账套号“100”，账套名称“哈尔滨冰城科技有限责任公司”，启用会计期“2014-1”，如图 1-4 所示。

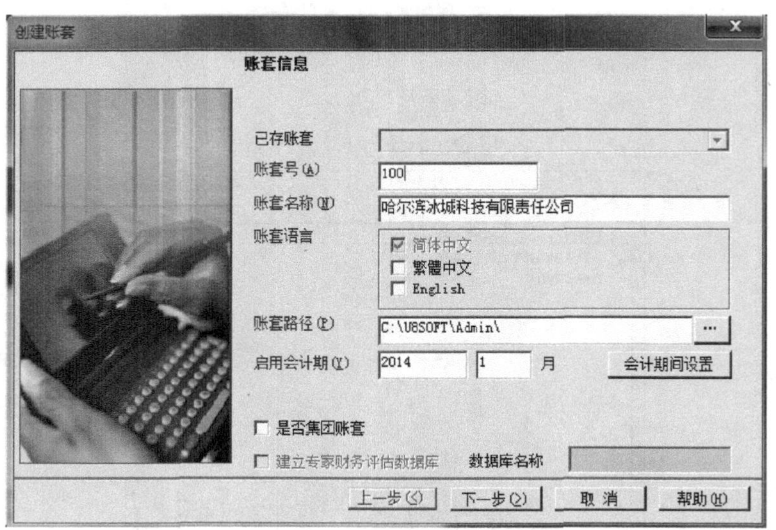

图 1-4 创建账套

提示

- 账套号是账套的唯一标识，可以自行设置 3 位数字，但不允许与已存在的账套号重复，账套号设置后将不允许修改。
- 账套名称是账套的另外一种标识方法，它将与账套号一起显示在系统正在运行的屏幕上。账套名称可以自行设置，并可以由账套主管在修改功能中进行修改。
- 系统默认的账套路径是用友 ERP-U8 的安装路径，可以进行修改。
- 建立账套时系统会将启用会计期自动默认为系统日期，应注意根据所给资料修改，否则将会影响到企业的系统初始化及日常业务处理等内容的操作。

（3）单击“下一步”按钮，打开“单位信息”对话框。

（4）录入单位信息，如图 1-5 所示。

（5）单击“下一步”按钮，打开“核算类型”对话框。

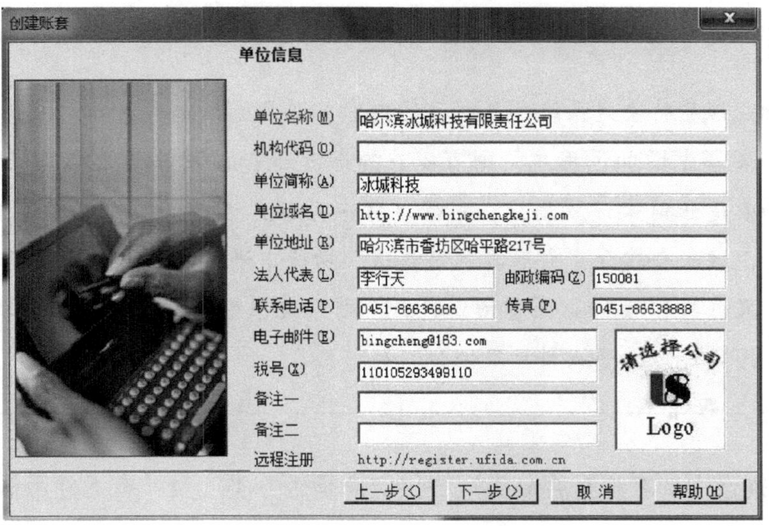

图 1-5　设置单位信息

提示

- 单位信息中只有“单位名称”是必须录入的，必须录入的信息以蓝色字体标识（以下同）。
- 单位名称应录入企业的全称，以便打印发票时使用。

（6）单击“账套主管”栏下的三角按钮，选择“[001] 李明”，其他系统默认，如图 1-6 所示。

（7）单击“下一步，打开“基础信息”对话框。

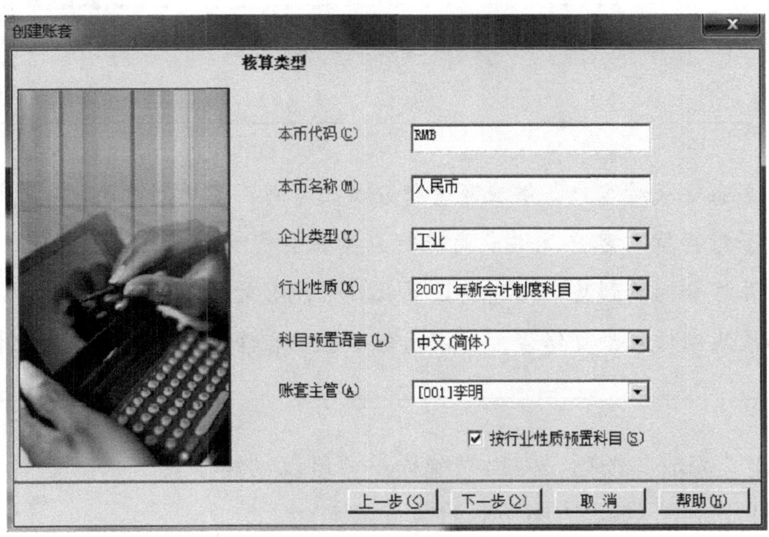

图 1-6　设置核算类型

提示

- 行业性质将决定系统预置科目的内容，必须选择正确。
- 如果事先增加了用户，则可以在建账时选择该用户为该账套的账套主管。如果建账前未设置用户，建账过程中可以先选一个操作员作为该账套的主管，该账套建立完成后再到“权限”功能中进行账套主管的设置。
- 如果选择了按行业性质预置科目，则系统根据您所选择的行业类型自动装入国家规定的一级科目及部分二级科目。

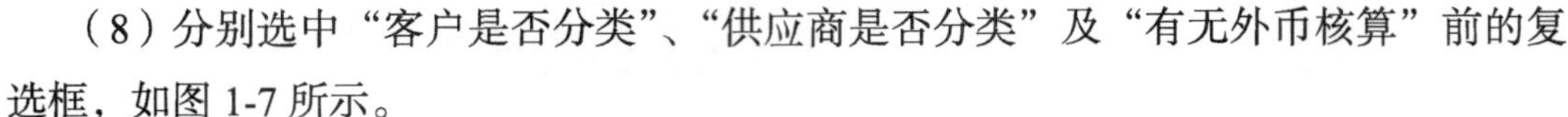

（8）分别选中“客户是否分类”、“供应商是否分类”及“有无外币核算”前的复选框，如图 1-7 所示。

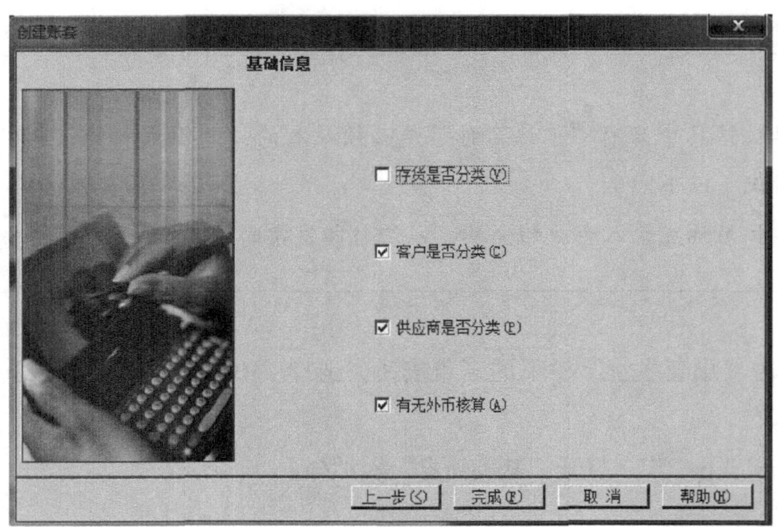

图 1-7　设置基础信息

提示

- 本企业要求对客户、供应商进行分类。不对存货进行分类。
- 是否对存货、客户及供应商进行分类将会影响到其档案的设置。有无外币核算将会影响到基础信息的设置及日常能否处理外币业务。
- 如果基础信息设置错误，可以由账套主管在修改账套功能中进行修改。

（9）单击“完成”按钮，弹出系统提示“可以创建账套了么？”。单击“是”按钮，稍候，打开分类“编码方案”对话框。

（10）按所给资料修改分类编码方案，如图 1-8 所示。

（11）单击“确定”按钮，再单击“取消”按钮，打开“数据精度”对话框，如图 1-9 所示。

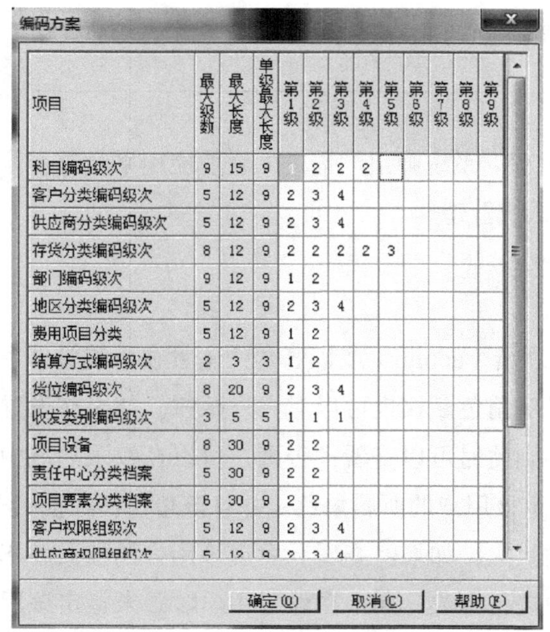

项目	最大级数	最大长度	单级最大长度	第1级	第2级	第3级	第4级	第5级	第6级	第7级	第8级	第9级
科目编码级次	9	15	9	1	2	2	2					
客户分类编码级次	5	12	9	2	3	4						
供应商分类编码级次	5	12	9	2	3	4						
存货分类编码级次	8	12	9	2	2	2	2	3				
部门编码级次	9	12	9	1	2							
地区分类编码级次	5	12	9	2	3	4						
费用项目分类	5	12	9	1	2							
结算方式编码级次	2	3	3	1	2							
货位编码级次	8	20	9	2	3	4						
收发类别编码级次	3	5	5	1	1	1						
项目设备	8	30	9	2	2							
责任中心分类档案	5	30	9	2	2							
项目要素分类档案	6	30	9	2	2							
客户权限组级次	5	12	9	2	3	4						

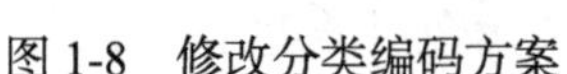
图 1-8　修改分类编码方案

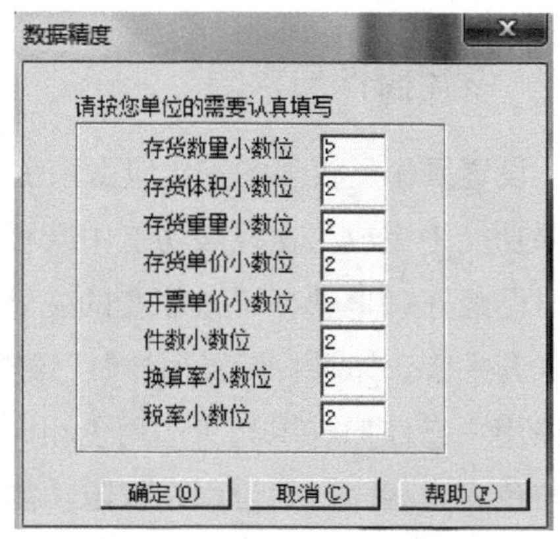

图 1-9　数据精度设置

提示

- 编码方案的设置将会直接影响到基础信息设置中相应内容的编码级次及每级编码的位长。
- 删除编码级次时，必须从最后一级向前依次删除。

（12）默认系统预置的数据精度的设置，单击“确定”按钮，稍等片刻系统弹出信息提示框，如图 1-10 所示。

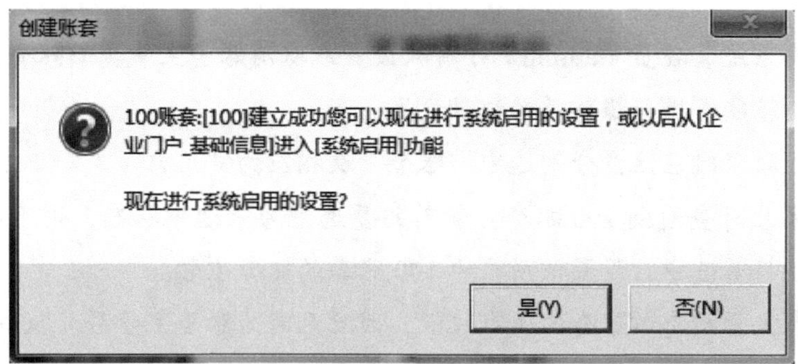

图 1-10　是否进行系统启用提示

提示

- 如果选择“是”则可以直接进行“系统启用”的设置，也可以单击“否”先结束建账过程，之后在企业应用平台的基础信息中再进行系统启用的设置。

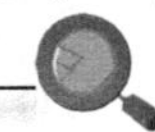

（13）单击“否”按钮，结束建账过程。系统弹出“请进入企业应用平台进行业务操作！”提示，单击“确定”按钮返回系统管理。

1.4 设置操作员权限

设置操作员权限的工作应由系统管理员（admin）或该账套的主管在系统管理中的权限功能中完成。在权限功能中既可以对角色赋权也可以对用户赋权。如果在设置账套时已经正确地选择了该账套的主管，则此时可以查看；否则，可以在权限功能中设置账套主管。如果在设置用户时已经指定该用户的所属角色，并且该角色已经被赋权，则该用户已经拥有了与所选角色相同的权限；如果经查看后发现该用户的权限并不与该角色完全相同，则可以在权限功能中进行修改；如果在设置用户时并未指定该用户所属的角色，或虽已指定该用户所属的角色，但该角色并未进行权限设置，则该用户的权限应直接在权限功能中进行设置，或者应先设置角色的权限再设置用户并指定该用户所属的角色，则角色的权限就自动传递给用户了。

1.5 查看李明是否为100账套的账套主管

操作步骤

（1）系统管理中，执行“权限”|“权限”命令，打开“操作员权限”对话框。

（2）在“账套主管”右边的下拉列表框中选中“100 冰城科技”账套。

（3）在左侧的操作员列表中，选中“001”号操作员李明，如图 1-11 所示。

提示

- 只有系统管理员（admin）才有权设置或取消账套主管。而账套主管只有权对所辖账套进行操作员的权限设置。
- 设置权限时应注意分别选中“账套”及相应的“用户”。
- 如果此时查看到100账套主管前的复选框为未选中状态，则可以单击该复选框将其选中，设置该用户为100账套的账套主管。
- 账套主管拥有该账套的所有权限，因此无需为账套主管另外赋权。
- 一个账套可以有多个账套主管。

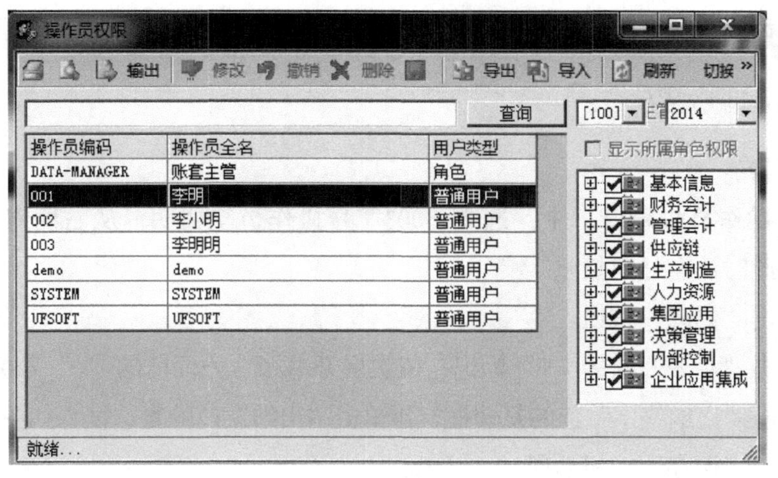

图 1-11　操作员权限

1.6　为李小明赋权

操作步骤

（1）在“操作员权限”窗口中，选中“002”号操作员李小明，因为在新增用户时已经赋予了李小明“总账会计”的角色，因此单击“显示所属角色权限”后，右边窗口中自动显示总账会计角色所具有的权限。

（2）单击“修改”按钮。

（3）在右侧窗口中，单击“总账”前的复选框，单击总账、凭证前的“+”号标记，展开其下级菜单。

（4）单击“恢复记账前状态”前的复选框，取消选中状态，如图 1-12 所示。

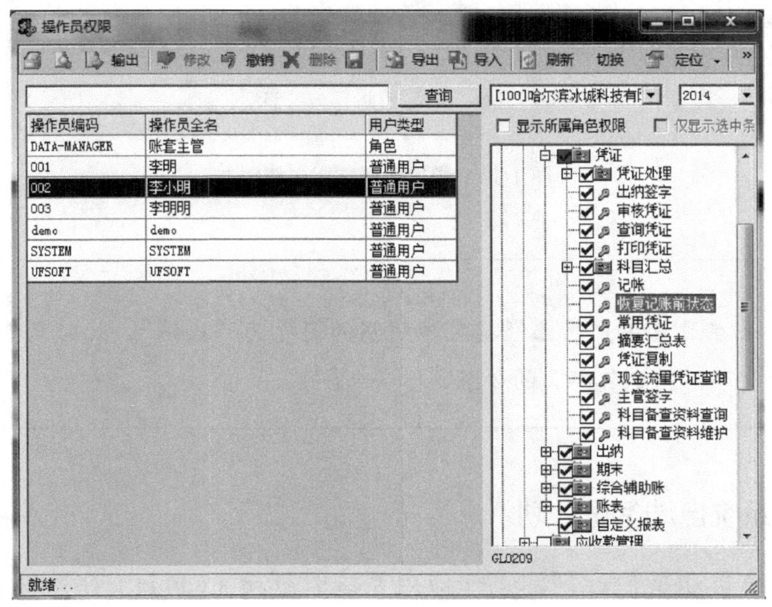

图 1-12　增加和调整用户权限 1

（5）单击“保存”按钮返回。

1.7 为李明明赋权

操作步骤

（1）在操作员权限窗口中，选中“003”号操作员李明明，从右侧窗口中可以看出，李明明此时没有任何权限。

（2）单击“修改”按钮。

（3）单击“总账”前的“+”标记，依次展开总账、凭证前的“+”号标记。

（4）单击“出纳签字”前的复选框，再单击“出纳”前的复选框，如图 1-13 所示。

（5）单击“保存”按钮返回。

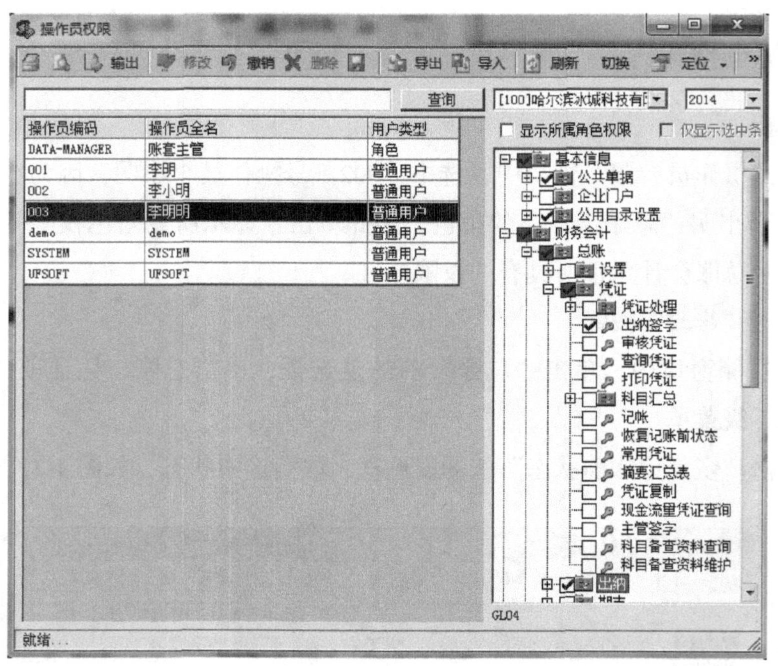

图 1-13 增加和调整用户权限 2

提示

- 如果在设置用户时已经指定李明明的角色为“出纳”，此时只需要再赋予李明明“出纳签字”的权限。

1.8 设置系统自动备份计划

设置系统自动备份计划的工作应由系统管理员（admin）在系统管理的“系统”|“设置备份计划”功能中完成。

操作步骤

（1）在 C：盘中新建“账套备份”文件夹。

（2）在系统管理中，执行“系统”|“设置备份计划”命令，打开“备份计划设置”对话框。

（3）单击“增加”按钮，进入“备份计划详细情况”窗口。

（4）录入计划编号“2014-1”，计划名称“100 账套备份”，单击“发生频率”栏的下三角按钮，选择“每周”，在“开始时间”栏录入“18：00：00”，在“发生天数”栏录入或选择“1”，单击“增加”按钮，在请选择备份路径选项区中单击“浏览”按钮，打开“请选择账套备份路径”对话框。

（5）选择“C：\ 账套备份”文件夹为备份路径，单击“确定”按钮返回。

（6）选中“100 哈尔滨冰城科技有限责任公司”前的复选框，如图 1-14 所示。

（7）单击“增加”按钮，保存备份计划设置，单击“取消”按钮退出。

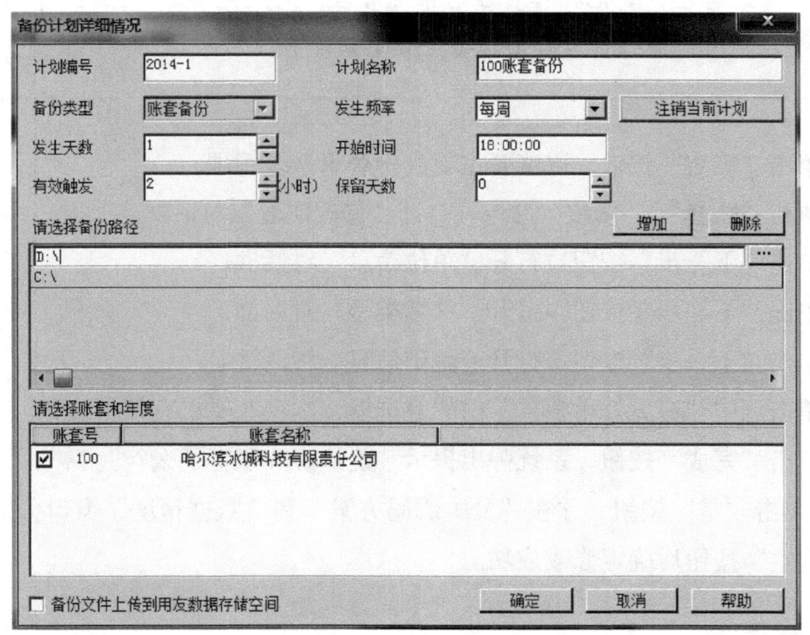

图 1-14　增加备份计划

1.9　修改账套

修改账套的工作应由账套主管在系统管理中的“账套”|“修改”功能中完成。

操作步骤

（1）执行“系统”|“注册”命令，打开“登录”系统管理对话框。

（2）录入操作员“001”（或李明），密码“001”，单击“账套”栏的下三角按钮，选择“[100] 哈尔滨冰城科技有限责任公司”，如图 1-15 所示。

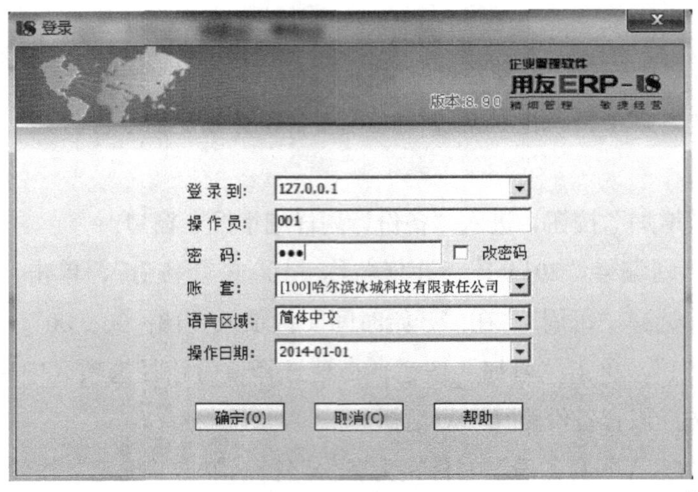

图 1-15　账套主管登录系统管理

提示

- 如果此时已由其他操作员注册系统管理，则应先通过“系统”|“注销”命令注销当前操作员后再由账套主管重新注册。

（3）单击“确定”按钮，以账套主管身份登录系统管理。

（4）执行“账套”|“修改”命令，打开“修改账套”对话框。

（5）单击“下一步”按钮，打开“单位信息”对话框。

（6）单击“下一步”按钮，打开“核算类型”对话框。

（7）单击“下一步”按钮，打开“基础信息”对话框。

（8）单击选中“有无外币核算”前的复选框，本企业要求有外币核算。

（9）单击“完成”按钮，系统弹出提示“确认修改账套了么？”。

（10）单击“是”按钮，并在“分类编码方案”和“数据精度”窗口分别单击“取消”和“确定”按钮后确定修改成功。

1.10　账套备份

账套备份的工作应由系统管理员在系统菜单中的“账套”|“输出”功能中完成。

操作步骤

（1）在 D:\ 盘中新建“100 账套备份”文件夹中新建“任务 1 系统管理”文件夹。

（2）由系统管理员注册系统管理，执行“账套”|“输出”命令，打开“账套输出”对话框。

（3）单击“账套号”栏的下三角按钮，选择“[100] 哈尔滨冰城科技有限责任公司”，如图 1-16 所示。

（4）单击“确认”按钮，打开“选择备份目标”对话框。

（5）在“选择备份目标”对话框中，选择“D:\100 账套备份 \ 系统管理”文件夹，单击“确定”按钮。

（6）系统进行账套数据输出，完成后，弹出“输出成功”信息提示框，单击“确定”按钮返回。

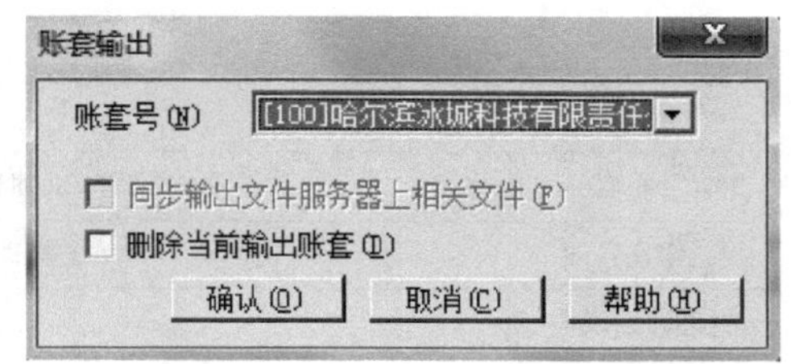

图 1-16 “账套输出”对话框

提示

- 利用账套输出功能还可以进行“删除账套”的操作。方法是，在账套输出对话框中，选中“删除当前输出账套”复选框，单击“确认”按钮，系统在删除账套前同样要进行账套输出，当输出完成后系统提示“真的要删除该账套吗？”，单击“是”按钮可以删除该账套。
- 只有系统管理员（admin）有权进行账套输出。
- 正在使用的账套可以进行账套输出而不允许进行账套删除。
- 备份账套时应先建立一个备份账套的文件夹，以便将备份数据存放在目标文件夹中。

计 划 单

学习领域	会计信息化实务		
学习情境一	系统管理与基础档案设置	学　时	12
工作任务 1	系统管理	学　时	6
计划方式	小组讨论、团结协作共同制订计划		
序　号	实施步骤		使用资源

续表

<table>
<tr><td>学习领域</td><td colspan="5">会计信息化实务</td></tr>
<tr><td>学习情境一</td><td colspan="3">系统管理与基础档案设置</td><td>学　时</td><td>12</td></tr>
<tr><td>工作任务 1</td><td colspan="3">系统管理</td><td>学　时</td><td>6</td></tr>
<tr><td>制订计划说明</td><td colspan="4"></td><td></td></tr>
<tr><td rowspan="3">计划评价</td><td>班　级</td><td></td><td>第　组</td><td>组长签字</td><td></td></tr>
<tr><td>教师签字</td><td colspan="2"></td><td>日　期</td><td></td></tr>
<tr><td colspan="4">评语：</td><td></td></tr>
</table>

决　策　单

<table>
<tr><td>学习领域</td><td colspan="5">会计信息化实务</td></tr>
<tr><td>学习情境一</td><td colspan="3">系统管理与基础档案设置</td><td>学　时</td><td>12</td></tr>
<tr><td>工作任务 1</td><td colspan="3">系统管理</td><td>学　时</td><td>6</td></tr>
<tr><td colspan="6">方案讨论</td></tr>
<tr><td rowspan="11">方案对比</td><td>组　号</td><td>方案合理性</td><td>实施可操作性</td><td>安全性</td><td>综合评价</td></tr>
<tr><td>1</td><td></td><td></td><td></td><td></td></tr>
<tr><td>2</td><td></td><td></td><td></td><td></td></tr>
<tr><td>3</td><td></td><td></td><td></td><td></td></tr>
<tr><td>4</td><td></td><td></td><td></td><td></td></tr>
<tr><td>5</td><td></td><td></td><td></td><td></td></tr>
<tr><td>6</td><td></td><td></td><td></td><td></td></tr>
<tr><td>7</td><td></td><td></td><td></td><td></td></tr>
<tr><td>8</td><td></td><td></td><td></td><td></td></tr>
<tr><td>9</td><td></td><td></td><td></td><td></td></tr>
<tr><td>10</td><td></td><td></td><td></td><td></td></tr>
<tr><td>方案评价</td><td colspan="5">评语：</td></tr>
</table>

班　级		组长签字		教师签字		月　日

实　施　单

学习领域	会计信息化实务			
学习情境一	系统管理与基础档案设置		学　时	12
工作任务 1	系统管理		学　时	6
实施方式	小组成员合作；动手实践			
序号	实施步骤		使用资源	
1				
2				
3				
4				
5				
6				
7				
8				
9				
10				

实施说明：

班　级		第　组	组长签字	
教师签字			日　期	
评　语				

检　查　单

学习领域	会计信息化实务			
学习情境一	系统管理与基础档案设置		学时	12
工作任务 1	系统管理		学时	6
序号	检查项目	检查标准	学生自查	教师检查
1	增加用户	正确操作		
2	设置角色	正确设置		
3	修改、删除用户	正确操作		
4	建立账套	会建立账套		
5	账套修改、备份	会修改和备份		
6	设置操作员并授权	会设置和授权		
7	账套维护	会清除异常任务		

续表

<table>
<tr><td>学习领域</td><td colspan="4">会计信息化实务</td></tr>
<tr><td>学习情境一</td><td colspan="2">系统管理与基础档案设置</td><td>学时</td><td>12</td></tr>
<tr><td>工作任务 1</td><td colspan="2">系统管理</td><td>学时</td><td>6</td></tr>
<tr><td rowspan="3">检查评价</td><td>班　　级</td><td></td><td>第　　组</td><td>组长签字</td></tr>
<tr><td>教师签字</td><td></td><td>日　　期</td><td></td></tr>
<tr><td colspan="4">评语：</td></tr>
</table>

评　价　单

<table>
<tr><td>学习领域</td><td colspan="5">会计信息化实务</td></tr>
<tr><td>学习情境一</td><td colspan="3">系统管理与基础档案设置</td><td>学　　时</td><td>12</td></tr>
<tr><td>工作任务 1</td><td colspan="3">系统管理</td><td>学　　时</td><td>6</td></tr>
<tr><td>评价类别</td><td>项　　目</td><td>子　项　目</td><td>个人评价</td><td>组内互评</td><td>教师评价</td></tr>
<tr><td rowspan="6">专业能力</td><td>资讯（10%）</td><td>搜集信息及引导问题回答</td><td></td><td></td><td></td></tr>
<tr><td>计划（5%）</td><td>计划可执行性和安排合理性</td><td></td><td></td><td></td></tr>
<tr><td>实施（20%）</td><td>实施的完整性、合理性及可执行性</td><td></td><td></td><td></td></tr>
<tr><td>检查（10%）</td><td>全面准确和特殊情况处理</td><td></td><td></td><td></td></tr>
<tr><td>过程（5%）</td><td>安全合理、符合操作规范</td><td></td><td></td><td></td></tr>
<tr><td>结果（10%）</td><td>准确性、快速性</td><td></td><td></td><td></td></tr>
<tr><td rowspan="2">社会能力</td><td>团结协作（10%）</td><td>合作情况及对小组贡献度</td><td></td><td></td><td></td></tr>
<tr><td>敬业精神（10%）</td><td>吃苦耐劳及遵守纪律</td><td></td><td></td><td></td></tr>
<tr><td rowspan="2">方法能力</td><td>计划能力（10%）</td><td>计划条理性</td><td></td><td></td><td></td></tr>
<tr><td>决策能力（10%）</td><td>方案正确性</td><td></td><td></td><td></td></tr>
<tr><td rowspan="3">评价评语</td><td>班　　级</td><td>姓　　名</td><td></td><td>学号</td><td>总　　评</td></tr>
<tr><td>教师签字</td><td>第　　组</td><td>组长签字</td><td></td><td>日　　期</td></tr>
<tr><td colspan="5">评语：</td></tr>
</table>

任务2　基础档案设置

任务单

学习领域	会计信息化实务				
学习情境一	系统管理与基础档案设置		学　时	12	
工作任务 2	基础档案设置		学　时	6	
布置任务					
工作目标	1. 了解系统管理的功能； 2. 了解基础设置的主要内容及其作用； 3. 能够为企业建立账套； 4. 能够设置操作员并赋予其相应的权限； 5. 能够设置部门档案、职员档案和往来单位档案等； 6. 能够完成凭证类别、结算方式及会计科目等财务设置，为日常工作做好准备； 7. 能够了解出现操作错误时的处理思路和方法。				
任务描述	企业应用平台就是用友 ERP-U8V10.1 管理软件中的集成应用平台，可以实现系统基础数据的集中维护、各种信息的及时沟通、数据资源的有效利用。 掌握企业应用平台中建立各项基础档案、进行数据权限设置及单据设置的方法；理解基础档案在系统中所起的作用几个项目的含义。 数据权限设置的作用是设置用户、用户组所能操作的档案，单据的数据权限，用于控制后续业务处理允许编辑、查看的数据范围。				
学时安排	资讯 1 学时	计划与决策 1 学时		实施 3 学时	检查与评价 1 学时
提供资料	1. 会计电算化管理办法； 2. 会计核算软件基本功能规范； 3. 会计基础工作规范； 4. 会计档案管理办法； 5.《新编用友 ERP 财务管理系统实验教程》，王新玲主编，清华大学出版社，2009； 6.《电算会计项目化教程》，张冬梅主编，电子工业出版社，2012； 7.《会计信息化实务》，徐亚文主编，武汉大学出版社，2011； 8.《会计电算化实务》，王曦东主编，北京邮电大学出版社，2013。				
对学生的要求	1. 掌握用友 ERP-U8 管理软件中公用基础信息设置的相关内容； 2. 理解基础档案系统初始化设置的意义； 3. 会设置会计科目； 4. 会输入机构人员与往来单位信息； 5. 会外币及汇率、结算方式、辅助核算档案的设置； 6. 能根据企业的实际对会计科目进行辅助核算设置； 7. 能根据企业的实际设置相应的项目目录； 8. 学生必须具有团队合作的精神，以小组的形式完成工作任务； 9. 严格遵守课堂纪律和工作纪律，不迟到，不早退，不旷课； 10. 学生应树立职业意识，按照企业的岗位职责要求自己。				

资 讯 单

学习领域	会计信息化实务		
学习情境一	系统管理与基础档案设置	学　时	12
工作任务 2	基础档案设置	学　时	6
资讯方式	在图书馆、专业期刊、互联网及信息单上查询问题；咨询任课教师。		
资讯问题	1. 在系统管理功能中账套主管的权限有哪些？ 2. 是不是每次在建立账套时均应先设置操作员？ 3. 应为哪些操作员设置权限？ 4. 账套备份分别可以完成什么操作内容？ 5. 在建立账套时将“是都对‘供应商’或‘客户’进行分类”设置错误时该怎么办？ 6. 何为“编码方案”？如果在建立账套时将其错误设置该怎么办？ 7. 如果总账系统期初余额不平衡，对日常工作有何影响？ 8. 指定会计科目的作用有哪些？ 9. 为什么在设置部门档案时不能设置负责人？ 10. 在什么情况下不能删除会计科目？		
资讯引导	问题的解答可以在下面的资料中查找。 1.《新编用友 ERP 财务管理系统实验教程》，王新玲主编，清华大学出版社，2009，9-20 页； 2.《电算会计项目化教程》，张冬梅主编，电子工业出版社，2012，8-17 页； 3.《会计信息化实务》，徐亚文主编，武汉大学出版社，2011，8-15 页； 4.《会计电算化实务》，王曦东主编，北京邮电大学出版社，2013，11-21 页； 5.《会计信息系统应用》，孙莲香主编，清华大学出版社，2010，7-19 页； 6. 哈尔滨职业技术学院会计信息化实务教学资源库。		

信 息 单

【任务导入】

在“企业应用平台”的“基础设置”选项卡中，展开“基础档案”菜单，在此可以分别对部门档案、人员类别、人员档案、供应商和客户档案、计量单位组和计量单位、会计科目、凭证类别、项目目录、结算方式等信息进行设置。

2.1　部门档案

用户及其权限如表 2-1 所示。

表 2-1　用户及其权限

编　码	名　称	编　码	名　称
1	职能科室	302	锻压车间
101	厂办	303	金工车间
2	运输处	304	机装车间
201	运输科	305	结构车间
3	生产处	306	动力车间
301	铸钢车间	4	供应处

续表

编　码	名　称	编　码	名　称
401	供应一科	6	财务处
402	供应二科	601	总账组
5	销售处	602	资金组
501	本地销售科	603	成本组
502	外地销售科	7	库房

2.2　人员类别

在“在职人员”大类下增加以下子类别。人员类别如表 2-2 所示。

表 2-2　人员类别

编　号	类别名称
10101	管理人员
10102	50W 生产人员
10103	80W 生产人员
10104	车间管理人员
10105	销售人员
10106	财务人员

2.3　人员档案

费用所属部门即人员所属部门，银行为“中国建设银行”。人员档案如表 2-3 所示。

表 2-3　人员档案

编号	姓名	性别	人员类别	所属部门	账　号	业务员	工龄	基本工资	病假天数	事假天数
101029	李行天	男	管理人员	厂办	200120022003001		25	4900		
301101	刘　芳	女	50W 生产人员	铸钢车间	200120022003002		18	4700		
301102	刘　明	男	80W 生产人员	铸钢车间	200120022003003		30	4800		1
301103	刘　云	女	车间管理人员	铸钢车间	200120022003004	是	13	4500		
303101	陈　列	男	50W 生产人员	金工车间	200120022003005		16	4400	1	
303102	陈　重	男	80W 生产人员	金工车间	200120022003006		15	4400		
303103	陈志远	男	车间管理人员	金工车间	200120022003007	是	6	4400		2
501011	许　晴	女	销售人员	本地销售科	200120022003008	是	3	4400		
501012	孙　明	男	销售人员	本地销售科	200120022003009	是	9	4400		
501013	杨　玲	女	销售人员	本地销售科	200120022003010	是	4	4700		
502014	刘　杨	女	销售人员	外地销售科	200120022003011	是	7	4400		
502015	甘　甜	女	销售人员	外地销售科	200120022003012	是	14	4600		
502016	潘　张	男	销售人员	外地销售科	200120022003013	是	5	4600		
502017	张　飞	男	销售人员	外地销售科	200120022003014	是	8	4300		
502018	赵　良	男	销售人员	外地销售科	200120022003015	是	21	4400		
601019	李小明	男	财务人员	总账组	200120022003016		4	4500	2	
601020	李　明	男	财务人员	总账组	200120022003017	是	5	4800		

续表

编号	姓名	性别	人员类别	所属部门	账　　号	业务员	工龄	基本工资	病假天数	事假天数
602021	李明明	男	财务人员	资金组	200120022003018		6	4500		2
603022	王三天	男	财务人员	成本组	200120022003019		7	4566		
603023	张　青	女	财务人员	成本组	200120022003020	是	8	4499		
700024	王　库	男	管理人员	库房	200120022003021	是	20	4600		
700025	郭　库	男	管理人员	库房	200120022003022		10	4300	1	
700026	胡　库	女	管理人员	库房	200120022003023		23	4600		
700027	谈　库	女	管理人员	库房	200120022003024		34	4800		
700028	王　库	男	管理人员	库房	200120022003025		23	4300		

2.4　客户分类

客户分类如表 2-4 所示。

表 2-4　客户分类表

编　码	名　称	编　码	名　称
01	工业企业	02	商业企业
01001	重工业企业	02001	零售商业企业
01002	轻工业企业	02002	整批商业企业
03	其他客户		

2.5　供应商分类

供应商分类如表 2-5 所示。

表 2-5　供应商分类表

编　码	名　称	编　码	名　称
01	工业企业	02	商业企业
01001	东北区	02001	东北区
01002	华北区	02002	华北区
03	其他	02003	华南区

2.6　客户档案

客户档案如表 2-6 所示。

表 2-6　客户档案

客户编号	客户名称	客户简称	所属类别码
01001001	湖北重型股份有限公司	湖北股份	01001
01001002	江苏迅达重型机械厂	江苏迅达	01001
01001003	上海第一机械厂	上海一厂	01001
01001004	上海第二机械厂	上海二厂	01001
01001005	上海第三机械厂	上海三厂	01001
01002001	北京一厂	北京一厂	01002
02001001	龙腾公司	龙腾公司	02001
02002001	虎跃股份	虎跃股份	02002

2.7 供应商档案

供应商档案如表 2-7 所示。

表 2-7 供应商档案

供应商编号	供应商名称	供应商简称	所属分类码
11111111	哈尔滨重工业一厂	哈一重	01001
22222222	哈尔滨重工业二厂	哈二重	01001
33333333	哈尔滨重工业三厂	哈三重	01001
44444444	齐齐哈尔重工业一厂	齐一重	01001
55555555	首都钢铁公司	首钢	01002
66666666	哈尔滨重金属经销公司	哈金属	02001

【任务要求】

（1）启用总账系统（启用日期为 2014 年 1 月 1 日）。

（2）设置部门档案。

（3）设置职员档案。

（4）设置客户分类。

（5）设置客户档案。

（6）设置供应商档案。

（7）设置操作员李小明有权对李明明及李明所填制凭证的查询、删改、审核、弃审以及关闭的权限。

（8）利用单据设计功能将“应收单”表头中的“币种”项目和“汇率”项目删除。

（9）账套备份。

【相关知识】

企业应用平台是用友 ERP-U8 管理软件的集成应用平台，可以实现系统基础数据的集中维护、各种信息的及时沟通、数据资源的有效利用。企业应用平台为企业员工、合作伙伴提供了访问系统的唯一通道；通过企业应用平台，用户可以设计个性化工作流程，提高工作效率，还可以实现与日常办公的协同进行。

企业应用平台中包含的内容极为丰富，与系统应用相关的主要项目包括：

（1）设置包括基本信息、基础档案、数据权限和单据。在基本信息中，可以设置系统启用、修改建账时设置的分类编码方案和数据精度。在基础档案中可以设置用友 ERP-U8 管理软件各个子系统公用的基础档案信息，如机构人员、客商信息、财务信息等。在数据权限中可以针对系统数据的操作权限进行细分。单据设置提供了个性化单据显示及打印格式的定义。

（2）根据业务将用友 ERP-U8 管理软件分为财务会计、供应链、集团应用等功能群，每个功能中又包括若干功能模块，此处也是用户访问用友 ERP-U8 管理软件中各个功能模块的唯一通道。

（3）工具提供了常用的系统配置工具。

【任务实施】

2.1 启用总账系统

启用总账系统有两种方法，一种是系统管理员在建立账套时直接启用，另一种是账套主管在企业应用平台的基本信息中启用。100 账套并没有在账套建立后直接启用任何系统，现在在企业应用平台中分别启用总账、应付及应收系统。

操作步骤

（1）执行“开始”|“程序”|“用友 ERP-U8”|“企业应用平台”命令，打开“登录”对话框。

（2）录入操作员“001”（或李明），密码“001”，单击“账套”栏的下三角按钮，选择“[100]（default）哈尔滨冰城科技有限责任公司”，如图 2-1 所示。

图 2-1 登录企业用户平台

（3）单击“确定”按钮，进入“企业应用平台”窗口。

（4）在“基础设置”选项卡中，执行“基本信息”|“系统启用”命令，打开“系统启用”对话框。

（5）选中“GL 总账”前的复选框，弹出“日历”对话框。

（6）选择“日历”对话框中的“2014 年 1 月 1 日”，如图 2-2 所示。

（7）单击“确定”按钮，系统弹出“确实要启用当前系统吗？”信息提示框，单击“是”按钮，完成总账系统的启用。

（8）以此类推，分别启用“应收款管理”和“应付款管理”系统。

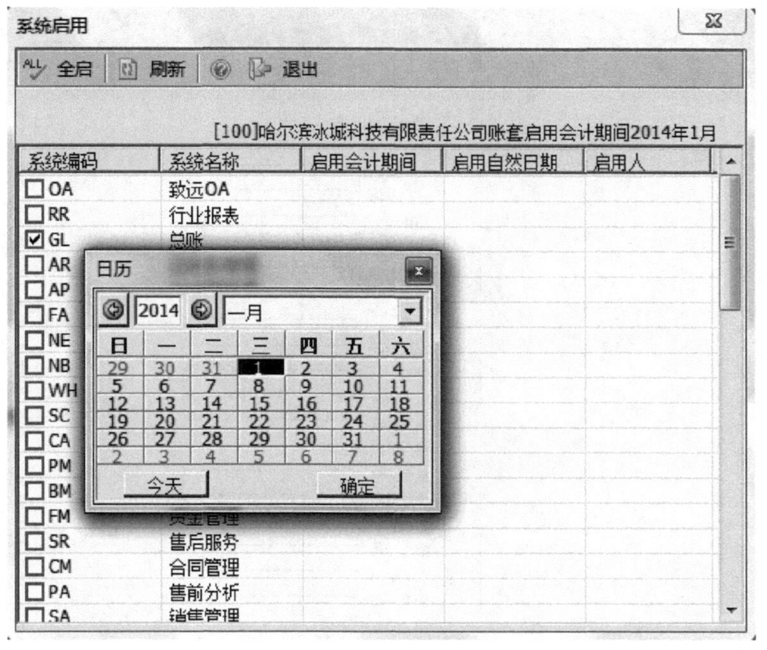

图 2-2　启用总账

提示

- 只有账套主管才有权在企业应用平台中进行系统启用。
- 各系统的启用时间必须大于或等于账套的启用时间。

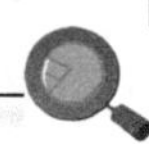

2.2　设置部门档案

操作步骤

（1）在“基础设置”选项卡中，执行“基础档案”|“机构人员”|“部门档案”命令，进入“部门档案”窗口。

（2）单击“增加”按钮，录入部门编码“1”、部门名称“职能科室”，如图 2-3 所示。

（3）单击“保存”按钮。以此方法依次录入其他的部门档案。

提示

- 部门编码必须符合在分类编码方案中定义的编码规则。
- 由于此时还未设置“人员档案”，部门中的“负责人”暂时不能设置。如果需要设置，必须在完成“人员档案”设置后，再回到“部门档案”中以修改的方式补充设置。

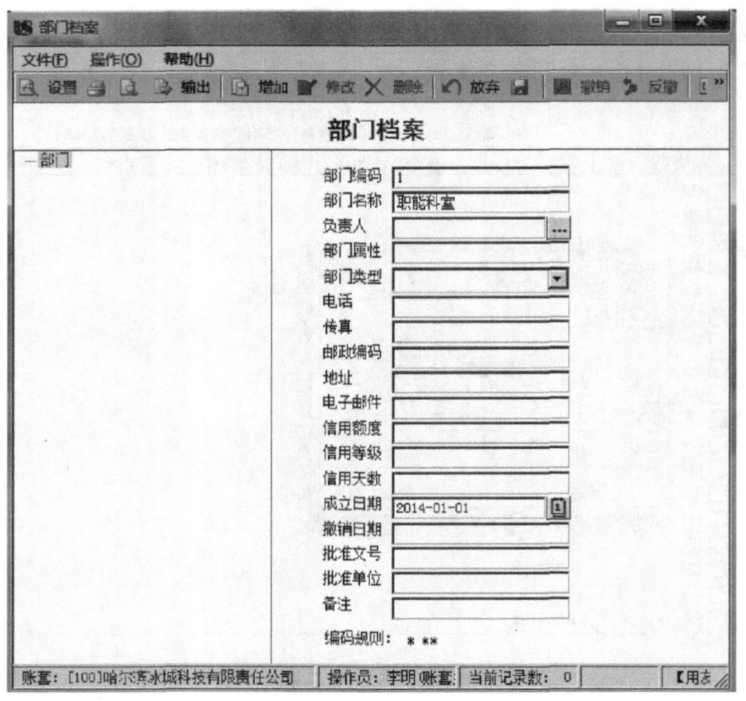

图 2-3 部门档案

2.3 设置人员类别

操作步骤

（1）在“基础设置”选项卡中，执行“基础档案”|“人员类别”命令，进入“人员类别”窗口。

（2）单击“增加”按钮，按实验资料在在职人员下增加人员类别。

提示

- 人员类别与工资费用的分配、分摊有关，工资费用的分配及分摊是薪资管理系统的一项重要功能。人员类别设置的目的是为工资分摊生成凭证设置相应的入账科目作准备，可以按不同的入账科目需要设置不同的人员类别。
- 人员类别是人员档案中的必选科目，需要在人员档案建立之前设置。
- 人员类别名称可以修改，但已使用的人员类别名称不能删除。

2.4 设置人员档案

操作步骤

（1）在“基础设置”选项卡中，执行“基础档案”|“机构人员”|“人员类别”命令，进入“人员”窗口。

（2）选择“在职人员”，单击“增加”，录入“101”“管理人员”，如图 2-4 所示。

（3）依次录入其他人员类别。

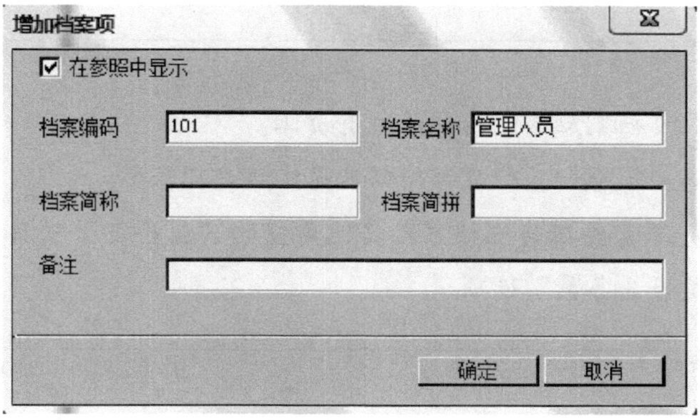

增加档案项

☑ 在参照中显示

档案编码 101　档案名称 管理人员

档案简称　档案简拼

备注

确定　取消

图 2-4　人员类别设置

2.5　设置人员档案

操作步骤

（1）在“基础设置”选项卡中，执行“基础档案”|“机构人员”|“人员档案”命令，进入“人员列表”窗口。

（2）单击左窗口中“部门分类”下的“职能科室”。

（3）单击“增加”按钮，按实验资料输入人员信息，如图 2-5 所示。

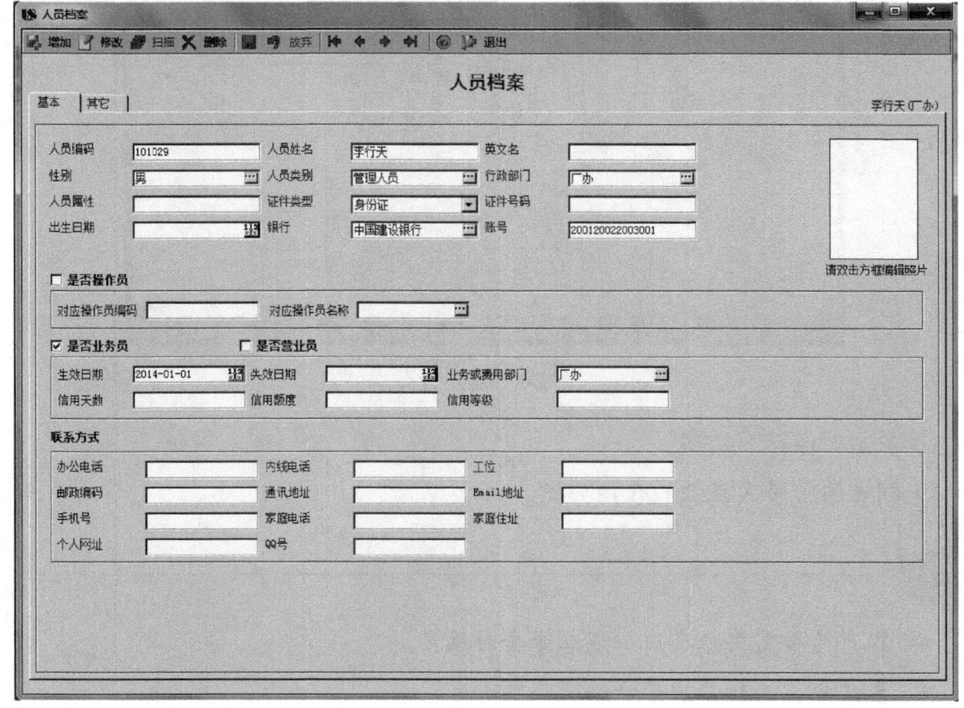

图 2-5　增加人员档案

（4）单击“保存”按钮。

（5）同理依次输入其他人员档案。

提示

- 此处的人员档案应该包括企业所有员工。
- 人员编码必须唯一，行政部门只能是末级部门。
- 如果该员工需要在其他档案或其他单据的“业务员”项目中被参照，需要选中“是否业务员”选项。

2.6 设置客户分类

操作步骤

（1）在“基础设置”选项卡中，执行“基础档案”|“客户信息”|“客户分类”，进入“客户分类”窗口。

（2）单击“增加”按钮，按实验资料输入客户分类信息，如图 2-6 所示。

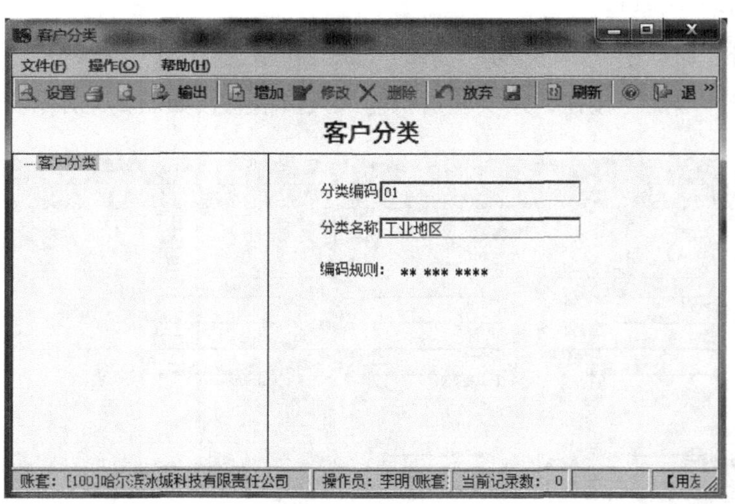

图 2-6　客户分类

（3）单击“保存”按钮。

（4）同理依次录入其他的客户分类。

提示

- 客户是否需要分类应在建立账套时确定。
- 客户分类编码必须符合编码规则。

2.7 设置客户档案

操作步骤

（1）在“基础设置”选项卡中，执行“基础档案”|“客户信息”|“客户档案”命令，打开“客户档案”窗口。窗口分为左右两部分，左窗口显示已经设置的客户分类。单击鼠标选中某一客户分类，右窗口中显示该分类下所有的客户列表。

（2）单击“增加”按钮，打开“增加客户档案”窗口。窗口中共包括 4 个选项卡，即“基本”“联系”、“信用”、“其它”，用于对客户不同的属性分别归类记录。

（3）按实验资料输入“客户编码”、“客户名称”、“客户简称”、“所属分类”、“税号”、“分管部门”、“分管业务员”等相关信息，如图 2-7 所示。

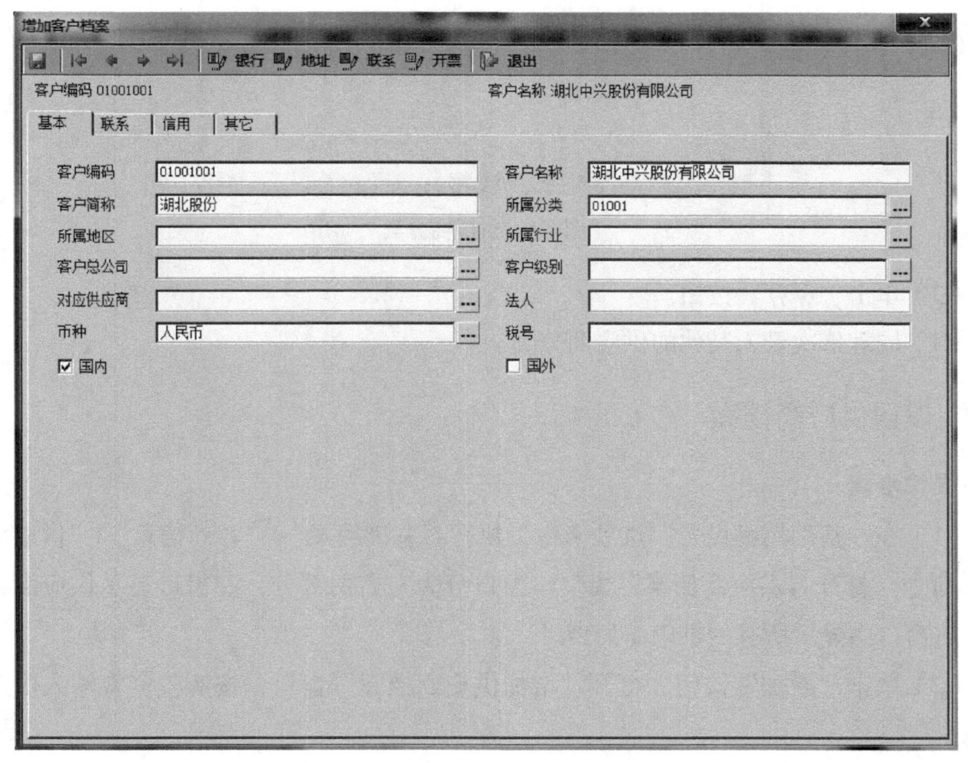

图 2-7　增加客户档案

（4）单击“保存”按钮。

（5）以此方法录入其他的客户档案。

提示

- 之所以设置“分管部门”、“分管业务员”，是为了在应收应付管理系统填制发票等原始单据时能自动根据客户显示部门及业务员信息。

2.8 设置供应商分类

操作步骤

（1）在“基础设置”选项卡中，执行“基础档案”|“客商信息”|“供应商分类”，进入“供应商分类”窗口。

（2）单击“增加”按钮，按实验资料输入供应商分类信息，如图 2-8 所示。

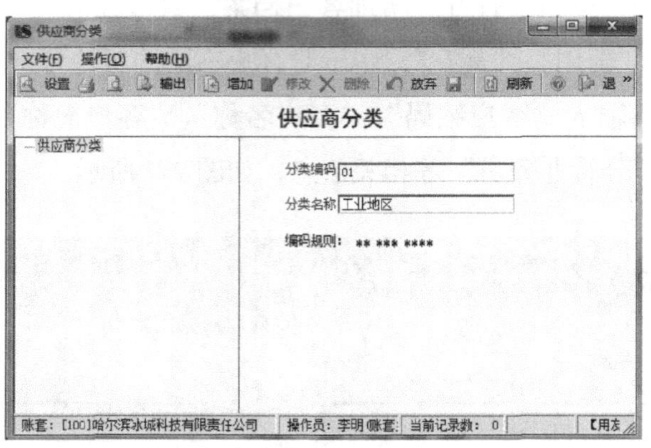

图 2-8 供应商分类

（3）单击“保存”按钮。

（4）同理依次录入其他的供应商分类。

2.9 设置供应商档案

操作步骤

（1）在“基础档案设置”选项卡中，执行“基础档案”|“客商信息”|“供应商档案”命令，打开“供应商档案”窗口。窗口分为左右两部分，左窗口显示供应商无分类，右窗口中显示所有的供应商列表。

（2）单击“增加”按钮，打开“增加供应商档案”窗口，按实验资料输入供应商信息。

（3）同理，依次录入其他的供应商档案。

提示

- 在录入供应商档案时，供应商编码及供应商简称必须录入。
- 供应商是否分类在建立账套时确定，此时不能修改，如果修改只能在未建立供应商档案的情况下，在系统管理中以修改账套的方式修改。
- 供应商编码必须唯一。

2.10 数据权限

操作步骤

（1）在“系统服务”选项中，执行“权限”|“数据权限设置”命令，进入“权限浏览”窗口。

（2）在左侧“用户及角色”列表中选择“002 李小明”，再单击“授权”按钮，打开“记录权限设置”对话框。

（3）单击“业务对象”栏的下三角按钮，选择“用户”。

（4）单击“>”按钮将“003 李明明”从“禁用”列表中选择到“可用”列表中，以此方法选择“001 李明”，如图 2-9 所示。

（5）单击“保存”按钮，系统弹出“保存成功”信息提示框，单击“确定”按钮。

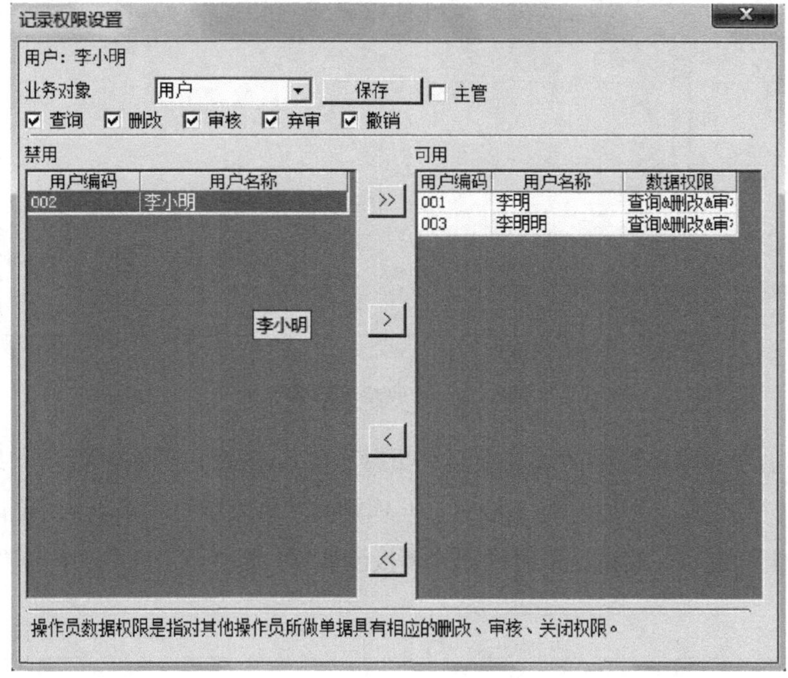

图 2-9 记录权限设置

提示

- 必须在系统管理中定义角色或用户，并分配完功能级权限后才能进行数据权限分配。
- 数据权限包括记录级权限和字段级权限。可以分别进行授权。
- 可以在“数据权限控制设置”中选择需要进行设置的数据权限。

2.11 单据设计

操作步骤

（1）在“基础设置”选项中，执行“单据设置”|“单据格式设置”命令。进入“单据格式设置”窗口。

（2）在左侧窗口中执行“执行应收款管理”|“应收单”|“显示”|“应收单显示模板”命令，进入“应收单”格式设置窗口，如图 2-10 所示。

图 2-10　应收单显示模板

（3）单击“应收单”中的表头项目“币种 5”，单击按钮，系统提示“是否删除当前选择项目？”信息，单击“是”按钮，同理删除“应收单”表头项目中的“汇率 6”。

（4）单击“退出”按钮，系统提示“模板已修改，是否保存？”，单击“是”确定。

提示

- 单据设计只能在“企业应用平台”中进行。
- 只有在启用了“应付”、“应收”系统或其他业务系统时，在“企业应用平台”的单据目录分类中才会列出与启用系统相对应的单据分类及内容。
- 单据设计功能可以分别进行不同模式中不同单据的显示格式和打印格式的设置。
- 可以分别就单据的显示格式和打印格式设置单据属性设计、表头项目设计、表体项目设计、单据项目属性设计、单据标题属性设计。

2.12　账套备份

在“D:\100 账套备份”文件夹中新建“任务 2 基础档案设置”文件夹。将账套输出至“任务 2 基础档案设置”文件夹中。

计　划　单

学习领域	会计信息化实务				
学习情境一	系统管理与基础档案设置			学　　时	12
工作任务 2	基础档案设置			学　　时	6
计划方式	小组讨论、团结协作共同制订计划				
序　　号	实施步骤				使用资源
制订计划说明					
计划评价	班　　级		第　　组	组长签字	
	教师签字			日　　期	
	评语：				

决　策　单

学习领域	会计信息化实务				
学习情境一	系统管理与基础档案设置			学　　时	12
工作任务 2	基础档案设置			学　　时	6
方案讨论					
方案对比	组　　号	方案合理性	实施可操作性	安全性	综合评价
	1				
	2				
	3				
	4				
	5				

续表

学习领域	会计信息化实务				
学习情境一	系统管理与基础档案设置			学　时	12
工作任务 2	基础档案设置			学　时	6
方案对比	6				
	7				
	8				
	9				
	10				
方案评价	评语：				
班　级		组长签字		教师签字	月　日

实　施　单

学习领域	会计信息化实务		
学习情境一	系统管理与基础档案设置	学　时	12
工作任务 2	基础档案设置	学　时	6
实施方式	小组成员合作；动手实践		

序号	实施步骤	使用资源
1		
2		
3		
4		
5		
6		
7		
8		
9		
10		

实施说明：

班　级		第　组	组长签字	
教师签字			日　期	
评　语				

检 查 单

学习领域	会计信息化实务				
学习情境一	系统管理与基础档案设置			学　时	12
工作任务2	基础档案设置			学　时	6
序号	检查项目	检查标准		学生自查	教师检查
1	系统启用	启用日期正确			
2	数据权限	授权正确			
3	单据设置	表头、表体设置正确			
4	会计科目	增加、修改正确			
5	各项档案	设置正确			
检查评价	班　级		第　组	组长签字	
	教师签字		日　期		
	评语：				

评 价 单

学习领域	会计信息化实务							
学习情境一	系统管理与基础档案设置				学　时		12	
工作任务2	基础档案设置				学　时		6	
评价类别	项目	子项目		个人评价	组内互评		教师评价	
专业能力	资讯（10%）	搜集信息及引导问题回答						
	计划（5%）	计划可执行性和安排合理性						
	实施（20%）	实施的完整性、合理性及可执行性						
	检查（10%）	全面准确和特殊情况处理						
	过程（5%）	安全合理、符合操作规范						
	结果（10%）	准确性、快速性						
社会能力	团结协作（10%）	合作情况及对小组贡献度						
	敬业精神（10%）	吃苦耐劳及遵守纪律						
方法能力	计划能力（10%）	计划条理性						
	决策能力（10%）	方案正确性						
评价评语	班　级		姓　名		学号		总　评	
	教师签字		第　组	组长签字			日　期	
	评语：							

学习情境二

总账管理系统

学习目标

- 明确总账系统的概念、特点、功能，了解和掌握数据处理流程；
- 掌握凭证处理流程，熟练掌握记账凭证的填制、审核与记账操作及凭证的查询、修改方法；
- 掌握错账更正的原理和基本方法；
- 掌握总账系统出纳的内容和处理方法；
- 掌握各种账簿的查询方法，了解各类账簿的打印方法；
- 掌握期末业务处理的原理和方法；
- 掌握总账系统的初始化设置；
- 能够准确判断原始凭证类型，准确作出记账凭证；
- 熟练记账及账簿的查询；
- 会银行对账业务操作；
- 熟练期末业务的转账定义设置；
- 熟练期末业务的转账生成。

工作任务

- 总账管理系统初始化设置；
- 总账管理系统日常业务处理；
- 出纳管理；
- 总账管理系统期末业务处理。

学习情境描述

总账系统的任务就是利用建立的会计科目体系，输入和处理各种记账凭证，完成记账、结账以及对账的工作，输出各种总分类账、日记账、明细账和有关辅助账。总账系统主要提供凭证处理、账簿处理、出纳管理和期末转账等基本核算功能，并提供个人、部门、客户、供应商、项目核算等辅助管理功能。在业务处理过程中，可以随时查询包含未记账凭证的所有账表，充分满足管理者对信息即时性的要求。

任务3 总账管理系统初始化设置

任务单

学习领域	会计信息化实务		
学习情境二	总账系统管理	学　　时	36
工作任务3	总账管理系统初始化设置	学　　时	6

布置任务

工作目标	1. 明确总账处理系统的概念、特点，了解总账管理系统流程与主要功能； 2. 掌握账套的备份输出与引入操作，了解数据管理中的其他操作； 3. 能够进行总账系统初始化中的设置会计科目； 4. 会录入期初余额及相关分类、档案资料的方法； 5. 能够进行总账系统业务处理中凭证处理和记账的方法。			
任务描述	通过对用友ERP-Ugv10.1的总账系统的功能与内容的学习，掌握总账系统的功能构成与操作流程。 总账系统初始化设置是应用总账系统的基础，是为总账系统日常业务处理工作所做的准备。总账系统初始化设置主要包括系统参数、设置会计科目、录入期初余额、设置凭证类别、设置结算方式等。 初始化设置也称初始化，是指使用通用的账务系统的单位根据本单位账务处理和财务管理的具体情况，将通用的会计软件转化为专用会计软件、将手工会计业务数据移植到计算机中等一系列准备工作，是使用会计软件的基础。初始化工作的好坏，直接影响到会计电算化工作的效率。初始化设置一般由账套主管或账务主管指定专人进行。初始化设置工作在系统投入使用时进行，以后一般不再重新设置或修改，如需修改应在年末结账后进行。			
学时安排	资讯1学时	计划与决策1学时	实施3学时	检查与评价1学时
提供资料	1. 会计电算化管理办法； 2. 会计核算软件基本功能规范； 3. 会计电算化工作规范； 4. 会计基础工作规范； 5. 会计档案管理办法； 6.《新编用友ERP财务管理系统实验教程》，王新玲主编，清华大学出版社，2009； 7.《电算会计项目化教程》，张冬梅主编，电子工业出版社，2012； 8.《会计信息化实务》，徐亚文主编，武汉大学出版社，2011； 9.《会计电算化实务》，王曦东主编，北京邮电大学出版社，2013。			

续表

学习领域	会计信息化实务		
学习情境二	总账系统管理	学　时	36
工作任务 3	总账管理系统初始化设置	学　时	6
对学生的要求	1. 了解账务处理系统的功能结构； 2. 理解系统控制参数的意义； 3. 知道期初余额录入的内容； 4. 会总账管理系统参数设置； 5. 会根据企业实际情况，增加、修改、删除会计科目； 6. 会对会计科目进行辅助核算设置； 7. 会进行项目核算设置； 8. 会期初余额录入； 9. 严格遵守课堂纪律和工作纪律，不迟到，不早退，不旷课； 10. 学生应树立职业意识，按照企业的岗位职责要求自己。		

资　讯　单

学习领域	会计信息化实务		
学习情境二	总账系统管理	学　时	36
工作任务 3	总账管理系统初始化设置	学　时	6
资讯方式	在图书馆、专业期刊、互联网及信息单上查询问题；咨询任课教师。		
资讯问题	1. 什么是系统初始化？ 2. 设置会计科目的原则有哪些？ 3. 设置会计科目的内容有哪些？ 4. 设置币别的内容有哪些？ 5. 在企业里科目类别一般可分为哪几类？ 6. 凭证类别及凭证类别的限制条件有哪些？ 7. 企业常用的结算方式有哪些？ 8. 如何设置总账系统的参数？ 9. 如何指定会计科目？		
资讯引导	问题的解答可以在下面的资料中查找： 1.《新编用友 ERP 财务管理系统实验教程》，王新玲主编，清华大学出版社，2009，21-26 页； 2.《电算会计项目化教程》，张冬梅主编，电子工业出版社，2012，18-24 页； 3.《会计信息化实务》，徐亚文主编，武汉大学出版社，2011，16-22 页； 4.《会计电算化实务》，王曦东主编，北京邮电大学出版社，2013，22-28 页； 5.《会计信息系统应用》，孙莲香主编，清华大学出版社，2010，20-25 页； 6. 哈尔滨职业技术学院会计信息化实务教学资源库。		

信　息　单

【任务导入】

哈尔滨冰城科技有限责任公司从 2014 年 1 月 1 日起启用总账管理系统。根据企业核算与管理的需要，对总账系统参数进行设置，录入总账期初余额并进行期初试算平衡。

3.1 账套总账系统参数

该公司账套基本信息如表 3-1 所示。

表 3-1 哈尔滨冰城科技有限责任公司账套基本信息

选项卡	参数设置
凭　证	选择“现金流量科目必录现金流量项目”；自动填补凭证断号；其他采用系统默认值
权　限	出纳凭证必须经由出纳签字；取消“允许修改、作废他人填制的凭证”；凭证审核控制到操作员；其他采用系统默认值
会计日历	数量小数位、单价小数位均为 2 位；其他采用系统默认值
其　他	部门、个人、项目均按编码排序；其他采用系统默认值
账簿 / 凭证打印 / 预算控制	采用系统默认值

3.2 设置会计科目

会计科目表如表 3-2 所示。

表 3-2 会计科目表

性　质	代　码	科目名称	方　向	余　额	辅助账
资产	1001	库存现金	借	300.00	日记账
资产	1002	银行存款	借	1 289 000.00	日记账，银行账
资产	100201	工商银行	借	800 000.00	日记账，银行账
资产	100202	交通银行	借	489 000.00	日记账，银行账
资产	1012	其他货币资金	借	127 000.00	
资产	101201	外埠存款	借		
资产	101202	银行本票	借	10 000.00	
资产	101203	银行汇票	借	117 000.00	
资产	1101	交易性金融资产	借	15 000.00	
资产	110101	成本	借	10 000.00	
资产	110102	公允价值变动	借	5 000.00	
资产	1121	应收票据	借	246 000.00	
资产	1122	应收账款	借	300 000.00	客户往来
资产		其中：湖北股份	借	100 000.00	
资产		江苏迅达	借	100 000.00	
资产		上海一厂	借	40 000.00	
资产		上海二厂	借	30 000.00	
资产		上海三厂	借	30 000.00	
资产	1123	预付账款	借	100 000.00	
资产	1131	应收股利	借		
资产	1132	应收利息	借		
资产	1221	其他应收款	借	5 000.00	
资产	122101	内部其他应收	借	5 000.00	个人往来
资产		其中：赵良	借	1 000.00	

续表

性　质	代　码	科目名称	方　向	余　额	辅助账
资产		李　明	借	2 000.00	
资产		张　青	借	1 000.00	
资产		王库（024）	借	1 000.00	
资产	122102	外部其他应收	借		个人往来
资产	1231	坏账准备	贷	900.00	
资产	1401	材料采购	借	80 000.00	
资产	1403	原材料	借	930 000.00	
资产	140301	原料及主要材料	借	770 000.00	
资产	14030101	钢材（64 吨）	借	640 000.00	
资产	14030102	木材（13 方）	借	130 000.00	
资产	140302	辅助材料	借	60 000.00	
资产	14030201	油漆（50 桶）	借	50 000.00	
资产	14030202	钢筋（1 吨）	借	10 000.00	
资产	140303	燃料	借	100 000.00	
资产	14030301	汽油（3 吨）	借	30 000.00	
资产	14030302	柴油（10 吨）	借	70 000.00	
资产	1404	材料成本差异	借		
资产	1405	库存商品	借	1 450 000.00	
资产	1408	委托加工物资	借	120 000.00	
资产	1411	周转材料	借	90 000.00	
资产	141101	包装物	借	10 000.00	
资产	141102	低值易耗品	借	80 000.00	
资产	1471	存货跌价准备	贷		
资产	1501	持有至到期投资	借	150 000.00	
资产	150101	成本	借	150 000.00	
资产	150102	利息调整	借		
资产	1502	持有至到期投资减值准备	贷		
资产	1503	可供出售金融资产	借		
资产	1511	长期股权投资	借	101 990.00	
资产	151101	成本	借	101 990.00	
资产	151102	损益调整	借		
资产	1512	长期股权投资减值准备	贷		
资产	1601	固定资产	借	1 700 000.00	
资产	1602	累计折旧	贷	401 990.00	
资产	1603	固定资产减值准备	贷		
资产	1604	在建工程	借	1 500 000.00	
资产	160401	材料	借	1 500 000.00	项目核算

续表

性　质	代　码	科目名称	方　向	余　额	辅助账
资产		其中：甲工程	借	1 000 000.00	
资产		乙工程	借	500 000.00	
资产	160402	工资	借		项目核算
资产	160403	福利费	借		项目核算
资产	160404	税金	借		项目核算
资产	160405	利息	借		项目核算
资产	1605	工程物资	借		
资产	160501	专用材料	借		
资产	160502	专用设备	借		
资产	160503	预付大型设备款	借		
资产	1606	固定资产清理	借		
资产	1701	无形资产	借	600 000.00	
资产	1702	累计摊销	贷		
资产	1703	无形资产减值准备	贷		
资产	1811	递延所得税资产	借		
资产	1901	待处理财产损溢	借		
资产	190101	待处理流动资产损溢	借		
资产	190102	待处理固定资产损溢	借		
负债	2001	短期借款	贷	300 000.00	
负债	2201	应付票据	贷	200 000.00	
负债	2202	应付账款	贷	953 800.00	供应商
负债		其中：哈一重	贷	200 000.00	
负债		哈二重	贷	350 000.00	
负债		哈三重	贷	200 800.00	
负债		齐一重	贷	203 000.00	
负债	2203	预收账款	贷		
负债	2211	应付职工薪酬	贷	110 000.00	
负债	221101	应付工资	贷	100 000.00	
负债	221102	应付福利费	贷	10 000.00	
负债	2221	应交税费	贷	36 600.00	
负债	222101	应交增值税	贷		
负债	22210101	进项税额	贷		
负债	22210102	已交税金	贷		
负债	22210105	销项税额	贷		
负债	22210107	进项税额转出	贷		
负债	222102	未交增值税	贷		
负债	222103	应交营业税	贷	20 000.00	

续表

性　质	代　码	科目名称	方　向	余　额	辅助账
负债	222106	应交所得税	贷	10 000.00	
负债	222107	应交教育费附加	贷	6 600.00	
负债	2231	应付利息	贷		
负债	2232	应付股利	贷		
负债	2241	其他应付款	贷	51 000.00	
负债	2501	长期借款	贷	600 000.00	
负债	2502	应付债券	贷	1 000 000.00	
负债	250201	债券面值	贷	800 000.00	
负债	250202	利息调整	贷		
负债	250204	应计利息	贷	200 000.00	
负债	2701	长期应付款	贷		
负债	2901	递延所得税负债	贷		
权益	4001	实收资本	贷	5 000 000.00	
权益	4002	资本公积	贷		
权益	400201	资本溢价	贷		
权益	400203	接受现金捐赠	贷		
权益	400204	股权投资准备	贷		
权益	400207	其他资本公积	贷		
权益	4101	盈余公积	贷	150 000.00	
权益	410101	法定盈余公积	贷	100 000.00	
权益	410103	法定公益金	贷	50 000.00	
权益	410106	利润归还投资	贷		
权益	4103	本年利润	贷		
权益	4104	利润分配	贷		
权益	410401	提取法定盈余公积	贷		
权益	410402	提取法定公益金	贷		
权益	410415	未分配利润	贷		
成本	5001	生产成本	借		
成本	500101	基本生产成本	借		
成本	50010101	工资	借		部门项目
成本	50010102	福利费	借		部门项目
成本	50010103	材料费	借		部门项目
成本	50010104	制造费用	借		部门项目
成本	500102	辅助生产成本	借		
成本	5101	制造费用	借		部门核算
成本	510101	工资	借		部门核算
成本	510102	福利费	借		部门核算

续表

性　质	代　码	科目名称	方　向	余　额	辅助账
成本	510103	修理费	借		部门核算
成本	510104	机物费	借		部门核算
成本	510105	折旧费	借		部门核算
成本	5201	劳务成本	借		
损益	6001	主营业务收入	贷		
损益	6011	利息收入	贷		
损益	6051	其他业务收入	贷		
损益	6101	公允价值变动损益	贷		
损益	6111	投资收益	贷		
损益	6301	营业外收入	贷		
损益	6401	主营业务成本	借		
损益	6402	其他业务成本	借		
损益	6403	营业税金及附加	借		
损益	6601	销售费用	借		
损益	660101	工资	借		
损益	660102	福利费	借		
损益	660105	广告费	借		
损益	660106	展览费	借		
损益	6602	管理费用	借		
损益	660201	工资	借		项目核算
损益	660202	福利费	借		项目核算
损益	660203	修理费	借		项目核算
损益	660204	机物费	借		项目核算
损益	660205	折旧费	借		项目核算
损益	660206	水电费	借		项目核算
损益	660208	无形资产摊销	借		项目核算
损益	660209	坏账损失	借		项目核算
损益	660210	印花税	借		项目核算
损益	660211	劳动保险费	借		项目核算
损益	660212	调研费	借		项目核算
损益	660213	试制费	借		项目核算
损益	660299	其他	借		项目核算
损益	6603	财务费用	借		
损益	6701	资产减值损失	借		
损益	6711	营业外支出	借		
损益	6801	所得税费用	借		
损益	6901	以前年度损益调整	借		

续表

性　质	代　码	科目名称	方　向	余　额	辅助账
损益			借		
损益			借		
损益			借		
损益			借		
损益			借		
损益			借		
损益			借		

3.3　指定科目

（1）现金总账科目：库存现金。

（2）银行总账科目：银行存款。

（3）现金流量科目：库存现金；工商银行；交通银行；外埠存款；银行本票；银行汇票。

3.4　设置凭证类别

设置凭证类别，如表 3-3 所示。

表 3-3　凭证类别

类别名称	限制类型	限制科目
收款凭证	借方必有	1001,1002
付款凭证	贷方必有	1001,1002
转账凭证	凭证必无	1001,1002

3.5　项目档案

3.5.1　增加两个项目大类

即生产建造类和费用类，且各有一级下级分类，分类及所辖项目如表 3-4 和表 3-5 所示。

表 3-4　生产建造类项目

分类编码	分类名称	项目编号	项目名称
1	生产成本	1	50W 发电机
		2	80W 发电机
2	在建工程	3	甲工程
		4	乙工程

表 3-5　费用类项目表

分类编码	分类名称	项目编号	项目名称
1	管理费用	1	新产品开发 1
		2	新产品开发 2
		3	非产品开发管理费

注：在设置时均设为“普通项目”，在处理凭证时，凡是费用类均列为“非产品开发管理费”。

3.5.2 修改已有的项目

为“现金流量项目”增加一个分类：06：内部往来，如表 3-6 所示。

表 3-6 现金流量项目

项目编码	项目名称	所属分类	方　向
25	现金内部变动	06	
26	处置固定资产、无形资产和其他长期资产现金流入	0201	流入
27	处置固定资产、无形资产和其他长期资产现金流出	0202	流出

3.6 设置结算方式

设置结算方式如表 3-7 所示。

表 3-7 设置结算方式

编　码	名　称	编　码	名　称
1	现金结算	301	商业汇票
101	现金	302	银行汇票
2	支票	4	其他方式
202	现金支票	401	电汇
203	转账支票	402	内部转账
3	汇票	403	托收承付

【任务要求】

（1）设置系统参数。

（2）设置会计科目：指定会计科目。

（3）设置会计科目：增加会计科目。

（4）设置会计科目：修改会计科目。

（5）设置项目目录。

（6）设置凭证类别。

（7）输入期初余额。

（8）设置结算方式。

（9）账套备份。

【相关知识】

总账子系统又称账务处理子系统，是指要完成从记账凭证输入到记账，再从记账到账簿输出等账务处理工作的子系统。总账子系统是会计信息系统中的核心子系统，与其他子系统之间有着大量的数据传递关系。进行总账子系统的设计，一方面要从总账子系统的目标出发，使所设计的系统能够及时处理各种凭证和生成各种账表，满足企业会计核算和会计管理的需要；另一方面又要充分考虑它与其他子系统的关系，设计良好的数据传递接口。

3.1 总账子系统的功能目标

总账子系统的功能目标主要有以下几点：

（1）及时准确地采集和输入各种凭证，保证进入计算机的会计数据及时、准确和全面。

（2）高效、正确地完成记账过程。

（3）随时输入某个时期内任意会计科目发生的所有业务，随时输出各个会计期间的各种账表，为企业管理提供信息。

（4）建立总账子系统与其他子系统的数据接口，实现会计数据的及时传递和数据共享。

（5）提供部门核算和管理、项目核算和管理、往来核算和管理等功能。

3.2 手工操作方式下的账务处理程序

总账系统账务处理流程是指从收集、整理原始凭证开始，通过设置或输入记账凭证，登记账簿，并为编制会计报表做好准备的过程，这一过程一般被称为账务处理程序。为比较透彻地了解电算化账务处理的特点，有必要对电算化账务处理程序和手工会计处理程序作一基本的比较。

在手工操作方式下，通常有记账凭证账簿处理程序、科目汇总表账簿处理程序、汇总记账凭证账务处理程序、日记总账账务处理程序等种类，不同账务处理程序的主要区别在于登记总分类账的依据不同。手工方式下的（科目汇总表）账务处理程序如图 3-1 所示。

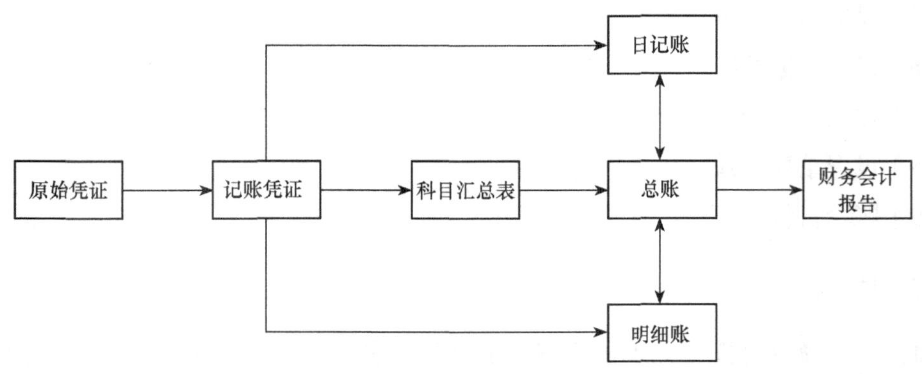

图 3-1　手工账务处理流程

程序图中所反映的各处理环节的基本操作过程如下：

（1）根据原始凭证，按照所设置的会计科目及所确定的复式记账方法，填制记账凭证。

（2）根据记账凭证（收、付款记账凭证）逐笔登记日记账。

（3）根据记账凭证及其所附原始凭证逐笔登记明细分类账。

（4）根据记账凭证定期编制科目汇总表或汇总记账凭证。

（5）根据科目汇总表（或汇总记账凭证）定期登记总分类账。

（6）按照对账要求，定期核对总分类账、日记账、明细分类账。

（7）根据核对清查后的总分类账、明细分类账编制财务会计报告。

3.3 电算化处理方式下的账务处理程序

在电算化处理方式下，账务处理从输入会计凭证开始，经过计算机对会计数据的处理，生成各类账簿文件，产生科目余额文件，并完成汇总、结账、编制报表等业务处理过程。财务软件在保持会计固有的特征（如设置会计科目，复式记账，通过账户分类连续、系统地记录和核算经济业务等）的同时，又要调整和改进与手工操作相关的技术特性内容。但电算化环境下的账务处理过程与手工操作方式下的账务处理过程又有相似之处，手工方式下的账务处理流程可被看成是建立电算化账务处理系统逻辑模型的基础。为此，可以在手工处理流程的基础上优化出电算化账务处理流程。如图 3-2 所示。

根据图 3-2 对账务处理过程的描述，电算化账务处理具体包括以下操作步骤：

（1）将有关会计凭证（包括由手工输入的记账凭证和由系统自动生成的机制凭证）输入或转入到账务处理系统，并存入临时凭证数据库。

（2）对记账凭证进行审核签字后，进行自动记账处理，形成记账凭证文件、账簿文件和余额文件，同时，根据会计科目汇总数据，更新科目汇总文件。

（3）按照设置的输出条件，生成各种正式的总分类账、日记账、明细分类账账簿，生成科目汇总表。

（4）通过提取、汇总、筛选、引用等技术处理生成各类会计报表。

从原始资料到各种账簿数据信息的处理过程中，相应的软件需依据以下基本工作原理和处理特点：

（1）采用统一记账凭证格式和统一凭证编号，以规范数据内容和简化处理环节。

（2）采用一次登账方式，即从凭证库中取一条未入账记录，根据其明细科目代码登记相应的明细账或日记账，然后依照其上下级科目的联系分别累计出发生额、余额数据，并传递至上一级科目。该流程改变了传统的分别登记总账、明细账、日记账的做法，提高了数据的一致性。

（3）登账以后，所有一级科目和明细科目最新的发生额、余额及数量等辅助指标即自动生成，改变了传统的定期汇总、月底结账的做法，提高了信息产生的及时性。

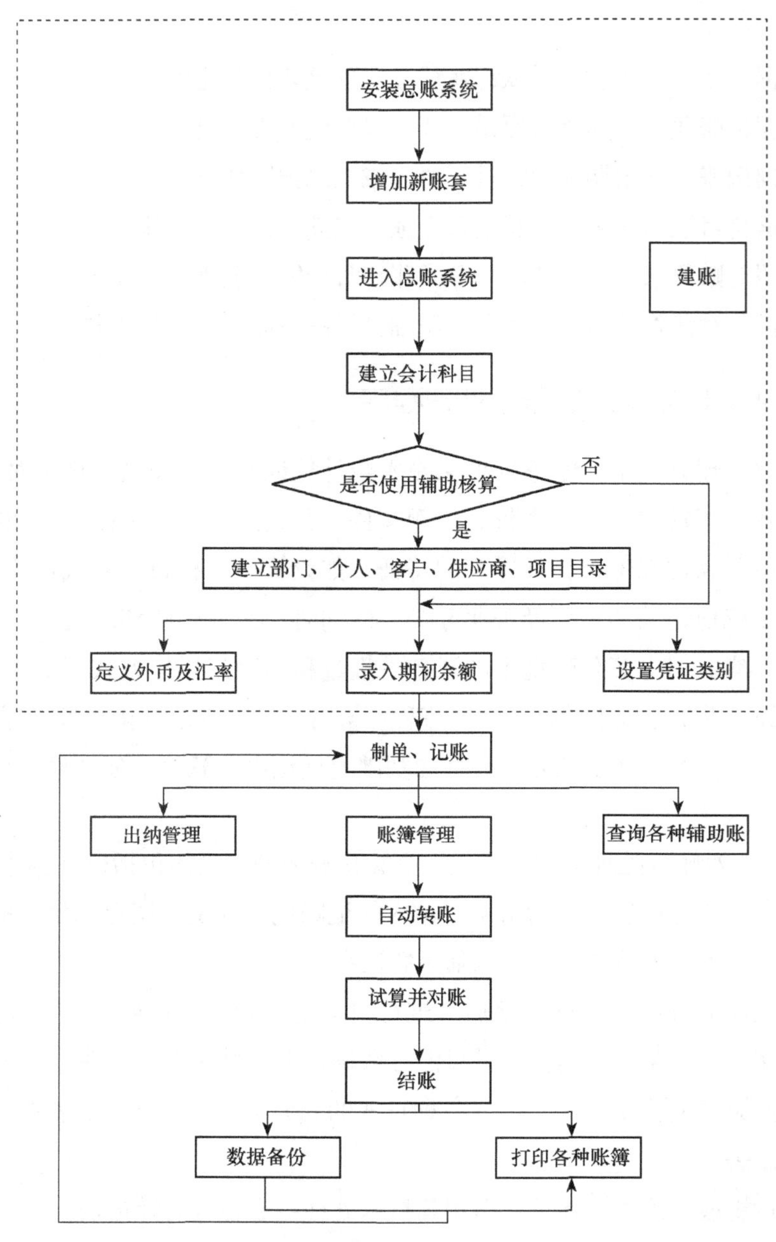

图 3-2　电算化账务处理流程

（4）积累和存储所有一级科目和明细科目各个会计期间的发生额、余额及数量、外币等指标，改变了传统的为满足少数对外定期报表的需要，仅积累一级科目及当前月、季、年的总括数据的做法，大大扩充了系统的信息量，为进行财务管理和财务分析准备了丰富的信息源。

3.4　总账系统的功能结构

由于系统设计的思路不同，系统开发者对于账务处理流程的理解不同，不同账务处理系统所具有的功能也都会有所不同，但其中包含的主要会计业务处理功能仍非常相似。通常，一个包含初始化设置、日常处理和辅助核算功能的账务处理系统的主要功能（模块）结构如图 3-3 所示。

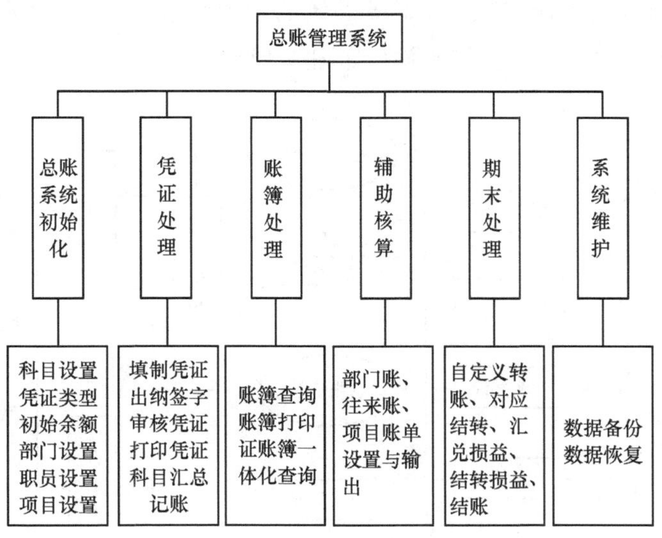

图 3-3 账务处理系统的主要功能（模块）结构

对于通用账务处理系统而言，其基本操作过程中主要涉及以下操作项目：

（1）系统初始化。系统初始化包括设置会计科目、凭证类型、外币与汇率、结算方式，录入期初余额等。系统初始化既是对手工核算资料的全面整理，也是对后续核算内容的必要准备。

（2）日常凭证业务处理。日常凭证业务处理包括记账凭证的填制、修改、审核、记账以及必要时对凭证的查询输出，这是日常会计核算活动的主要内容。

（3）账簿管理。账簿管理包括对账簿栏目设置、数据处理或组合、汇总等运算过程以及各种账簿的查询与打印。

（4）出纳业务。出纳对货币资金的处理业务，通常在凭证的录入、审核以及期末对账、往来分析等环节中体现。

（5）辅助核算。辅助核算包括部门核算、往来核算、通用项目核算等。其中每项业务都需要进行初始化设置，并依照规范的日常业务处理程序来处理各项业务内容。

（6）期末业务。期末业务包括各项结转、转账、调汇以及对账、结账等内容。期末业务的自动化处理使及时编制对外财务报告成为可能。

（7）系统维护。系统维护包括数据备份、数据恢复、数据导入、数据导出等内容，是对软件系统正确、高效运行的保障措施。

3.5 总账系统与其他子系统之间的数据传递关系

总账系统是指完成设置账户、复式记账、填制和审核凭证、登记账簿等工作的子系统。在整个会计电算化信息系统中，总账系统既是中枢，又是基本系统，它综合、全面、概括地反映企业各个方面的会计工作内容，其他各子系统的数据必须传输到总账系统进行相应的处理，同时总账系统还把某些数据传输给其他子系统以供利用，许多单位的会计电算化工作往往是从总账系统的管理开始的。用友 ERP-U8V10.1 的总账系统与其他子系统之间的数据传递关系如图 3-4 所示。

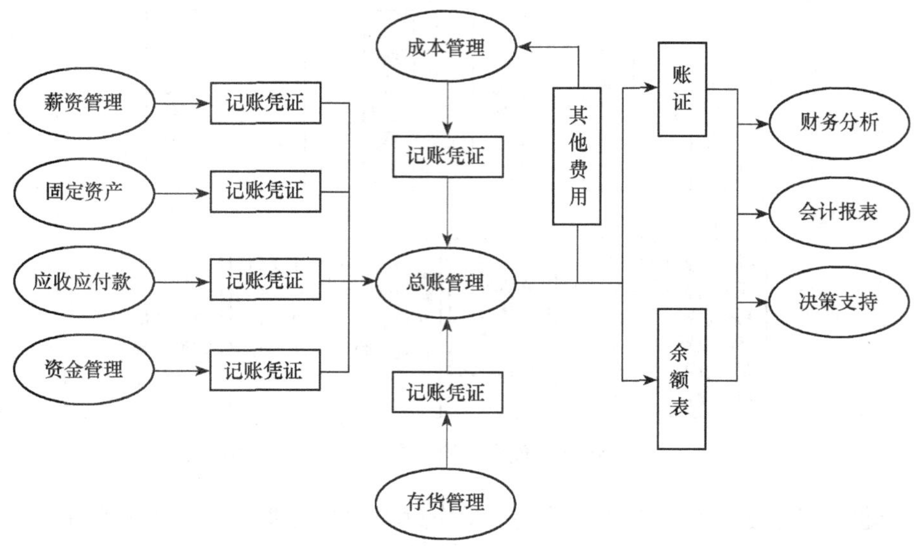

图 3-4　总账系统与其他子系统之间的数据传递关系

【任务实施】

3.1　设置系统参数

操作步骤

（1）在企业应用平台“业务工作”选项卡中，执行“财务会计”|“总账”命令，打开总账系统。

（2）在总账系统中，执行“设置”|“选项”命令，打开“选项”对话框。

（3）单击“编辑”按钮。

（4）在“权限”选项卡中选中“凭证审核控制到操作员”复选框，取消选中“允许修改、作废他人填制的凭证”复选框，如图 3-5 所示。

（5）单击“确定”按钮保存并返回。

（6）修改其他参数，保存，退出。

提示

- 总账系统的参数设置将决定总账系统的输入控制、处理方式、数据流向、输出格式等，设定后一般不能随意改变。

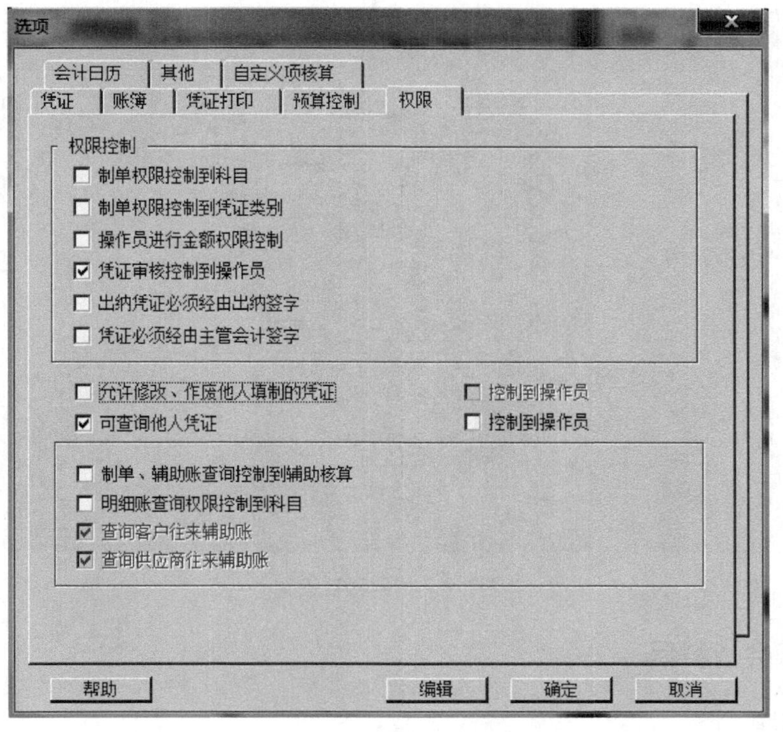

图 3-5 设置系统参数选项

3.2 指定会计科目

操作步骤

（1）在企业应用平台的“基础设置”选项卡中，执行“基础档案”|“财务”|“会计科目”命令，进入“会计科目”窗口。

（2）执行“编辑”|“指定科目”命令，打开“指定科目”对话框。

（3）单击“>”按钮将“1001 库存现金”从“待选科目”窗口选入“已选科目”窗口。

（4）单击选择“银行总账科目”选项，单击“>”按钮将“1002 银行存款”从“待选科目”窗口选入“已选科目”窗口，如图 3-6 所示。

（5）单击“确定”按钮。

提示

- 被指定的“现金总账科目”及“银行总账科目”必须是一级会计科目。
- 只有指定现金及银行总账科目才能进行出纳签字的操作。
- 只有指定现金及银行总账科目才能查询现金日记账和银行存款日记账。

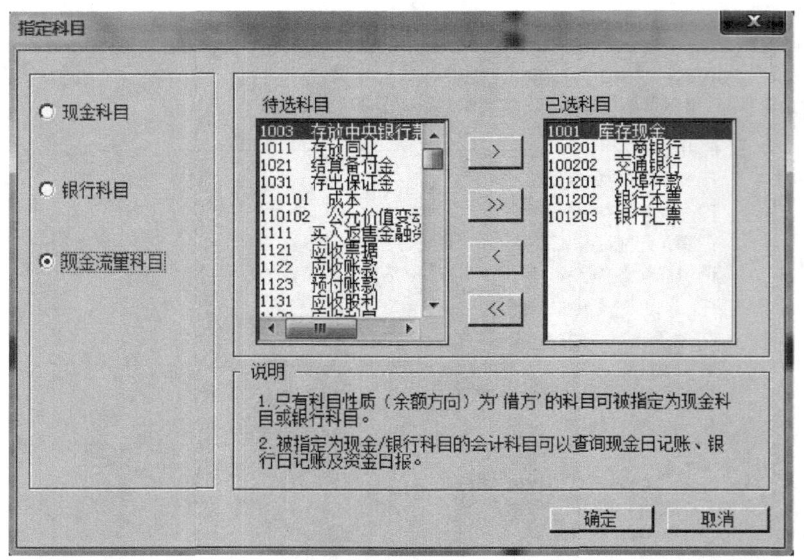

图 3-6　指定科目设置

3.3　增加会计科目

操作步骤

（1）在“会计科目”窗口中，单击“增加”按钮，打开“新增会计科目”对话框。

（2）录入科目编码“100201”、科目名称“工行存款”，如图 3-7 所示。

（3）单击“确定”按钮。

（4）同理，依次增加其他的会计科目。

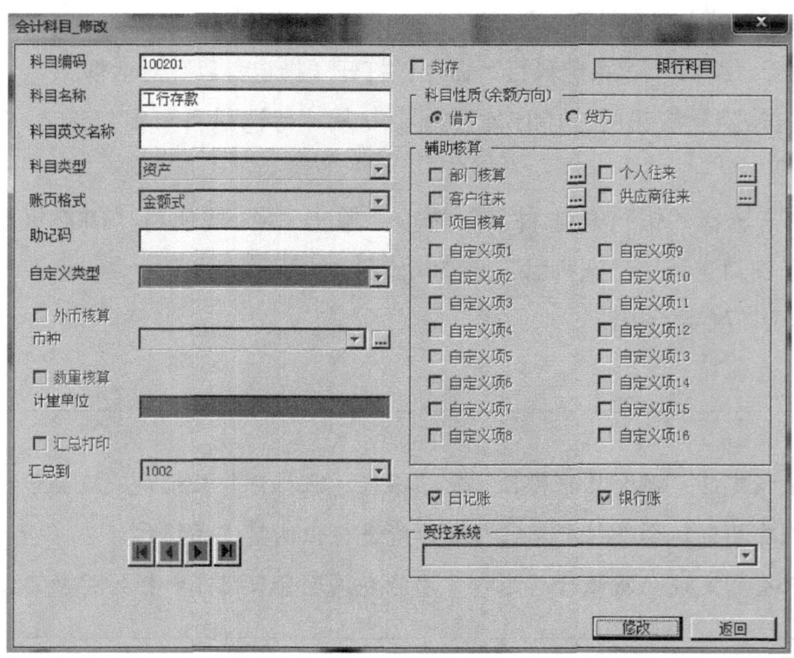

图 3-7　新增会计科目

提示

- 由于预置科目“1002”已经被设置为“日记账”及“银行账”，所以新增科目“100201”自动被识别为“日记账”及“银行账”。
- 会计科目编码应符合编码规则。
- 如果会计科目已经使用，则不能被修改或删除。
- 设置会计科目时应注意会计科目的“账页格式”，一般情况下应为“金额式”，也有可能是“数量金额式”等，如果是数量金额式还应继续设置计量单位，否则仍不能同时进行数量金额的核算。
- 如果新增科目与原有某一科目相同或类似，则可采用复制的方法。

3.4 修改会计科目

操作步骤

（1）在“会计科目”窗口中，双击“1121 应收票据”，或在选中“1121 应收票据”后单击“修改”按钮，打开“会计科目_修改”对话框。

（2）单击“修改”按钮，选中“客户往来”前的复选框，再单击“受控系统”栏的下三角按钮，选择空白处（即无受控系统），如图 3-8 所示。

（3）单击“确定”按钮。

（4）同理，修改其他科目。

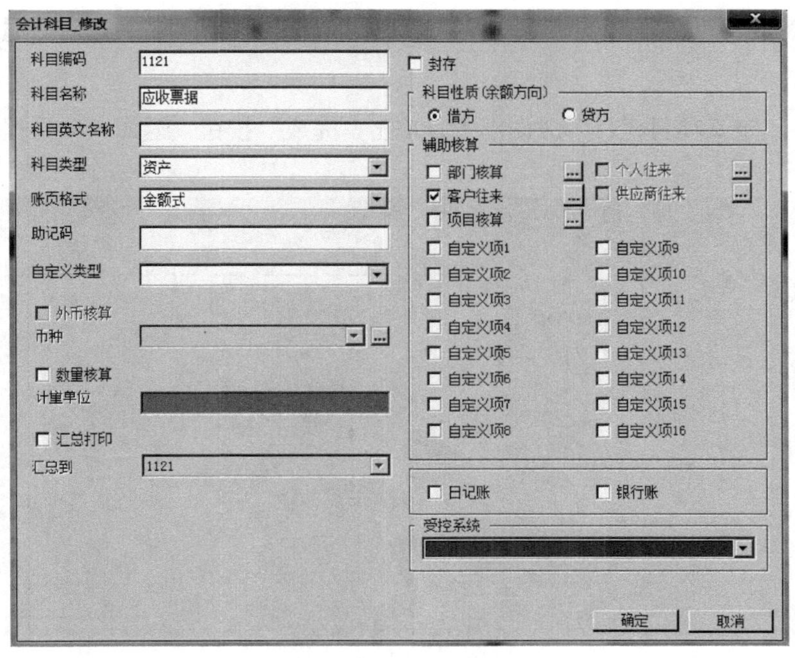

图 3-8 修改会计科目

提示

- “无受控系统”即该账套不适用“应收”即“应付”系统，“应收”即“应付”业务均以辅助账的形式在总账系统中进行核算。
- 在会计科目使用前一定要先检查系统预置的会计科目是否能够满足需要，如果不能满足需要，则以增加或修改的方式增加新的科目及修改已经存在的会计科目，如果系统预置的会计科目中有一些是并不需要的，可以采用删除的方法删除。
- 凡是设置有辅助核算内容的会计科目，在填制凭证时都需填制具体的辅助核算内容。

3.5 设置项目目录

3.5.1 新增项目大类

操作步骤

（1）在企业应用平台“基础设置”选项卡中，执行“基础档案”|“财务”|“项目目录”命令，打开“项目档案”对话框。

（2）单击“增加”按钮，打开“项目大类定义_增加”对话框。

（3）录入新项目大类名称“生产建造类”，如图 3-9 所示。

（4）单击“下一步”按钮，打开“定义项目级次”对话框，如图 3-10 所示。

（5）默认系统设置，单击“下一步”按钮，打开“定义项目栏目”对话框，如图 3-11 所示。

（6）在“定义项目栏目”对话框中，单击“完成”按钮，返回“项目档案”窗口。

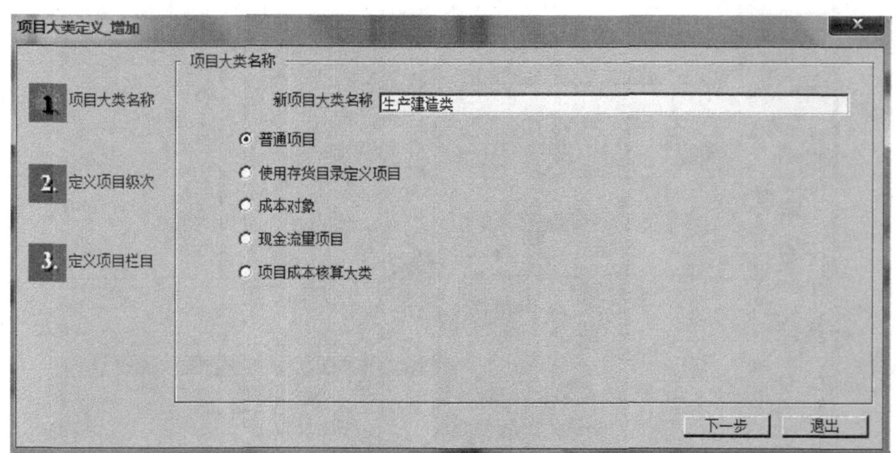

图 3-9　定义项目大类名称

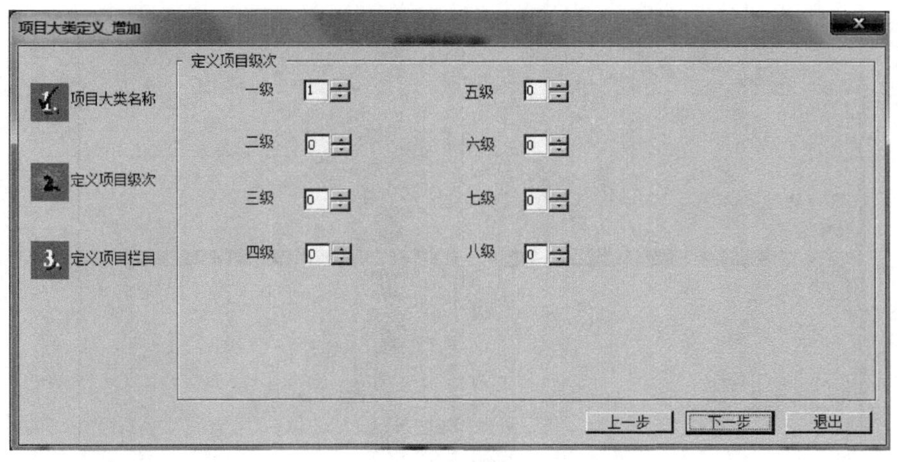

图 3-10　定义项目级次

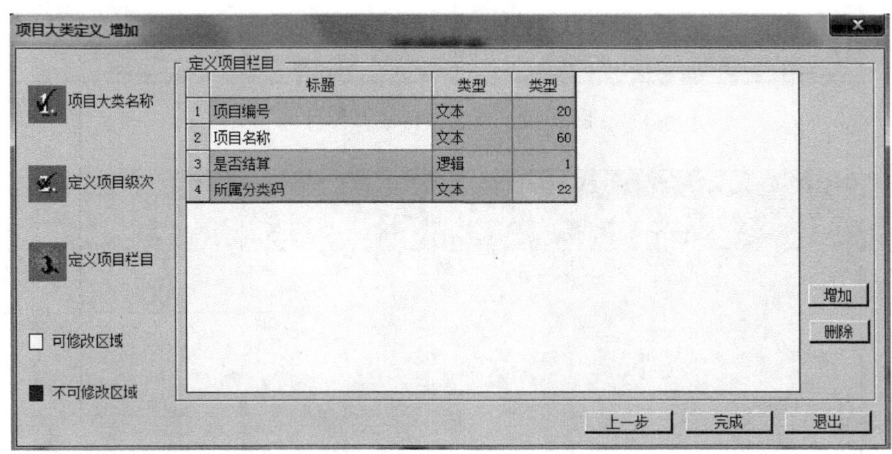

图 3-11　定义项目栏目

3.5.2　指定项目核算科目

（1）单击“项目大类”栏下的三角按钮，选择“生产建造类”项目大类。

（2）单击“核算科目”选项卡。

（3）单击“>>”按钮，将生产成本及其下级明细科目从“待选科目”列表中选入“已选科目”列表，如图 3-12 所示。

（4）单击“确定”按钮确认。

3.5.3　进行项目分类定义

（1）单击“项目分类定义”选项卡。

（2）录入分类编码“1”，分类名称“生产成本”，单击“确定”按钮。同理，增加“在建工程”，单击“确定”按钮，如图 3-13 所示。

3.5.4　项目目录维护

（1）单击“项目目录”选项卡，单击“维护”按钮，进入“项目目录维护”窗口。

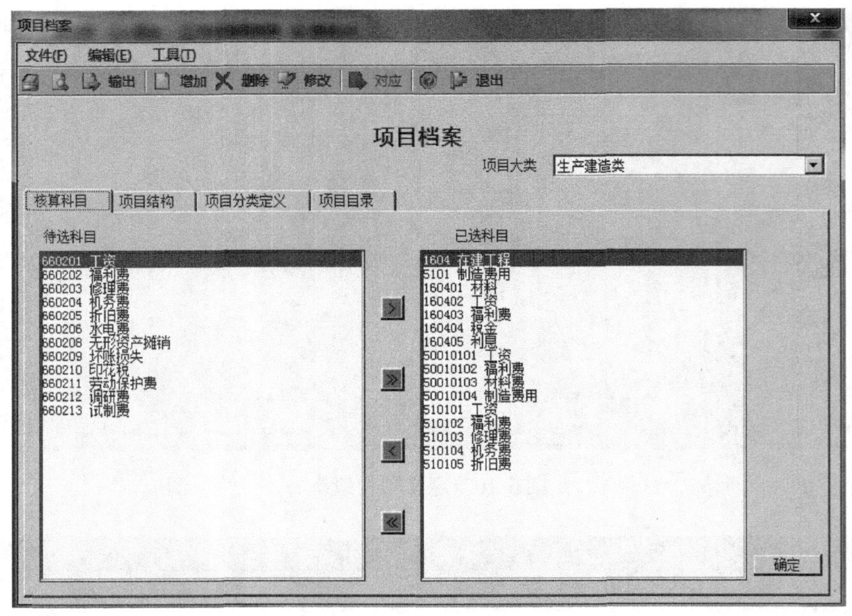

图 3-12　指定项目核算科目

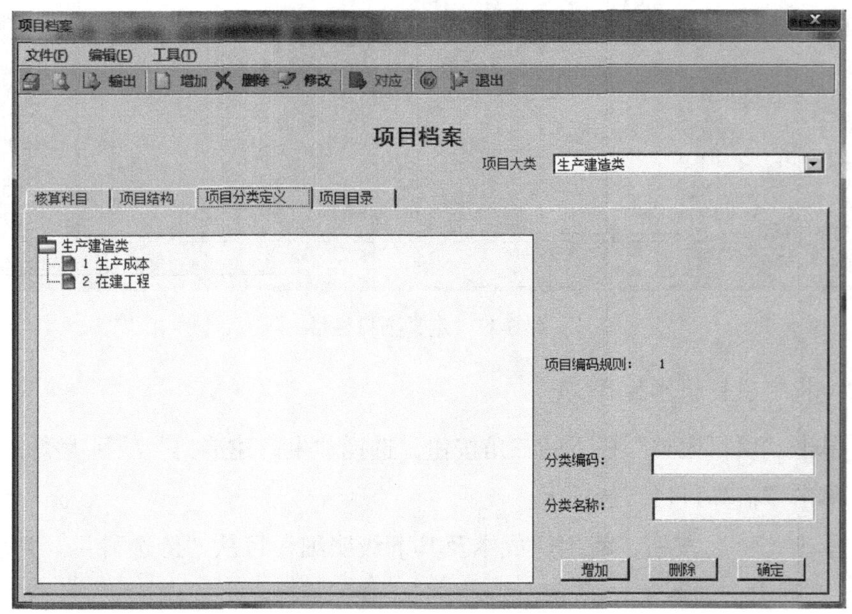

图 3-13　项目分类定义

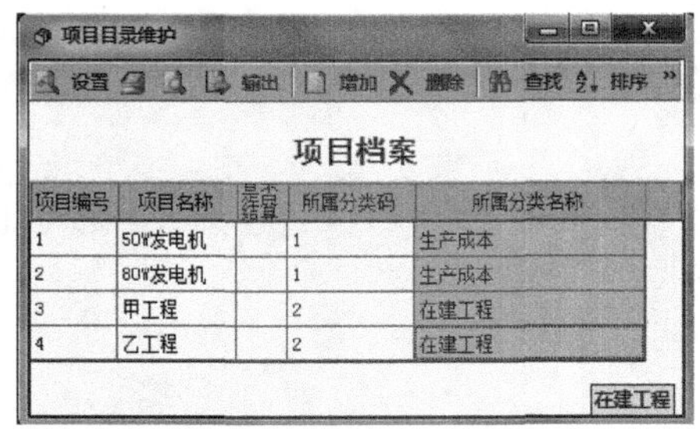

项目编号	项目名称	是否结算	所属分类码	所属分类名称
1	50W发电机		1	生产成本
2	80W发电机		1	生产成本
3	甲工程		2	在建工程
4	乙工程		2	在建工程

图 3-14　项目目录维护

（2）单击“增加”按钮，录入项目编号“1”，项目名称“50W 发电机”，单击“所属分类码”栏参照按钮，选择“生产成本”。同理，增加“80W 发电机”工程，如图 3-14 所示。

（3）单击“退出”按钮。

（4）同理，设置费用类项目目录。

（5）在项目目录中，选择现金流量项目，单击“项目分类定义”|“增加”，录入“内部往来”，单击“确定”。

（6）在项目目录选项卡中，单击“维护”|“增加”，录入“25 现金内部变动”，所属分类选择“06”，同理录入“26 处置固定资产、无形资产和其他长期资产现金流入”、“27 处置固定资产、无形资产和其他长期资产现金流出”。

提示

- 一个项目大类可以指定多个科目，一个科目只能属于一个项目大类。
- 在每年年初应将已结算或不用的项目删除。
- 标识结算后的项目不能再使用。

3.6 设置凭证类别

操作步骤

（1）在企业应用平台的“基础设置”选项卡中，执行“基础档案”|“财务”|“凭证类别”命令，打开“凭证类别预置”对话框。

（2）选中“收款凭证 付款凭证 转账凭证”前的单选按钮，如图 3-15 所示。

（3）单击“确定”按钮，打开“凭证类别”对话框。

（4）单击“修改”按钮，双击“收款凭证”所在行的“限制类型”栏，出现下三角按钮，从下拉列表中选择“借方必有”，在“限制科目”栏录入“1001,1002”，或单击限制科目栏参照按钮，分别选择“1001”及“1002”。同理，完成对付款凭证和转账凭证的限制设置，如图 3-16 所示。

（5）单击“退出”按钮。

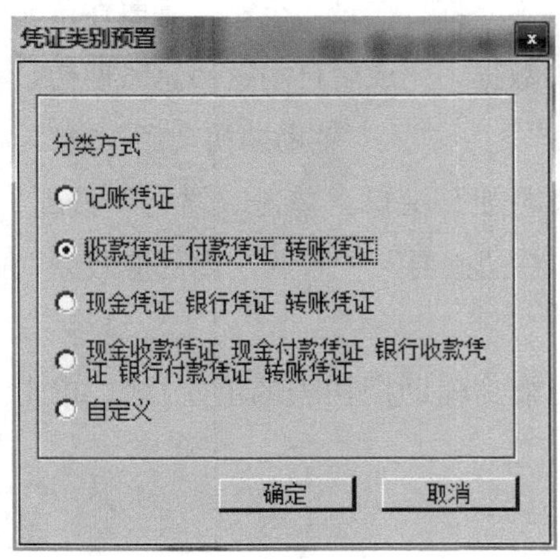

图 3-15 凭证类别设置

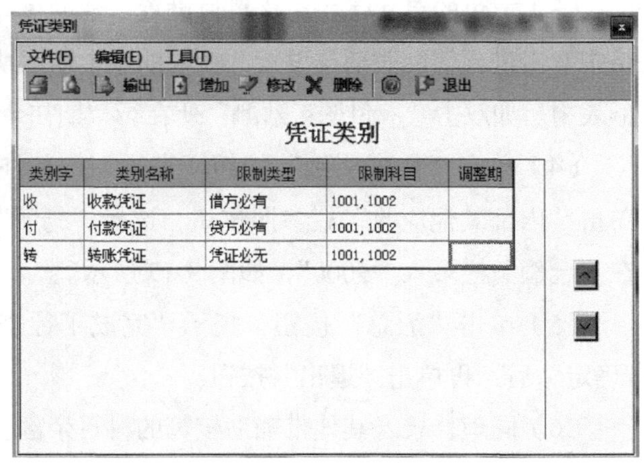

类别字	类别名称	限制类型	限制科目	调整期
收	收款凭证	借方必有	1001, 1002	
付	付款凭证	贷方必有	1001, 1002	
转	转账凭证	凭证必无	1001, 1002	

图 3-16 设置凭证类别

提示

- 已使用的凭证类别不能删除，也不能修改类别字。
- 如果收款凭证的限制类型为借方必有“1001,1002”，则在填制凭证时系统要求收款凭证的借方一级科目至少有一个是“1001”或“1002”，否则，系统会判断该张凭证不属于收款凭证类别，不允许保存。付款凭证及转账凭证也应满足相应的要求。
- 如果直接录入科目编码，则编码间的标点符号应为英文状态下的标点符号，否则系统会提示科目编码有错误。

3.7 录入期初余额

操作步骤

（1）在总账系统中，单击“设置”|“期初余额”，进入“期初余额录入”窗口。

（2）白色的单元为末级科目，可直接输入期初余额。如：库存现金 300、银行存款——工商银行 1 289 000.00、交通银行 800 000.00 等其他期初余额。

提示

- 进项税额为借方余额，但期初余额录入界面中进项税额的余额方向必须与上级科目“应交税金”保持一致，因此需要录入“-”表示借方余额。
- 灰色的单元为末级科目，不允许录入期初余额，待下级科目余额录入完成后自动汇总生成。

（3）黄色的单元代表对该科目设置了辅助核算，不允许直接录入余额，需要在单元格中双击进入辅助账期初设置，在辅助账中输入期初数据，完成后自动返回总账期初余额表中。如双击“应付职工薪酬”所在行“期初余额”栏，进入“辅助期初余额”窗口。

（4）单击“往来明细”按钮，进入“期初往来明细”窗口。单击“增行”按钮，单击“内部其他应收”栏参照按钮，选择“杨明”，在“摘要”栏录入“内部应收款”，在“金额”栏录入“5000”，如图 3-17 所示。

（5）单击“汇总”按钮，提示“完成了往来明细到辅助期初表的汇总！”，单击“确定”后，再单击“退出”按钮。

（6）同理，录入其他带辅助核算的科目余额。

（7）单击“试算”按钮，系统进行试算平衡。试算结果如图 3-18 所示。

（8）单击“确定”按钮。

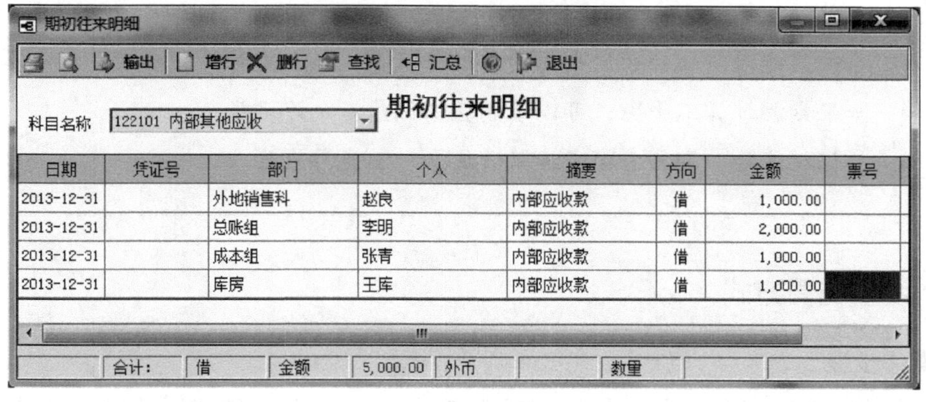

图 3-17 完成往来期初

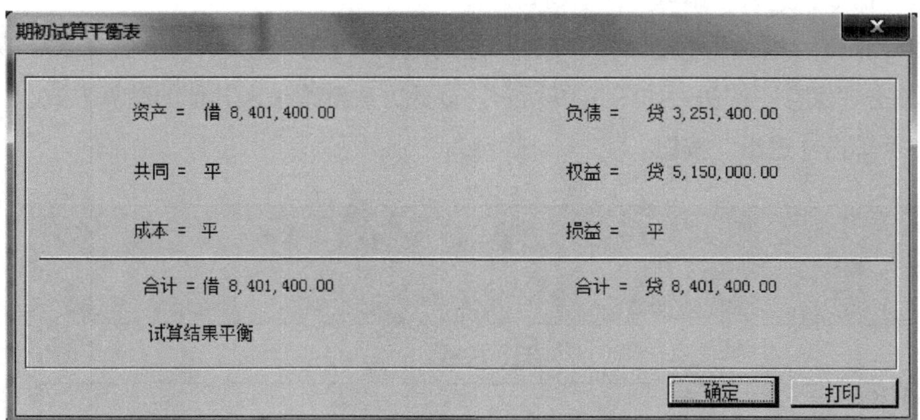

图 3-18 期初试算平衡表

提示

- 只需输入末级科目余额，非末级科目的余额由系统自动计算生成。
- 如果需要修改余额的方向，可以在未录入的情况下，单击“方向”按钮改变余额方向。
- 总账科目与其下级科目的方向必须一致，如果所录明细余额的方向与总账余额方向相反，则用“-”号表示。
- 如果录入余额的科目有辅助核算的内容，则在录入余额时必须录入辅助核算的明细内容，而修改时也应修改明细内容。
- 如果某一科目有数量（外币）核算的要求，录入余额时还应输入该余额的数量（外币）。
- 如果年中某月开始建账，需要输入启用月份的月初余额及年初到该月的借贷方累计发生额（年初余额由系统根据月初余额及借贷方累计发生额自动计算生成）。

- 系统只能对月初余额的平衡关系进行试算，而不能对年初余额进行试算。
- 如果期初计算不平衡，可以填制凭证但是不允许记账。
- 凭证记账后，期初余额变为只读状态，不能再修改。

3.8 设置结算方式

操作步骤

（1）在企业应用平台的“基础设置”选项卡中，执行“基础档案”|“收付结算”|“结算方式”命令，进入“结算方式”窗口。

（2）单击“增加”按钮，录入结算方式编码“1”，录入结算方式名称“现金结算”，单击“保存”按钮，如图 3-19 所示。以此方法继续录入其他的结算方式。

（3）单击“退出”按钮。

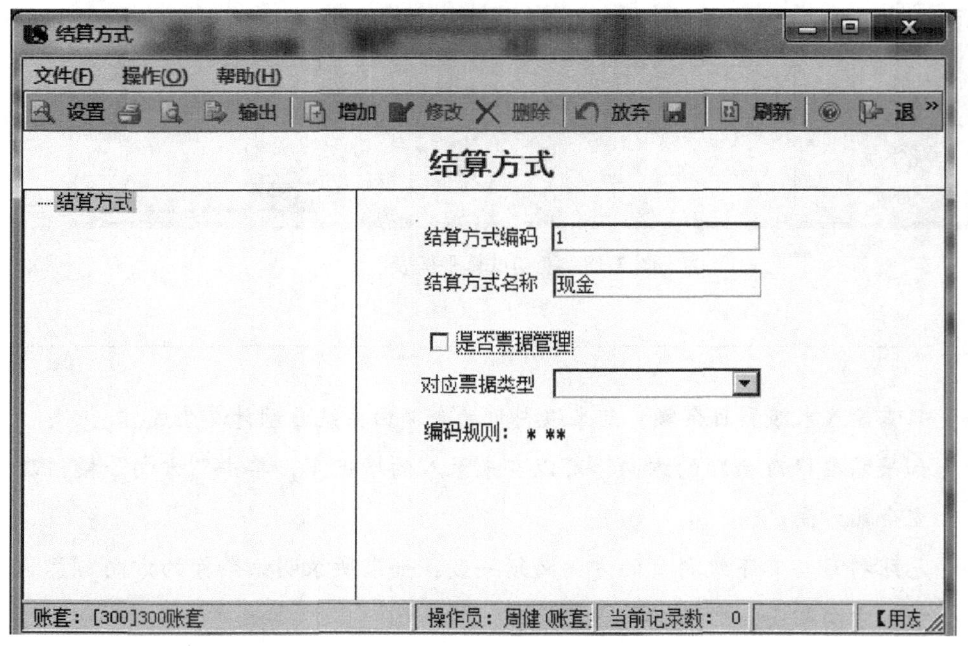

图 3-19 设置结算方式

提示

- 在总账系统中，结算方式将会在使用“银行账”类科目填制凭证时使用，并可作为银行对账的一个参数。

3.9 账套备份

操作步骤

在“D：\100 账套备份”文件夹中新建“任务 3 总账管理系统初始化设置”文件夹。将账套输出至“任务 3 总账管理系统初始化设置”文件夹中。

计划单

学习领域	会计信息化实务				
学习情境二	总账系统管理			学 时	36
工作任务 3	总账管理系统初始化设置			学 时	6
计划方式	小组讨论、团结协作共同制订计划				
序 号	实施步骤				使用资源
制订计划说明					
计划评价	班 级		第 组	组长签字	
	教师签字			日 期	
	评语：				

决 策 单

<table>
<tr><td>学习领域</td><td colspan="5">会计信息化实务</td></tr>
<tr><td>学习情境二</td><td colspan="3">总账系统管理</td><td>学　时</td><td>36</td></tr>
<tr><td>工作任务 3</td><td colspan="3">总账管理系统初始化设置</td><td>学　时</td><td>6</td></tr>
<tr><td colspan="6">方案讨论</td></tr>
<tr><td rowspan="11">方案对比</td><td>组号</td><td>方案合理性</td><td>实施可操作性</td><td>安全性</td><td>综合评价</td></tr>
<tr><td>1</td><td></td><td></td><td></td><td></td></tr>
<tr><td>2</td><td></td><td></td><td></td><td></td></tr>
<tr><td>3</td><td></td><td></td><td></td><td></td></tr>
<tr><td>4</td><td></td><td></td><td></td><td></td></tr>
<tr><td>5</td><td></td><td></td><td></td><td></td></tr>
<tr><td>6</td><td></td><td></td><td></td><td></td></tr>
<tr><td>7</td><td></td><td></td><td></td><td></td></tr>
<tr><td>8</td><td></td><td></td><td></td><td></td></tr>
<tr><td>9</td><td></td><td></td><td></td><td></td></tr>
<tr><td>10</td><td></td><td></td><td></td><td></td></tr>
<tr><td>方案评价</td><td colspan="5">评语：</td></tr>
</table>

班　级		组长签字		教师签字		月　日

实 施 单

<table>
<tr><td>学习领域</td><td colspan="3">会计信息化实务</td></tr>
<tr><td>学习情境二</td><td>总账系统管理</td><td>学时</td><td>36</td></tr>
<tr><td>工作任务 3</td><td>总账管理系统初始化设置</td><td>学时</td><td>6</td></tr>
<tr><td>实施方式</td><td colspan="3">小组成员合作；动手实践</td></tr>
<tr><td>序号</td><td colspan="2">实施步骤</td><td>使用资源</td></tr>
<tr><td>1</td><td colspan="2"></td><td></td></tr>
<tr><td>2</td><td colspan="2"></td><td></td></tr>
<tr><td>3</td><td colspan="2"></td><td></td></tr>
<tr><td>4</td><td colspan="2"></td><td></td></tr>
<tr><td>5</td><td colspan="2"></td><td></td></tr>
<tr><td>6</td><td colspan="2"></td><td></td></tr>
</table>

续表

学习领域	会计信息化实务		
学习情境二	总账系统管理	学时	36
工作任务 3	总账管理系统初始化设置	学时	6
7			
8			
9			
10			

实施说明：

班级		第　组	组长签字	
教师签字			日期	
评语				

检　查　单

学习领域	会计信息化实务			
学习情境二	总账系统管理		学　　时	36
工作任务 3	总账管理系统初始化设置		学　　时	6
序号	检查项目	检查标准	学生自查	教师检查
1	总账系统的参数	设置正确		
2	指定科目	指定正确		
3	会计科目	增加、修改正确		
4	凭证类别	设置正确		
5	外币	设置正确		
6	结算方式	设置正确		
7	项目目录	设置正确		
8	期初余额	正确录入并试算平衡		

检查评价	班　　级		第　组	组长签字	
	教师签字		日期		
	评语：				

评价单

学习领域	会计信息化实务				
学习情境二	总账系统管理			学时	36
工作任务 3	总账管理系统初始化设置			学时	6
评价类别	项目	子项目	个人评价	组内互评	教师评价
专业能力	资讯（10%）	搜集信息及引导问题回答			
	计划（5%）	计划可执行性和安排合理性			
	实施（20%）	实施的完整性、合理性及可执行性			
	检查（10%）	全面准确和特殊情况处理			
	过程（5%）	安全合理、符合操作规范			
	结果（10%）	准确性、快速性			
社会能力	团结协作（10%）	合作情况及对小组贡献度			
	敬业精神（10%）	吃苦耐劳及遵守纪律			
方法能力	计划能力（10%）	计划条理性			
	决策能力（10%）	方案正确性			
评价评语	班级		姓名		学号		总评	
	教师签字		第 组	组长签字		日期	
	评语：				

任务 4　总账管理系统日常业务处理

任务单

学习领域	会计信息化实务		
学习情境二	总账系统管理	学　时	36
工作任务 4	总账管理系统日常业务处理	学　时	18
布置任务			
工作目标	1. 掌握总账系统凭证处理； 2. 掌握总账系统出纳管理； 3. 掌握总账系统账表管理； 4. 能判断原始凭证类型，准确做出记账凭证。		

续表

学习领域	会计信息化实务			
学习情境二	总账系统管理		学　　时	36
工作任务 4	总账管理系统日常业务处理		学　　时	18
任务描述	总账日常处理是财务人员的基础和核心工作，它决定企业能否正确输出会计数据。总账日常业务主要包括填制凭证、审核凭证、出纳签字、银行对账、记账以及查询和汇总记账凭证。 总账系统日常业务处理的任务是通过输入和处理各种记账凭证，完成记账工作，查询和打印输出各种日记账、明细账和总分类账，同时对部门、项目等各种辅助账簿进行管理。			
学时安排	资讯 4 学时	计划与决策 1 学时	实施 12 学时	检查与评价 1 学时
提供资料	1. 会计电算化管理办法； 2. 会计核算软件基本功能规范； 3. 会计电算化工作规范； 4. 会计基础工作规范； 5. 会计档案管理办法； 6.《新编用友 ERP 财务管理系统实验教程》，王新玲主编，清华大学出版社，2009； 7.《电算会计项目化教程》，张冬梅主编，电子工业出版社，2012； 8.《会计信息化实务》，徐亚文主编，武汉大学出版社，2011； 9.《会计电算化实务》，王曦东主编，北京邮电大学出版社，2013。			
对学生的要求	1. 掌握日常业务处理中凭证处理和记账的方法； 2. 熟悉出纳业务管理的内容和处理方法； 3. 熟悉账簿的管理； 4. 学生必须具有团队合作的精神，以小组的形式完成工作任务； 5. 严格遵守课堂纪律和工作纪律，不迟到，不早退，不旷课； 6. 学生应树立职业意识，按照企业的岗位职责要求自己。			

资　讯　单

学习领域	会计信息化实务		
学习情境二	总账系统管理	学　　时	36
工作任务 4	总账管理系统日常业务处理	学　　时	18
资讯方式	在图书馆、专业期刊、互联网及信息单上查询问题；咨询任课教师		
资讯问题	1. 总账系统的概念、特点是什么？ 2. 总账系统流程和主要功能有哪些？ 3. 如何填制记账凭证？ 4. 如何对记账凭证进行出纳签字、审核和记账？ 5. 记账凭证如何进行辅助核算？辅助核算有什么作用？ 6. 如何删除、冲销凭证？ 7. 如何修改凭证？		
资讯引导	问题的解答可以在下面的资料中查找： 1.《新编用友 ERP 财务管理系统实验教程》，王新玲主编，清华大学出版社，2009，27-62 页； 2.《电算会计项目化教程》，张冬梅主编，电子工业出版社，2012，25-60 页； 3.《会计信息化实务》，徐亚文主编，武汉大学出版社，2011，23-59 页； 4.《会计电算化实务》，王曦东主编，北京邮电大学出版社，2013，29-61 页； 5.《会计信息系统应用》，孙莲香主编，清华大学出版社，2010，26-57 页； 6. 哈尔滨职业技术学院会计信息化实务教学资源库。		

【任务导入】

哈尔滨冰城科技有限责任公司从2014年1月份发生的经济业务，给出数字的可以直接填制凭证，没有给出数字的查询余额或辅助账类，然后进行填写。

4.1 2014年1月发生如下经济业务

（1）1日，用银行存款支付到期汇票。

借：应付票据 100 000.00

贷：银行存款——工商银行（票号203-0001；流量：04） 100 000.00

（2）2日，采购钢材15吨，单价10000.00元。

借：材料采购 150 000.00

应交税费——应交增值税（进项税额） 25 500.00

贷：银行存款——工商银行（票号203-0002；流量：04） 175 500.00

（3）2日，材料入库，钢材10吨，单价10000.00元。

借：原材料——原料及主要材料——钢材 100 000.00

贷：材料采购 100 000.00

（4）3日，汇票付材料款，木材10方，单价9980.00元，余款234.00元转回。

借：材料采购 99 800.00

银行存款——工商银行（票号：401-4532；流量：03） 234.00

应交税费——应交增值税（进项税额） 16 966.00

贷：其他货币资金——银行汇票（流量04：116 766.00；07：234.00） 117 000.00

（5）上笔购入原材料入库（计划单价10000.00元）。

借：原材料——原材料及主要材料——木材 100 000.00

贷：材料采购 99 800.00

材料成本差异 200.00

（6）4日，销售产品给湖北股份，业务员杨玲，票号10000，成本18000.00元，已发出，款未收，价款300000.00元。

借：应收账款 351 000.00

贷：主营业务收入 300 000.00

应交税费——应交增值税（销项税额） 51 000.00

（7）4日，将交易性金融资产兑现，收到16500.00元。

借：银行存款——工商银行（203-0101，流量：08） 16 500.00

贷：交易性金融资产——成本 10 000.00

交易性金融资产——公允价值变动 5 000.00

投资收益 1 500.00

（8）5 日，购入固定资产。

借：固定资产 101000.00

贷：银行存款——工商银行（203-0003，流量：13） 101000.00

（9）6 日，购入材料，用于甲工程建设 100 000.00 元，乙工程 50 000.00 元。

借：在建工程——材料 150000.00

贷：银行存款——工商银行（203-0004，流量：13） 150000.00

（10）7 日，工程结算工资、税金和福利费，甲工程应付工资 120 000.00 元，福利费 18000.00 元和营业税 60 000.00 元，乙工程应付工资 80 000.00 元，福利费 10 000.00 元，营业税 40 000.00 元。

借：在建工程——工资 200 000.00

在建工程——福利费 28 000.00

在建工程——税金 100 000.00

贷：应付职工薪酬——应付工资 200 000.00

应付职工薪酬——应付福利费 28 000.00

应交税费——应交营业税 100 000.00

（11）7 日，计算工程应负担的借款利息 150 000.00 元，甲工程 102 000.00 元，乙工程 48 000.00 元，本息尚未支付。

借：在建工程——利息 150 000.00

贷：长期借款 150 000.00

（12）7 日，甲工程完工，进行结算，交付生产使用。（根据查询结果，得出结算数字）

借：固定资产

贷：在建工程

（13）8 日，机床报废，转入清理。原价 200 000.00 元，折旧 180000.00 元。

借：固定资产清理 20 000.00

累计折旧 180 000.00

贷：固定资产 200 000.00

（14）发生清理费用 500.00 元，银行存款支付。

借：固定资产清理 500.00

贷：银行存款——工商银行（203-0005，流量：16） 500.00

（15）清理残值 800.00 元，存入银行。

借：银行存款——工商银行（203-0006，流量：12） 800.00

贷：固定资产清理 800.00

（16）结转清理净损失。

借：营业外支出 19 700.00

贷：固定资产清理 19 700.00

（17）8 日，借款用于购建固定资产。

借：银行存款——工商银行（203-0007：流量：18） 400 000.00

贷：长期借款 400 000.00

（18）9 日，销售产品实际成本 420000.00 元，700000.00 元价款。

借：银行存款——工商银行（403-3698；流量：01） 819 000.00

贷：主营业务收入 700 000.00

应交税费——应交增值税（销项税额） 119 000.00

（19）9 日，商业汇票到期，办理转账。

借：银行存款——工商银行（301-1234；流量：01） 200 000.00

贷：应收票据 200 000.00

（20）9 日，收到股息，存入银行。

借：银行存款——工商银行（202-9874；流量：09） 30 000.00

贷：投资收益 30 000.00

（21）10 日，出售设备，已运走转入清理，原价 400000.00 元，累计折旧 150 000.00 元。

借：固定资产清理 250 000.00

累计折旧 150 000.00

贷：固定资产 400 000.00

（22）收到固定资产处理价款 300 000.00 元。

借：银行存款——工商银行（203-0008；流量：10） 300 000.00

贷：固定资产清理 300 000.00

（23）结转固定资产清理净收益。

借：固定资产清理 50 000.00

贷：营业外收入 50 000.00

（24）11 日，归还借款，262 000.00 元。

借：短期借款 262 000.00

贷：银行存款——工商银行（203-0009；流量：20） 262 000.00

（25）12 日，提现，备发工资（并将此凭证作为常用凭证保存，以备后用）

借：库存现金（流量：23） 500 000.00

贷：银行存款——工商银行（203-0010） 500 000.00

（26）13 日，支付工资，包括在建工程人员的工资 228.000.00 元。

借：应付职工薪酬——应付工资 500 000.00

贷：库存现金（流量：05） 500 000.00

（27）13 日，分配工资，生产工人工资：铸钢车间 50W 发电机 100 000.00 元，80W 发电机 70 000.00 元，金工车间 50W 发电机 100 000.00 元，80W 发电机 5 000.00 元。车间管理人员工资：铸钢车间 6000 元，金工车间 4000 元。企业管理人员工资 15000 元。

借：生产成本——基本生产成本——工资 275 000.00

制造费用——工资 10 000.00

管理费用——工资 15 000.00

贷：应付职工薪酬——应付工资 300 000.00

（28）14 日，提取福利费，（根据上项业务各分项的 14%）。

借：生产成本——基本生产成本——福利费 38 500.00

制造费用——福利费 1 400.00

管理费用——福利费 2 100.00

贷：应付职工薪酬——应付福利费 42 000.00

（29）15 日，提取利息。

借：财务费用 21 500.00

贷：应付利息 21 500.00

（30）15 日，基本生产领用钢材 73.5 吨，单价 10 000.00 元，铸钢车间：50W 发电机领用价值 300 000.00 元，80W 发电机领用价值 250 000.00 元，金工车间：50W 发电机领用价值 100 000.00 元，80W 发电机领用价值 85 000.00 元。

借：生产成本——基本生产成本——材料费 735 000.00

贷：原材料——原料及主要材料——钢材 735 000.00

（31）16 日，铸钢车间领用低值易耗品，用于修理。

借：制造费用——修理费 52 500.00

贷：周转材料——低值易耗品 52 500.00

（32）17 日，摊销无形资产。

借：管理费用——无形资产摊销 60 000.00

贷：累计摊销 60 000.00

（33）18 日，支付印花税，铸钢车间修理费。

借：管理费用——印花税 10 000.00

制造费用——修理费 90 000.00

贷：银行存款——工商银行（203-0011；流量：06，10000；07，90000） 100 000.00

（34）19 日，计提固定资产折旧，铸钢车间 55 000.00 元，金工车间 25 000.00 元。管理部门 20 000.00 元。

借：制造费用——折旧费　80 000.00
　　管理费用——折旧费　20 000.00
　　贷：累计折旧　100 000.00

（35）20 日，收湖北股份货款（业务员：杨玲，票号 10000）。

借：银行存款——工商银行（203-0012；流量：01）　51 000.00
　　贷：应收账款　51 000.00

（36）21 日，按应收账款的 3% 提取坏账准备。

借：资产减值损失　800.00
　　贷：坏账准备　800.00

（37）22 日，计提退休金费用（增加科目）。

借：管理费用——劳动保险费　50 000.00
　　贷：应付职工薪酬——应付劳动保险费　50 000.00

（38）25 日，用银行存款支付产品展览费。

借：销售费用——展览费　10 000.00
　　贷：银行存款——交通银行（203-0013；流量：07）　10 000.00

（39）28 日，广告费，用银行存款支付。

借：管理费用——其他　10 000.00
　　贷：银行存款——交通银行（203-0014；流量：07）　10 000.00

（40）28 日，用汇票结算方式销售产品，实际成本 1500000.00 元。

借：应收票据　292 500.00
　　贷：主营业务收入　250 000.00
　　　　应交税费——应交增值税（销项税额）　42 500.00

（41）28 日，将上述汇票贴现，贴现息 20000.00 元。

借：财务费用　20 000.00
　　银行存款——交通银行（203-0015；流量：03）　272 500.00
　　贷：应收票据　292 500.00

（42）28 日，提现，备付退休费（使用常用凭证）。

借：库存现金（流量：23）　50 000.00
　　贷：银行存款——交通银行（203-0016；流量：23）　50 000.00

（43）28 日，支付退休金。

借：应付职工薪酬——应付劳动保险费（填制凭证时增加科目）　50 000.00
　　贷：库存现金（流量：05）　50 000.00

（44）28 日，计提退休金费用。

借：管理费用——劳动保险费　　50 000.00

　　贷：应付职工薪酬——应付劳动保险费　　50 000.00

（45）29 日，计算应交纳的教育费附加 1000.00 元。

借：管理费用——其他　　1 000.00

　　贷：应交税费——应交教育费附加　　1 000.00

（46）29 日，用银行存款交纳增值税和教育费。

借：应交税费——应交增值税（已交税金）　　100 000.00

　　应交税费——应交教育费附加　　2 000.00

　　贷：银行存款——交通银行（203-0017；流量：06）　　102 000.00

（47）30 日，计算并结转产品销售成本。

借：主营业务成本　　750 000.00

　　贷：库存商品　　750 000.00

（48）30 日，偿还长期借款。

借：长期借款　　1 000 000.00

　　贷：银行存款——工商银行（203-0018；流量：18）　　1 000 000.00

4.2　修改凭证

（1）将第 9 号收款凭证银行存款的流量项目改为“01”。

（2）将第 22 号转账凭证业务的借方科目“管理费用——其他”改为“营业税金及附加”；金额改为“2000”。

4.3　删除第 21 笔转账凭证

4.4　出纳签字

李明明对出纳凭证进行签字。

4.5　审核凭证

李明对 1 ～ 48 笔凭证进行审核签字。

4.6　主管签字

账套主管李明对 1 ～ 48 笔凭证签字。

4.7 记账

4.8 查询第 18 笔业务的转账凭证

4.9 修改第 18 笔业务的转账凭证

将提取的“坏账准备”金额改为 900 元。

4.10 修改后再次记账

【任务要求】

（1）设置常用摘要。

（2）以“002 李小明”的身份填制第 1 ～ 48 笔业务的记账凭证。

（3）删除第 21 号转账凭证。

（4）出纳签字，李明明对出纳凭证进行签字。

（5）审核凭证，李明对 1 ～ 48 笔凭证进行审核签字。

（6）记账。

（7）查询第 18 笔业务的转账凭证。

（8）修改第 10 号收款凭证和第 22 号转账凭证。

（9）修改后出纳签字、审核、记账。

（10）账套备份。

【相关知识】

填制凭证就是将若干张经济业务相同的原始单据集中编制成一条条记录，从而形成一张完整的记账凭证输入计算机。填制记账凭证是会计电算化账务处理系统主要数据的录入口，包括凭证头和凭证正文两大部分。凭证头部分，包括凭证类别、凭证编号、制单日期和附单据数等；凭证正文部分，包括摘要、会计科目、金额等。如果输入的会计科目有辅助核算要求，则应输入辅助核算内容；如果一个科目同时兼有多种辅助核算，则还要求输入各种辅助核算的有关内容。

4.1 凭证类型

凭证类型即本凭证属于何种类型的记账凭证，用户如果采用分类的记账凭证，通常只需输入凭证类型编码即可，也可使用系统提供的帮助键参照录入。需要注意的是，必须是定义过的凭证类型才能这样录入。

4.2 凭证编号

一般情况下，凭证编号由系统按月自动编制，即每类凭证每月都从 1 号开始，以后按照当前期间同类凭证的最大号加 1 给出。对于网络用户，如果是几个人同时制单，在凭证的右上角，系统会提示一个参考凭证号，真正的凭证编号只有在凭证已填制并经保存完毕后才给出，如果只有一个制单或使用单用户版制单时凭证右上角的凭证号即为正在填制的凭证的真正编号。

如果在“选项”中选择“系统编号”，则由系统按时间顺序自动编号。否则，应手工编号，允许最大凭证编号为32767。系统规定每页凭证可以有5笔分录，当某号凭证不只一页，系统自动在凭证号后标上分单号，如：收—0001号0002/0003表示为收款凭证第0001号凭证共有三张分单，当前光标所在分录在第二张分单上。

4.3 制单日期

如果在“选项”中选择“制单序时控制”，新增凭证时系统就会自动给出上一次录入的同类凭证最后一张的日期。

4.4 附单据数

在“附单据数”处录入原始单据张数，根据填制记账凭证所依据的原始凭证实际张数输入。

4.5 摘要

摘要即对本凭证所反映的经济业务内容的说明。在会计电算化系统中，摘要是以行为单位编制的，很多会计软件要求凭证中的每一行都要有一个相对独立的摘要。这是由于会计软件在执行自动记账时要将凭证中的摘要内容复制到相应的账簿中作为账簿中的摘要内容，如果凭证中的某一行摘要内容为“空”，则相应账簿中这一记录也为“空”，由此影响账簿的可读性。此外，录入凭证分录的摘要时，可按参照按钮录入常用摘要，但常用摘要的选入不会清除原来录入的内容。

4.6 会计科目

系统要求输入最末级会计科目，如科目编码、科目名称或科目的助记码。

4.7 金额

金额是相应会计科目的借方或贷方发生额。金额可以手工输入，即用户根据业务金额，利用键盘和鼠标输入到指定凭证的位置的过程；也可以通过计算得出，如有外币核算的业务，可以根据用户以前设置的外币汇率，按照录入的外币自动折算成本币金额，或反向操作。录入金额时应注意金额的方向。每一科目不允许借贷双方都有金额，也不允许双方为零。金额可以是红字，红字金额用负数形式输入。如果方向不符，可按空格键调整金额方向。

4.8 辅助核算项目

通过科目设置可知，许多会计科目在完成一般会计核算的基础上，还有进一步辅助核算的要求。为实现这些辅助核算，在凭证输入过程中，凡是涉及这些科目的分录，在录入完会计科目后，系统会根据该科目的辅助核算要求用户录入不同的辅助核算数据。辅助核算信息并不是每张凭证必有的内容，只有在设置了辅助核算的科目出现在记账凭证中时，才需要输入辅助核算信息。

4.9 签字

签字是指填制记账凭证、审核记账凭证、记账以及出纳等人员的签字。凭证输入完毕，系统自动将进入系统登录时的操作人员的姓名填入有关签章位置，该项内容不需要输入。

4.10 作废/恢复

日常操作过程中，若遇到非法凭证需要作废，可以使用“作废/恢复”命令，将这些凭证作废。作废凭证仍能保留凭证内容及凭证编号，只在凭证左上角显示“作废”字样。作废凭证既不能修改也不能审核，但需要进行记账处理。如果不想保留作废凭证，可以通过“整理凭证”功能，将其彻底删除，并对该作废凭证之后的未记账凭证重新编号。

【任务实施】

4.1 设置常用摘要

操作步骤

（1）在企业应用平台的“基础设置”选项卡中，执行“基础档案”|“其他”|“常用摘要”命令，打开“常用摘要”对话框。

（2）单击“增加”按钮，按实验资料录入常用摘要，如图 4-1 所示。

提示

- 设置常用摘要后可以在填制凭证时调用。
- 常用摘要中的“相关科目”是指使用该摘要时通常使用的相关科目，如果设置相关科目，则在调用该常用摘要时系统会将相关科目一并列出，可以修改。

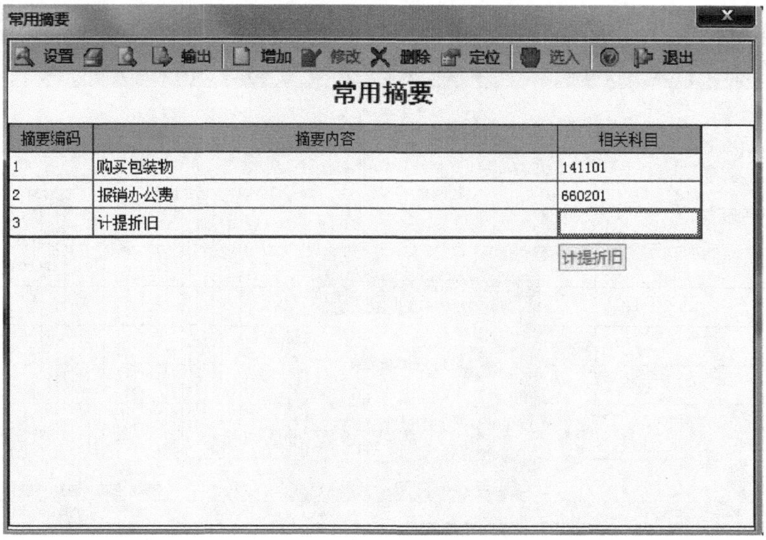

常用摘要

设置 输出 增加 修改 删除 定位 选入 退出

常用摘要

摘要编码	摘要内容	相关科目
1	购买包装物	141101
2	报销办公费	660201
3	计提折旧	

计提折旧

图 4-1　设置常用摘要

4.2　填制第 1 笔业务的记账凭证

操作步骤

（1）在企业应用平台中，单击“重注册”，以“002”号操作员的身份进入企业应用平台。

（2）在“业务工作”选项卡中，执行“总账”|“凭证”|“填制凭证”命令，进入“填制凭证”窗口。

（3）单击“增加”按钮或者按 F5 键。

（4）单击凭证类别的参照按钮，选择“付款凭证”。

（5）修改凭证日期为“2014.01.01”。

（6）按回车键，或用鼠标单击“科目名称”栏，单击科目名称栏的参照按钮（或按 F2 键），选择“资产类”科目“2201 应付票据”，或者直接在科目名称栏输入“2201”。

（7）按回车键，或用鼠标单击“借方金额”栏，录入借方金额“100 000”。

（8）按回车键（复制上一行的摘要），再按回车键，或用鼠标单击“科目名称”栏（第 2 行），单击科目名称栏的参照按钮（或按 F2 键），选择“资产类”科目“100201 工商银行”，或者直接在科目名称栏输入“100201”。

（9）按回车键，或用鼠标单击“贷方金额”栏，录入贷方金额“100 000”，或者直接按“=”键，如图 4-2 所示。

（10）单击“保存”按钮，系统自动弹出“凭证已成功保存！”信息提示框，单击“确定”按钮返回。

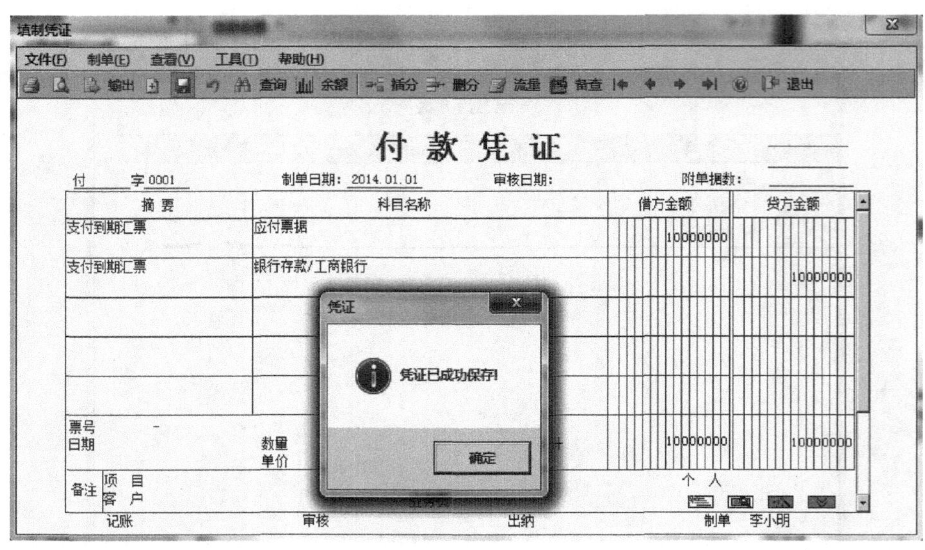

图 4-2　第 1 笔业务记账凭证的填制

提示

- 检查当前操作员，如果当前操作员不是“李小明”，则应以重注册的方式更换操作员为“李小明”。
- 凭证填制完成后，可以单击“保存”按钮保存凭证，也可以单击“增加”按钮保存并增加下一张凭证。
- 凭证填制完成后，在未审核前可以直接修改。
- 凭证日期应满足总账选项中的设置，如果默认系统的选项，则不允许凭证日期逆序。

4.3　填制第 2 笔业务的记账凭证

操作步骤

（1）在“填制凭证”窗口中，单击“增加”按钮或者按 F5 键。

（2）参照以上操作录入表头各项信息。

（3）输入“1401 材料采购”，或者直接在科目名称栏输入“1401”，按回车键，输入金额“150 000”，回车，输入“22210101”，回车输入金额“25 500”。

（4）按回车键（复制上一行的摘要），再按回车键，或单击“科目名称”栏（第 2 行），单击科目名称栏的参照按钮（或按 F2 键），选择“资产类”科目“100201 工行存款”，或者直接在科目名称栏输入“100201”。按回车键，打开“辅助项”对话框，单击“结算方式”栏参照按钮，选择“转账支票”，或输入结算方式的编码“203”，输入支票号“203-0002”，如图 4-3 所示。

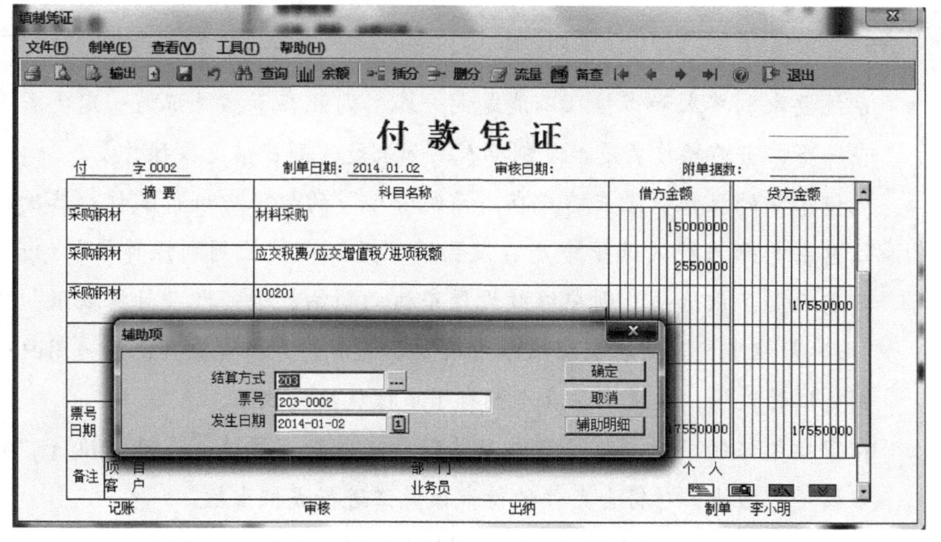

图 4-3 带银行账辅助核算科目记账凭证的填制

(5) 单击“确定”按钮，录入贷方金额“175 500”，或者直接按“=”键。

(6) 单击“保存”按钮保存凭证。

(7) 以此方法分别录入第 3 ～ 48 笔业务凭证的内容。

提示

- 在填制凭证时如果使用含有辅助核算内容的会计科目，则应该选择相应的辅助核算内容，否则将不能查询到辅助核算的相关资料。
- “=”键意为取借贷方差额到当前光标位置。每张凭证上只能使用一次。
- 如果在设置凭证类别时已经设置了不同种类凭证的限制类型及限制科目，则在填制凭证时，如果凭证类别选择错误，在进入新的状态时系统会提示凭证不能满足条件，凭证不能保存。

4.4 审核凭证

操作步骤

(1) 重新注册，更换操作员为“001 李明”。

(2) 执行“凭证”|“审核凭证”命令，打开“凭证审核”对话框。

(3) 单击“确定”按钮，进入“凭证审核”列表窗口。

(4) 单击“确定”按钮，打开待审核的第一号“收款凭证”。

(5) 单击“审核”按钮。(第一号收款凭证审核成功后，系统自动翻页到第二张待审核的凭证)

(6) 单击“退出”。

提示

- 系统要求制单人和审核人不能是同一人，因此在审核凭证前一定要首先检查一下，当前操作员是否是制单人，如果是，则应该更换操作员。
- 凭证审核的操作权限应首先在“系统管理”的权限中进行赋权，其次还要注意在总账系统的选项中是否设置了“凭证审核控制到操作员”的选项，如果设置了该选项，则应继续设置审核的明细权限，即“数据权限”中的“用户”权限，只有在数据权限中设置了某用户有权审核其他某一用户所填制凭证的权限，该用户才真正拥有了审核凭证的权限。
- 在审核凭证的功能中除了可以对单张凭证进行审核外，还可以执行“成批审核”的功能，对符合条件的待审核凭证进行成批审核。
- 在审核凭证的功能中还可以对有错误的凭证进行“标错”处理，还可以“取消”审核。
- 已审核的凭证将不能直接修改，只能在取消审核后才能在填制凭证的功能中进行修改。

4.5　出纳签字

操作步骤

（1）重新注册，更换操作员为“李明明”。

（2）执行“凭证”|“出纳签字”命令，打开“出纳签字”对话框。

（3）单击“确定”按钮，打开“出纳签字”列表窗口。

（4）单击“确定”按钮，打开待签字的第一号“收款凭证”。

（5）单击“签字”按钮，单击“下一张”按钮，再单击“签字”按钮，直到将已经填制的所有收付款凭证进行出纳签字。

（6）单击“退出”。

提示

- 出纳签字的操作员既可以在“凭证审核”后进行，也可以再“凭证审核”前进行。
- 进行出纳签字的操作员应已在系统管理中赋予了出纳权限。
- 要进行出纳签字的操作员应满足以下3个条件：首先，在总账系统的“选项”中已经设置了“出纳凭证必须经由出纳签字”，其次已经在会计科目中进行了“指定科目”的操作，再次，凭证中所使用的会计科目是已经在总账系统账设置为“日记账”辅助核算内容的会计科目。

- 如果发现已经进行了出纳签字的凭证有错误，应在取消出纳签字后在填制凭证功能中进行修改。

4.6 修改第 10 号收款凭证和第 2 号转账凭证

操作步骤

（1）由操作员“003 李明明”执行“凭证”|“出纳签字”命令，打开“出纳签字”对话框。

（2）单击“凭证类别”栏的下三角按钮，选择“收款凭证”。

（3）单击“月份”选项，在“凭证号”栏输入“10”，如图 4-4 所示。

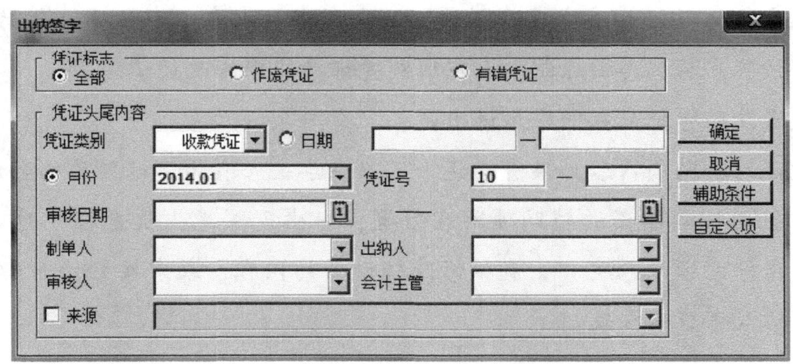

图 4-4　出纳签字

（4）单击“确定”按钮，打开“出纳签字”列表窗口。

（5）单击“确定”按钮，进入第 10 号收款凭证窗口。

（6）单击“取消签字”按钮，取消出纳签字。单击“退出”按钮。

（7）重新注册，更换操作员为“001 李明”。

（8）执行“凭证”|“凭证审核”命令，打开“审核凭证”列表窗口。

（9）同以上操作，找到并进入第 10 号收款凭证窗口。

（10）单击“取消”审核按钮，取消审核签字。单击“退出”按钮。

（11）重新注册，更换操作员“002 李小明”。

（12）执行“凭证”|“填制凭证”命令，进入“填制凭证”窗口。

（13）单击“下一张”按钮，找到第 10 号收款凭证。

（14）在第 10 张收款凭证中，将现金流量修改为“01”，单击“保存”按钮。

（15）同理修改第 2 号转账凭证。

（16）再更换操作员，由“001”李明对修改的凭证进行审核，由“003”李明明对修改的凭证进行出纳签字。

提示

- 未审核的凭证可以直接修改，但是，凭证类别不能修改。
- 已进行出纳签字而未审核的凭证如果发现有错误，可以由原出纳签字的操作员在“出纳签字”功能中取消出纳签字后，再由原制单人在填制凭证功能中修改凭证。
- 如果在总账系统的选项中选中“允许修改、作废他人填制的凭证”，则在填制凭证功能中可以由非原制单人修改或作废他人填制的凭证，被修改凭证的制单人将被修改为现在的修改凭证的人。
- 如果在总账系统的选项中没有选中“允许修改、作废他人填制的凭证”，则只能由原制单人在填制凭证的功能中修改或作废凭证。
- 已审核的凭证如果发现有错误，应由原审核人在“审核凭证”功能中取消审核签字后，再由原制单人在填制凭证功能中修改凭证。
- 被修改的凭证应在保存后退出。
- 凭证的辅助项内容如果有错误，可以在单击含有错误辅助项的会计科目后，将鼠标移到错误的辅助项所在位置，当出现“笔头状光标”时双击此处，弹出辅助项录入窗口，直接修改辅助项的内容，或者按 Ctrl+S 键调出辅助项录入窗口后修改。

4.7 删除第 21 号转账凭证

操作步骤

（1）由操作员“李明”取消对该凭证的审核。

（2）由操作员“李明明”取消对该凭证的出纳签字。

（3）由操作员“李小明”执行“凭证”|“填制凭证”命令，进入“填制凭证”窗口。

（4）单击“上张”、“下张”找到第 1 张收款凭证。

（5）执行“制单”|“作废 / 恢复”命令，将该张凭证打上“作废”标志，如图 4-5 所示。

（6）双击“作废凭证表”对话框中的删除栏，如图 4-6 所示。

（7）单击“确定”按钮，系统弹出“是否还需整理凭证断号”信息提示框，并提供三种断号整理方式：“按凭证号重排”“按凭证日期重排”“按审核日期重排”。

（8）选择“按凭证号重排”，单击“是”，系统完成对凭证号的重新整理。

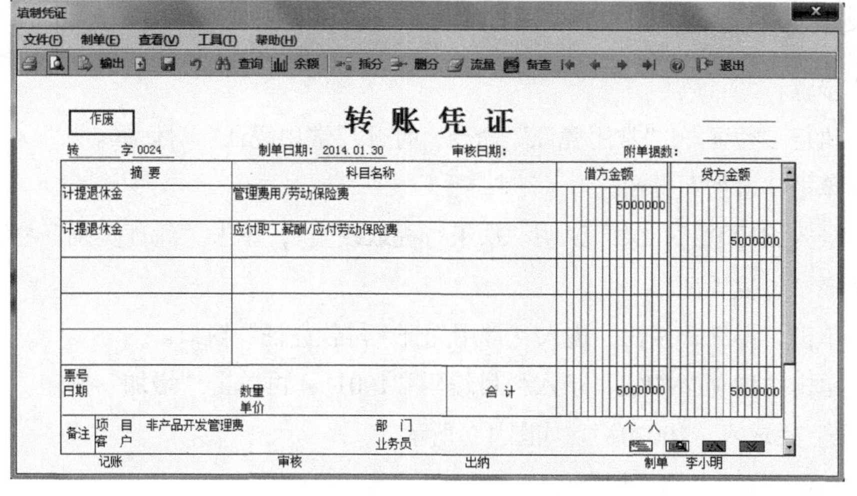

图 4-5 作废凭证

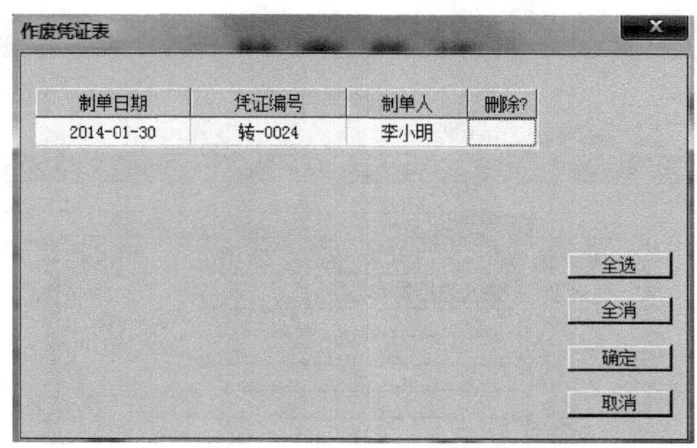

图 4-6 作废凭证表

提示

- 未审核的凭证可以直接删除，已审核或已经进行出纳签字的凭证不能直接删除，必须在取消审核及取消出纳签字后再删除。
- 若要删除凭证，必须先进行“作废”操作，再进行整理。如果在总账系统的选项中选中“自动填补凭证断号”及“系统编号”，那么在对作废凭证整理时，若选择不整理断号，则在填制凭证时可以由系统自动填补断号。否则，将会出现凭证断号。
- 对于作废凭证，可以单击“作废/恢复”按钮，取消“作废”标志。
- 作废凭证不能修改、不能审核，但应参与记账。
- 只能作为记账凭证进行凭证整理。
- 账簿查询时查不到作废凭证的数据。

4.8 设置常用凭证

操作步骤

（1）执行“凭证”|“常用凭证”命令，打开“常用凭证”对话框。

（2）单击“增加”按钮。

（3）录入编码“1”，录入说明“从工行提取现金”，单击“凭证类别”栏下的三角按钮，选择“付款凭证”。

（4）单击“详细”按钮，进入“常用凭证 - 付款凭证”窗口。

（5）单击“增加”按钮，录入科目编码“1001”，再单击“增加”按钮，在第 2 行“科目编码”栏录入“100201”，如图 4-7 所示。

（6）单击“退出”按钮退出。

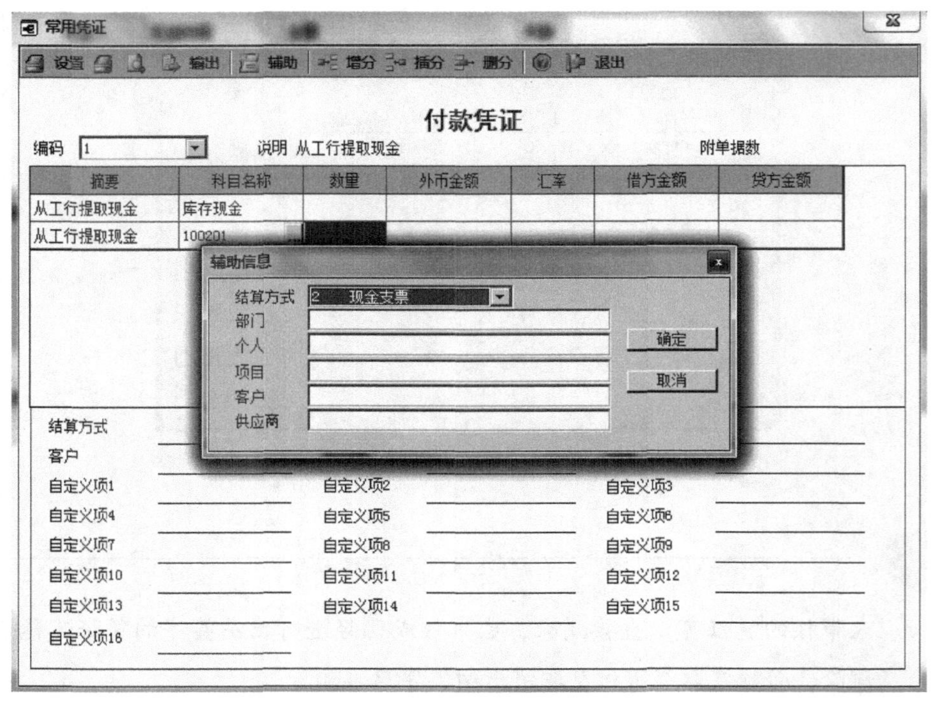

图 4-7　常用凭证 - 付款凭证窗口

提示

- 在填制凭证时可以执行“制单”|“调用常用凭证”命令，调用事先定义的常用凭证，或在填制凭证功能中单击“F4”调用常用凭证。
- 调用的常用凭证可以修改。

4.9 记账

操作步骤

（1）由操作员“001 李明”执行“凭证”|“记账”命令，打开“记账－选择本次记账范围”对话框。选择“2014.01 月份凭证”，“记账范围”为“全选”。

（2）单击“记账”按钮，打开“期初试算平衡表”窗口。

（3）单击“确定”按钮，系统自动进行记账，记账完成后，系统弹出“记账完毕！”信息提示框，如图 4-8 所示。

（4）单击“确定”按钮。

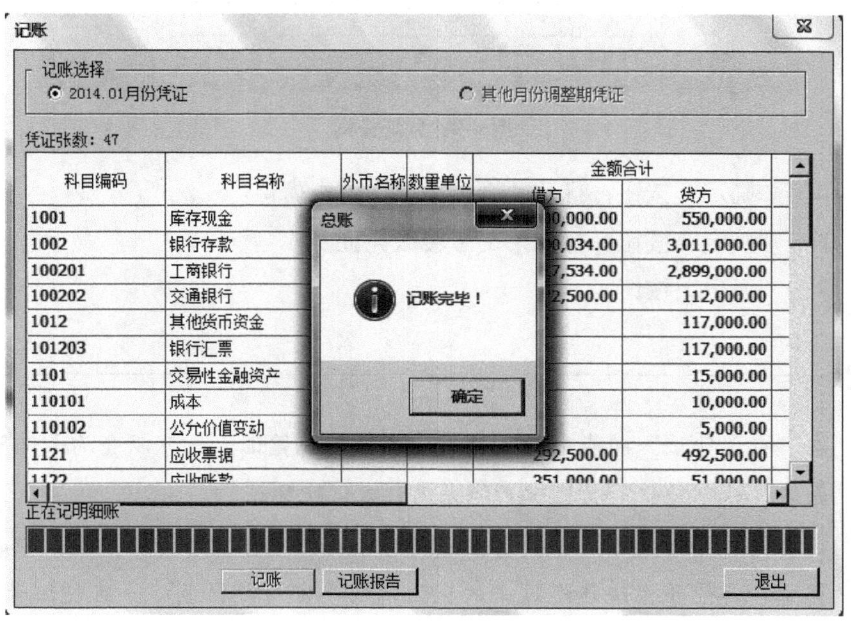

图 4-8 记账

提示

- 如果期初余额试算不平衡不允许记账，如果有未审核的凭证不允许记账，上月未结账本月不能记账。
- 如果不输入记账范围，系统默认为所有凭证。
- 记账后不能整理断号。
- 已记账的凭证不能在“填制凭证”功能中查询。

4.10 查询已记账的凭证

操作步骤

（1）执行“凭证”|“查询凭证”命令，打开“凭证查询”对话框。

（2）选择“已记账凭证”，选择凭证类别为“转账凭证”，在“凭证号”栏录入“1”，如图 4-9 所示。

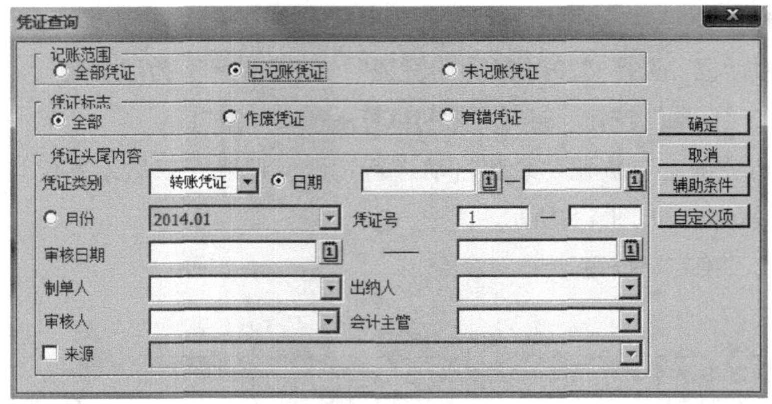

图 4-9 凭证查询

（3）单击“确定”按钮，打开“查询凭证”列表窗口。

（4）单击“确定”按钮，打开第 1 号转账凭证。

（5）单击“退出”按钮。

提示

- 在“查询凭证”功能中既可以查询已记账的凭证，也可以查询未记账凭证。而在“填制凭证”功能中只能查询到未记账凭证。
- 通过设置查询条件还可以查询“作废凭证”、“有错凭证”、某制单人填制的凭证、其他子系统传递过来的凭证以及一定日期区间、一定凭证号区间的记账凭证。
- 已记账凭证除了可以在查询凭证功能中查询之外，还可以在查询账簿资料时以联查的方式查询。
- 在“凭证查询”对话框中，单击“辅助条件”按钮，可以设定更多的查询条件。

4.11 账簿查询

查询“6602 管理费用”总账。

操作步骤

（1）在总账系统中，执行“账表”|“科目账”|“总账”命令，打开“总账查询条件”对话框。

（2）直接录入或选择科目编码“6602”，单击“确定”按钮，进入“管理费用总账”窗口，如图 4-10 所示。

（3）单击选中“当前合计”栏，单击“明细”按钮，进入“管理费用明细账”窗口，如图 4-11 所示。

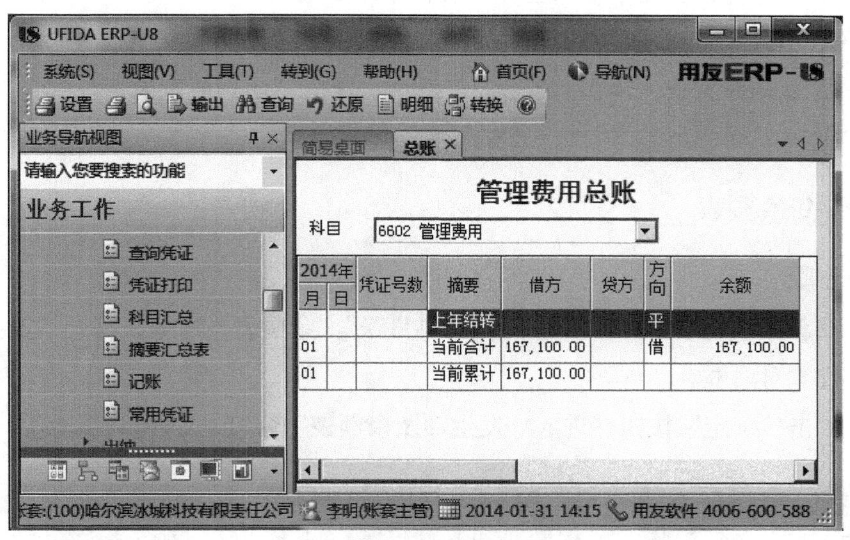

图 4-10　管理费用总账

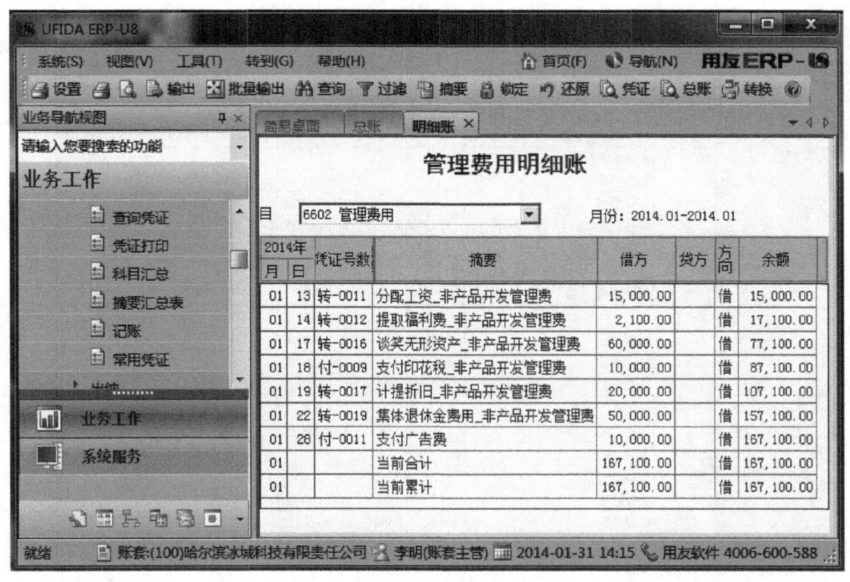

月	日	凭证号数	摘要	借方	贷方	方向	余额
01	13	转-0011	分配工资_非产品开发管理费	15,000.00		借	15,000.00
01	14	转-0012	提取福利费_非产品开发管理费	2,100.00		借	17,100.00
01	17	转-0016	谈笑无形资产_非产品开发管理费	60,000.00		借	77,100.00
01	18	付-0009	支付印花税_非产品开发管理费	10,000.00		借	87,100.00
01	19	转-0017	计提折旧_非产品开发管理费	20,000.00		借	107,100.00
01	22	转-0019	集体退休金费用_非产品开发管理费	50,000.00		借	157,100.00
01	28	付-0011	支付广告费	10,000.00		借	167,100.00
01			当前合计	167,100.00		借	167,100.00
01			当前累计	167,100.00		借	167,100.00

图 4-11　管理费用明细账

提示

- 在总账查询功能中，可以查询到三栏式总账的年初余额、各月发生额合计和月末余额，而且可以查询到二至五级明细科目的年初余额、各月发生额合计和月末余额，还可以查询到明细账中每项明细资料对应的记账凭证。

- 在查询总账时可以在总账条件查询中，通过录入科目范围查询一定科目范围内的总账。
- 在总账查询功能中可以查询“包含为记账凭证”的总账。
- 在明细账窗口，单击“摘要”按钮可以设置“摘要选项”。
- 在明细账窗口，单击“过滤”按钮可以录入“明细账过滤条件”。

4.12 查询余额表

操作步骤

（1）在总账系统中，执行“账表”|“科目账”“余额表”命令，打开“发生额及余额查询条件”对话框。

（2）单击“确定”按钮，进入“发生额及余额表”窗口，如图4-12所示。

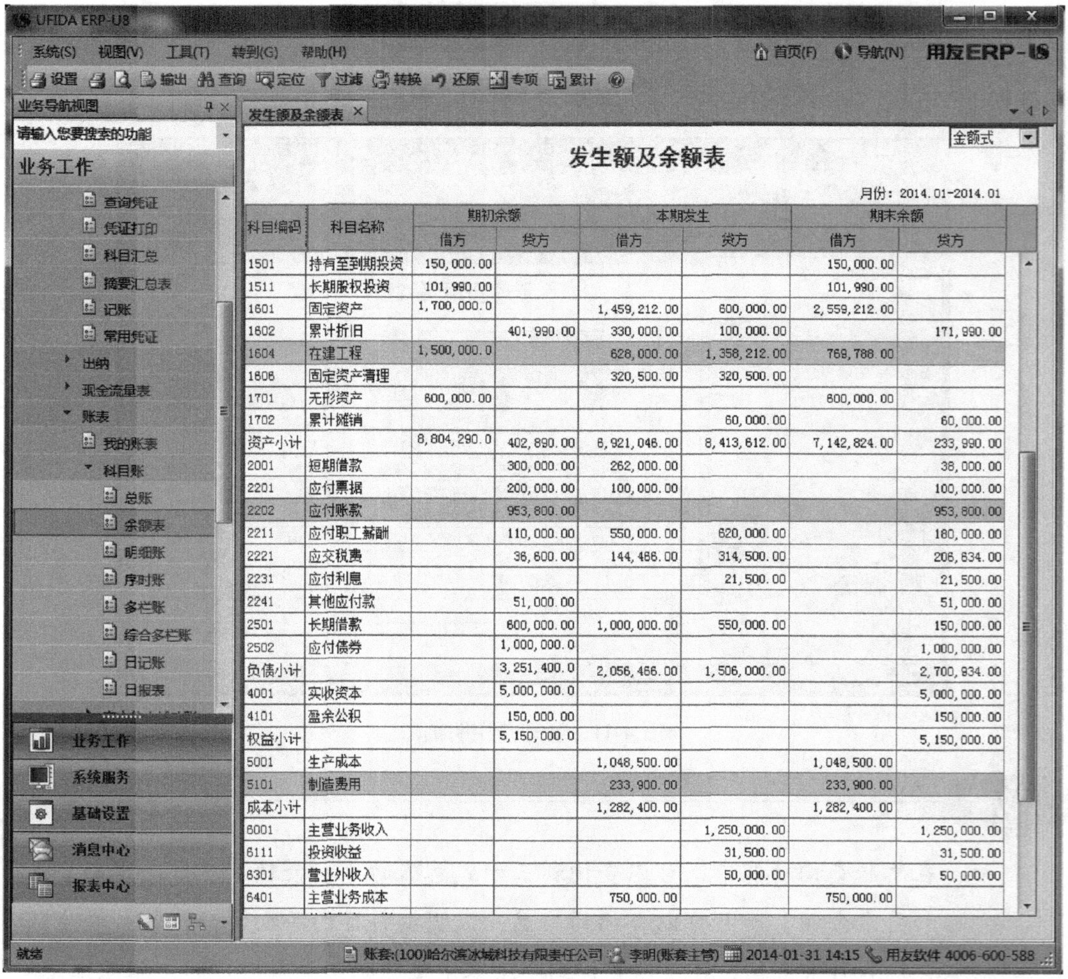

发生额及余额表

月份：2014.01-2014.01

科目编码	科目名称	期初余额		本期发生		期末余额	
		借方	贷方	借方	贷方	借方	贷方
1501	持有至到期投资	150,000.00				150,000.00	
1511	长期股权投资	101,990.00				101,990.00	
1601	固定资产	1,700,000.0		1,459,212.00	600,000.00	2,559,212.00	
1602	累计折旧		401,990.00	330,000.00	100,000.00		171,990.00
1604	在建工程	1,500,000.0		628,000.00	1,358,212.00	769,788.00	
1606	固定资产清理			320,500.00	320,500.00		
1701	无形资产	600,000.00				600,000.00	
1702	累计摊销				60,000.00		60,000.00
资产小计		8,804,290.0	402,890.00	6,921,046.00	8,413,612.00	7,142,824.00	233,990.00
2001	短期借款		300,000.00	262,000.00			38,000.00
2201	应付票据		200,000.00	100,000.00			100,000.00
2202	应付账款		953,800.00				953,800.00
2211	应付职工薪酬		110,000.00	550,000.00	620,000.00		180,000.00
2221	应交税费		36,600.00	144,466.00	314,500.00		206,634.00
2231	应付利息				21,500.00		21,500.00
2241	其他应付款		51,000.00				51,000.00
2501	长期借款		600,000.00	1,000,000.00	550,000.00		150,000.00
2502	应付债券		1,000,000.0				1,000,000.00
负债小计			3,251,400.0	2,056,466.00	1,506,000.00		2,700,934.00
4001	实收资本		5,000,000.0				5,000,000.00
4101	盈余公积		150,000.00				150,000.00
权益小计			5,150,000.0				5,150,000.00
5001	生产成本			1,048,500.00		1,048,500.00	
5101	制造费用			233,900.00		233,900.00	
成本小计				1,282,400.00		1,282,400.00	
6001	主营业务收入				1,250,000.00		1,250,000.00
6111	投资收益				31,500.00		31,500.00
6301	营业外收入				50,000.00		50,000.00
6401	主营业务成本			750,000.00		750,000.00	

图4-12 发生额及余额表

（3）将光标定位在“1122 应收账款”，单击“专项”按钮，打开余额表的专项资料，如图 4-13 所示。

（4）单击“退出”按钮退出。

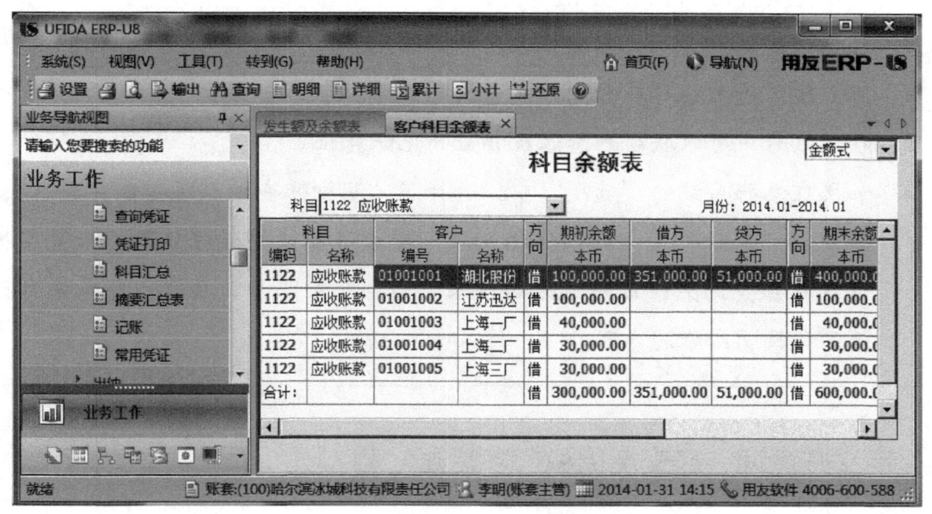

图 4-13 科目余额表

提示

- 在余额表查询功能中，可以查询各级科目的本月期初余额、本期发生额及期末余额。
- 在发生额及余额表中，单击“累计”按钮，可以查询到累计借贷方发生额。
- 在发生额及余额表中，单击“专项”按钮，可以查询到带有辅助核算内容的辅助资料。
- 可以查询某个月查询范围内的余额情况。
- 可以查询到包含未记账凭证在内的最新发生额及余额。

4.13 查询“6602 管理费用”明细账

操作步骤

（1）执行“账表”“科目账”“明细账”命令，打开“明细账查询条件”对话框。

（2）直接录入或选择科目编码“6602”，单击“确定”按钮，进入“管理费用明细账”窗口。

（3）单击“退出”按钮退出。

提示

- 在明细账查询功能中，可以查询一定科目范围内的明细账。
- 可以查询月份综合明细账。
- 可以查询到包含未记账凭证在内的明细账。
- 可以按“对方科目展开”方式查询明细账。
- 在明细账中可以联查到总账及相应的记账凭证。
- 如果在总账系统的“选项”中，选择了“明细账查询权限控制到科目”，则必须在“基础设置”的“数据权限”中设置相应的数据权限。如果某操作员不具备查询某科目明细账的权限，则在明细账查询功能中就看不到无权限的科目明细账的内容。

4.14 定义并查询“应交增值税”多栏账

操作步骤

（1）在总账系统中，执行“账表”“科目表”“多栏账”命令，进入“多栏账”窗口。

（2）单击“增加”按钮，打开“多栏式定义”对话框。

（3）单击“核算科目”栏的下三角按钮，选择“2221 应交税费”，单击“自动编制”按钮，出现栏定义的内容，如图 4-14 所示。

（4）单击“确定”按钮，完成应交税费多栏账的设置。

（5）单击“查询”按钮，打开“多栏式查询”对话框。单击“确定”按钮，显示应交税金多栏式。

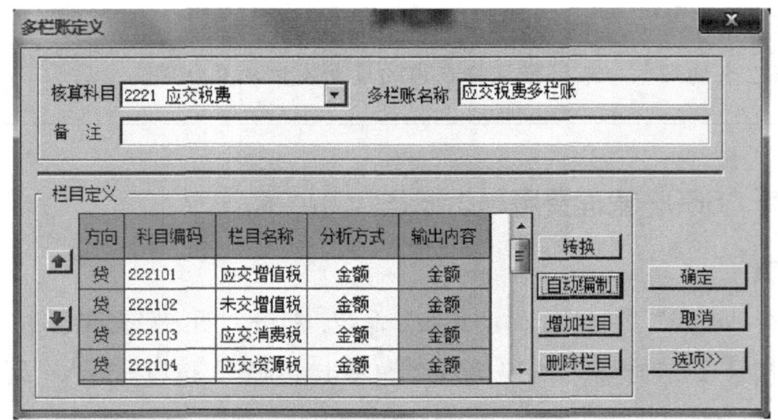

图 4-14 多栏账定义

提示

- 在总账系统中，普通多栏式由系统将要分析科目的下级科目自动生成“多栏账”。
- 多栏账的栏目内容可以自定义，可以对栏目的分析方向、分析内容、输出内容进行定义，同时可以定义多栏账格式。
- 自定义多栏账可以根据实际管理需要将不同的科目及不同级次的科目形成新的多栏式，以满足多科目的综合管理。

4.15 查询客户往来明细账中的客户科目明细账

操作步骤

（1）在总账系统中，执行“账表”“客户往来辅助账”“客户往来明细账”“客户科目明细账”命令，打开“客户科目明细账”查询条件对话框。

（2）单击“确定”按钮，打开“科目明细账”，如图 4-15 所示。

（3）单击“退出”按钮退出。

（4）可以进行客户往来余额、客户往来催款单、客户往来账龄分析等查询。

客户科目明细账 ×

金额式

科目明细账

科目 全部　　　　月份：2014.01-2014.01

2014年		凭证号	科目		客户		摘要	借方	贷方	方向	余额
月	日		编号	名称	编号	名称		本币	本币		本币
			1122	应收账款	01001001	湖北股份	上年结转			借	100,000.00
01	04	转-0003	1122	应收账款	01001001	湖北股份	销售产品_10000_2014.01.04_杨玲	351,000.00		借	451,000.00
01	20	收-0009	1122	应收账款	01001001	湖北股份	收到湖北股份货款_10000_2014.01.20_杨玲		51,000.00	借	400,000.00
			1122	应收账款	01001001	湖北股份	小计	351,000.00	51,000.00	借	400,000.00
			1122	应收账款	01001002	江苏迅达	上年结转			借	100,000.00
			1122	应收账款	01001003	上海一厂	上年结转			借	40,000.00
			1122	应收账款	01001004	上海二厂	上年结转			借	30,000.00
			1122	应收账款	01001005	上海三厂	上年结转			借	30,000.00
							合计：	351,000.00	51,000.00	借	600,000.00

账套:(100)哈尔滨冰城科技有限责任公司　李明(账套主管)　2014-01-31 14:15　用友软件 4006-600-588

图 4-15　科目明细账

提示

- 在“客户科目明细账”功能中，可以查询所有辅助核算内容为“客户往来”的科目明细账。
- 可以查询各个客户、各个月份的客户科目明细账。
- 可以查询包含未记账凭证的客户科目明细账。

- 在科目明细账中，可以联查到总账及凭证的内容，还可以进行摘要内容的设置。
- 客户往来辅助账的查询方式较多，可以根据不同需要在不同的查询功能中查找到有用的数据。

4.16 查询部门科目

在总账，执行“账表”“部门辅助账”“部门总账”“部门科目总账”命令，打开“部门科目总账条件”对话框。

（1）单击“确定”按钮，打开部门总账。

（2）单击“退出”按钮退出。

提示

- 部门科目总账查询功能中，可以按科目、按部门、按科目和部门三种方式查询部门科目总账。
- 可以查询不同月份范围的部门科目总账。
- 可以查询包含未记账凭证内容的部门科目总账。
- 在部门科目总账中，可以单击“累计”按钮查询包含累计借贷方发生额的部门总账，单击“明细”按钮查询部门明细账的资料。

4.17 账套备份

在“D:\100 账套备份”文件夹中新建“任务 4 总账管理系统日常业务处理”文件夹，将账套输出至“任务 4 总账管理系统日常业务处理”文件夹中。

计 划 单

学习领域	会计信息化实务		
学习情境二	总账系统管理	学　　时	36
工作任务 4	总账管理系统日常业务处理	学　　时	18
计划方式	小组讨论、团结协作共同制订计划		
序　　号	实施步骤		使用资源

续表

学习领域	会计信息化实务				
学习情境二	总账系统管理			学　时	36
工作任务 4	总账管理系统日常业务处理			学　时	18
制订计划说明					
计划评价	班　级		第　组	组长签字	
	教师签字			日　期	
	评语：				

决　策　单

学习领域	会计信息化实务				
学习情境二	总账系统管理			学　时	36
工作任务 4	总账管理系统日常业务处理			学　时	18
方案讨论					
方案对比	组号	方案合理性	实施可操作性	安全性	综合评价
	1				
	2				
	3				
	4				
	5				
	6				
	7				
	8				
	9				
	10				
方案评价	评语：				

班　级		组长签字		教师签字		月　日

实 施 单

学习领域	会计信息化实务		
学习情境二	总账系统管理	学　时	36
工作任务 4	总账管理系统日常业务处理	学　时	18
实施方式	小组成员合作；动手实践		

序号	实施步骤	使用资源
1		
2		
3		
4		
5		
6		
7		
8		
9		
10		

实施说明：

班　级		第　组	组长签字	
教师签字			日　期	
评　语				

检 查 单

学习领域	会计信息化实务			
学习情境二	总账系统管理		学　时	36
工作任务 4	总账管理系统日常业务处理		学　时	18
序号	检查项目	检查标准	学生自查	教师检查
1	常用摘要	根据企业需要设置		
2	填制凭证	熟练填制凭证		
3	修改、删除凭证	熟练操作		
4	设置常用凭证	熟练操作		

续表

<table>
<tr><td>学习领域</td><td colspan="5">会计信息化实务</td></tr>
<tr><td>学习情境二</td><td colspan="3">总账系统管理</td><td>学　时</td><td>36</td></tr>
<tr><td>工作任务 4</td><td colspan="3">总账管理系统日常业务处理</td><td>学　时</td><td>18</td></tr>
<tr><td>5</td><td>查询凭证、账簿</td><td colspan="2">根据企业需要查询</td><td></td><td></td></tr>
<tr><td>6</td><td>利用余额填制凭证</td><td colspan="2">熟练操作</td><td></td><td></td></tr>
<tr><td>7</td><td>多栏账</td><td colspan="2">正确定义“应交税费”等多栏账</td><td></td><td></td></tr>
<tr><td>8</td><td>出纳签字，审核</td><td colspan="2">根据要求签字审核</td><td></td><td></td></tr>
<tr><td>9</td><td>银行对账</td><td colspan="2">正确编制银行对账单</td><td></td><td></td></tr>
<tr><td rowspan="3">检查评价</td><td>班　级</td><td></td><td>第　组</td><td>组长签字</td><td></td></tr>
<tr><td>教师签字</td><td></td><td>日　期</td><td colspan="2"></td></tr>
<tr><td colspan="5">评语：</td></tr>
</table>

评　价　单

<table>
<tr><td>学习领域</td><td colspan="5">会计信息化实务</td></tr>
<tr><td>学习情境二</td><td colspan="3">总账系统管理</td><td>学　时</td><td>36</td></tr>
<tr><td>工作任务 4</td><td colspan="3">总账管理系统日常业务处理</td><td>学　时</td><td>18</td></tr>
<tr><td>评价类别</td><td>项　目</td><td>子　项　目</td><td>个人评价</td><td>组内互评</td><td>教师评价</td></tr>
<tr><td rowspan="6">专业能力</td><td>资讯（10%）</td><td>搜集信息及引导问题回答</td><td></td><td></td><td></td></tr>
<tr><td>计划（5%）</td><td>计划可执行性和安排合理性</td><td></td><td></td><td></td></tr>
<tr><td>实施（20%）</td><td>实施的完整性、合理性及可执行性</td><td></td><td></td><td></td></tr>
<tr><td>检查（10%）</td><td>全面准确和特殊情况处理</td><td></td><td></td><td></td></tr>
<tr><td>过程（5%）</td><td>安全合理、符合操作规范</td><td></td><td></td><td></td></tr>
<tr><td>结果（10%）</td><td>准确性、快速性</td><td></td><td></td><td></td></tr>
<tr><td rowspan="2">社会能力</td><td>团结协作（10%）</td><td>合作情况及对小组贡献度</td><td></td><td></td><td></td></tr>
<tr><td>敬业精神（10%）</td><td>吃苦耐劳及遵守纪律</td><td></td><td></td><td></td></tr>
<tr><td rowspan="2">方法能力</td><td>计划能力（10%）</td><td>计划条理性</td><td></td><td></td><td></td></tr>
<tr><td>决策能力（10%）</td><td>方案正确性</td><td></td><td></td><td></td></tr>
<tr><td rowspan="3">评价评语</td><td>班　级</td><td>姓　名</td><td></td><td>学号</td><td>总　评</td></tr>
<tr><td>教师签字</td><td>第　组</td><td>组长签字</td><td></td><td>日　期</td></tr>
<tr><td colspan="5">评语：</td></tr>
</table>

任务5　总账管理系统期末业务处理

任务单

<table>
<tr><td>学习领域</td><td colspan="3">会计信息化实务</td></tr>
<tr><td>学习情境二</td><td colspan="2">总账系统管理</td><td>学　时 36</td></tr>
<tr><td>工作任务 5</td><td colspan="2">总账管理系统期末业务处理</td><td>学　时 12</td></tr>
<tr><td colspan="4">布置任务</td></tr>
<tr><td>工作目标</td><td colspan="3">1. 能够进行总账系统月末转账定义和转账生成的处理；
2. 会总账系统银行对账的处理；
3. 会总账系统账表查询及管理；
4. 会利用余额查询或定义公式生成相关的记账凭证。</td></tr>
<tr><td>任务描述</td><td colspan="3">总账期末处理主要包括费用的计提、分摊，成本结转，各类账户试算平衡，对账，结账等内容。这些业务数据主要来源于账簿记录。各会计期间的多数期末处理数量不太多，但数据处理较复杂，具有很强的规律性，因此比较适合利用计算机进行自动处理。在总账系统中，期末处理是由计算机根据用户的设置自动进行的。
出纳管理是总账系统为出纳人员提供的一套管理工具。它包括现金、银行存款日记账的查询和打印输出、支票的管理、资金日报表的查询以及银行对账等。</td></tr>
<tr><td>学时安排</td><td>资讯 3 学时</td><td>计划与决策 1 学时</td><td>实施 7 学时　|　检查与评价 1 学时</td></tr>
<tr><td>提供资料</td><td colspan="3">1. 会计电算化管理办法；
2. 会计核算软件基本功能规范；
3. 会计电算化工作规范；
4. 会计基础工作规范；
5. 会计档案管理办法；
6.《新编用友 ERP 财务管理系统实验教程》，王新玲主编，清华大学出版社，2009；
7.《电算会计项目化教程》，张冬梅主编，电子工业出版社，2012；
8.《会计信息化实务》，徐亚文主编，武汉大学出版社，2011；
9.《会计电算化实务》，王曦东主编，北京邮电大学出版社，2013。</td></tr>
<tr><td>对学生的要求</td><td colspan="3">1. 会自定义结转的定义和生成；
2. 会对应结转的定义和生成；
3. 能够进行销售成本结转设置和生成；
4. 能够进行汇兑损益的设置和生成；
5. 熟练进行期间损益结转的定义和生成；
6. 掌握银行对账的方法；
7. 学生必须具有团队合作的精神，以小组的形式完成工作任务；
8. 严格遵守课堂纪律和工作纪律，不迟到，不早退，不旷课；
9. 学生应树立职业意识，按照企业的岗位职责要求自己。</td></tr>
</table>

资讯单

<table>
<tr><td>学习领域</td><td colspan="3">会计信息化实务</td></tr>
<tr><td>学习情境二</td><td>总账系统管理</td><td>学　时</td><td>36</td></tr>
<tr><td>工作任务 5</td><td>总账管理系统期末业务处理</td><td>学　时</td><td>12</td></tr>
<tr><td>资讯方式</td><td colspan="3">在图书馆、专业期刊、互联网及信息单上查询问题；咨询任课教师。</td></tr>
</table>

续表

学习领域	会计信息化实务		
学习情境二	总账系统管理	学　　时	36
工作任务 5	总账管理系统期末业务处理	学　　时	12
资讯问题	1. 如何在总账系统中设置自定义转账? 2. 如何在总账系统中设置对应结转? 3. 如何在总账系统中设置销售成本结转? 4. 如何在总账系统中设置汇兑损益结转? 5. 如何在总账系统中设置期间损益结转? 6. 如何进行银行对账? 7. 如何查询凭证、账簿、总账、明细账、客户明细账等? 8. 如何进行对账和结账?		
资讯引导	问题的解答可以在下面的资料中查找： 1.《新编用友 ERP 财务管理系统实验教程》，王新玲主编，清华大学出版社，2009，63-80 页； 2.《电算会计项目化教程》，张冬梅主编，电子工业出版社，2012，61-79 页； 3.《会计信息化实务》，徐亚文主编，武汉大学出版社，2011，60-78 页； 4.《会计电算化实务》，王曦东主编，北京邮电大学出版社，2013，62-81 页； 5.《会计信息系统应用》，孙莲香主编，清华大学出版社，2010，58-75 页； 6. 哈尔滨职业技术学院会计信息化实务教学资源库。		

信　息　单

【任务导入】

5.1　期末业务处理

哈尔滨冰城科技有限责任公司从 2014 年 1 月份末业务处理，下面给出的业务可考虑采用定义转账公式的方式填制（注意各笔业务之间的数字关系，有的业务在进行前，只有前面的凭证审核记账，从账簿中取得的数字才是正确的）。

（1）30 日，结转本期制造费用。说明：铸钢车间和金工车间的制造费用均按 50W 发电机分配 60%，80W 发电机分配 40% 的比例（提示：如不使用转账公式，输入过程中使用参照余额及查询辅助核算中的部门多栏账同样可以填写。参考数字：借方合计数为 233 900.00）。参考公式如表 5-1 所示。

表 5-1　结转制造费用公式

摘　　要	科目编码	部　　门	项　　目	方　　向	公　　式
结转制造费用	50010104	铸钢车间	50W 发电机	借	Qm（5101，月，借，301）*0.6
结转制造费用	50010104	铸钢车间	80W 发电机	借	Qm（5101，月，借，301）*0.4
结转制造费用	50010104	金工车间	50W 发电机	借	Qm（5101，月，借，303）*0.6
结转制造费用	50010104	金工车间	80W 发电机	借	Qm（5101，月，借，303）*0.4
结转制造费用	510101			贷	Qm（510101，月，借）
结转制造费用	510102			贷	Qm（510102，月，借）
结转制造费用	510103			贷	Qm（510103，月，借）
结转制造费用	510104			贷	Qm（510104，月，借）

借：生产成本——基本生产成本——制造费用

贷：制造费用——工资

制造费用——福利费

制造费用——修理费

制造费用——机物费

制造费用——折旧费

（2）30 日，假设产品全部完工入库，结转完工产品成本（提示：即将生产成本科目全部结转至库存商品。参考数字：库存商品合计数为 1 282 400.00，如果数字不符，可能是第 48 笔没记账）。

借：库存商品

贷：生产成本——基本生产成本——工资

生产成本——基本生产成本——福利费

生产成本——基本生产成本——材料费

生产成本——基本生产成本——制造费用

参考公式如表 5-2 所示。

表 5-2　结转完工产品公式

摘　　要	科目编码	方　　向	金额公式
结转完工产品成本	1405	借	Qm（5001，月）
结转完工产品成本	50010101	贷	Qm（50010101，月，借）
结转完工产品成本	50010102	贷	Qm（50010102，月，借）
结转完工产品成本	50010103	贷	Qm（50010103，月，借）
结转完工产品成本	50010104	贷	Qm（50010104，月，借）
结转完工产品成本	50010105	贷	Qm（50010105，月，借）

（3）30 日，有关收入类科目结转本年利润（参考数字：借方合计为 1 331 500.00）。

借：主营业务收入

营业外收入

投资收益

贷：本年利润

（4）有关费用类科目结转本年利润（991 200）。

借：本年利润

贷：主营业务成本

销售费用

主营业务税金及附加

管理费用

财务费用

营业外支出

（5）30 日，计算并结转所得税（注意：从利润中减去投资转入的 30 000.00 元）税率为 25%（参考数字为 77 575.00）。

借：所得税费用

贷：应交税金——应交所得税

参考公式如表 5-3 所示。

表 5-3 所得税计算公式

摘　　要	科目编码	方　　向	公　　式
计算所得税费用	6801	借	（QM（4103，月）-30 000）*0.25
计算所得税费用	222106	贷	Ce（）

（6）所得税费用转入本年利润。

借：本年利润

贷：所得税费用

参考公式如表 5-4 所示。

表 5-4 结转所得税公式

摘　　要	科目编码	方　　向	公　　式
所得税转本年利润	4103	借	Je（6801，月）
所得税转本年利润	6801	贷	Jg（）

（7）30 日，提取法定盈余公积金（税后利润的 10%）（提示：查询税后净利润）。

借：利润分配——提取法定盈余公积（参考公式：QM（4103，月，贷）*0.1，参考数字：26 272.50）

贷：盈余公积（参考公式：jg（））

（8）30 日，提取公益金（税后利润的 5%）（提示：查询税后净利润）。

借：利润分配——提取法定公益金（参考公式：QM（4103，月，贷）*0.05，参考数字：13 136.25）

贷：盈余公积（参考公式：jg（））

（9）30 日，结转利润分配（提示：将上两笔提取数结转）39 408.75。

借：利润分配——未分配利润

贷：利润分配——提取法定盈余公积

利润分配——提取法定公益金

（10）30 日，从本年利润向利润分配结转未分配利润。

借：本年利润

贷：利润分配——未分配利润

（11）30 日，用银行存款交纳所得税 77 575.00。

借：应交税费——应交所得税

　　贷：银行存款——交通银行（203—0019；流量 06）

5.2　银行对账

（1）工商银行 12 月份银行存款余额调节表（如表 5-5 所示）与 1 月份银行对账单（如表 5-6 所示）。

表 5-5　银行存款余额调节表

银行：工商银行　　　　12 月 28 日

单位日记账		银行对账单	
账面余额	800 000.00	账面余额	930 000.00
加：银行已收，企业未收	12.27　100 000.00	加：企业已收，银行未收	12.28　100 000.00
减：银行已付，企业未付		减：企业已付，银行未付	12.28　130 000.00
调整后余额	900 000.00	调整后余额	900 000.00

表 5-6　银行对账单

2014 年 1 月　　　　工商银行

日　期	结算方式	票　号	借方金额	贷方金额
1 日	203	0001		100 000.00
3 日	203	0002		175 500.00
3 日	401		234.00	
9 日	203	0101	16 500.00	
10 日	203	0003		101 000.00
12 日	203	0004		150 000.00
12 日	203	0005		500.00
15 日	203	0006	800.00	
15 日	203	0007	400 000.00	
18 日	403	3698	819 000.00	
19 日	202	9874	30 000.00	
20 日	203	0009		262 000.00
21 日	203	0010		500 000.00
30 日	203	0015	20 000.00	
30 日	203	1212		30 000.00

（2）本月交通银行对账，银行对账单与单位日记账调整前余额均为 489 000.00，没有未达账项。交通银行对账单如表 5-7 所示。

表 5-7　银行对账单

2014 年 1 月　　　　交通银行

日　期	结算方式	结　算　号	借方金额	贷方金额
18 日	203	0013		10 000.00
19 日	203	0014		10 000.00
28 日	203	0015	272 500.00	
29 日	203	0016		50 000.00

续表

日　期	结算方式	结　算　号	借方金额	贷方金额
30 日	203	0017		102 000.00
30 日	203	0018	134 581.00	
30 日	203	0019		25 879.00

5.3　结账

对本月所发生的经纪业务进行记账。

5.4　更正错误练习

第 11 号付款凭证广告费科目使用错误，将“管理费用”更正为“销售费用”，同时更正结转期间损益的凭证。

提示

可反结账 - 反记账 - 取消审核 - 更正凭证，然后再记账。

【任务要求】

（1）定义转账分录：自定义转账方式；自动转账设置。

（2）生成机制凭证。

（3）银行对账。

（4）错账更正。

（5）对账。

（6）结账。

（7）账套备份。

【相关知识】

5.1　自动转账的定义与生成

自动转账凭证是指将某一转账业务所涉及的摘要、借贷方科目、金额计算方法等预先存入软件环境，即建立一项业务的转账模型的过程。根据自定义转账凭证模型生成实际的记账凭证的过程称为自定义转账。由自定义转账生成的凭证成为机制转账凭证，简称机制凭证。

自动转账业务的特点：一是每期都会发生规范的转账业务，如计提税金、结转成本、结转损益等；业务发生的金额是可以事先预知或可以被描述的，如折旧可按综合折旧公式计算，无形资产可按确定的数额或比例摊销等。

5.1.1　自动转账的定义

自动转账的定义主要包括自定义结转、对应结转、销售成本结转、汇兑损益结转、期间损益结转。

（1）自定义结转。自定义结转功能可以完成的转账业务主要有“费用分配”的结转、“费用分摊”的结转、“税金计算”的结转、“提取各项费用”的结转、“部门核算”的结转、“项目核算”的结转、“往来核算”的结转等。如果使用应收、应付系统管理客户和供应商，那么在总账系统中，不能按客户、供应商辅助核算进行结转，只能按科目总数进行结转。

（2）对应结转。对应结转不仅可进行两个科目一对一结转，还提供科目的一对多结转功能，对应结转的科目可为上级科目，但其下级科目结构必须一致（相同明细科目），如有辅助核算，则两个科目的辅助账类别也必须一一对应。本功能只结转期末余额，如果想结转发生额，则到自定义结转中设置，转入、转出科目可为上级科目，但其下级科目的科目结构必须相同，若转出科目定义辅助项，则转入科目的辅助项不能为空。

（3）销售成本结转。自动转账的销售成本功能，是指在月末按一定的方法计算出库存商品（或产成品）的平均单价基础上，计算各类商品（或产品）销售成本，并对成本结转业务进行账务处理。在会计科目中必须指定“库存商品（或产成品）”科目、“主营业务收入”科目和“主营业务成本”科目，且要求这三个科目具有相同的明细科目结构，库存商品科目和主营业务收入科目下的所有明细科目必须有数量核算，且辅助核算类型必须一致，且不能带有往来辅助核算，否则只能在自定义结转中设置。

（4）汇兑损益结转。用于期末自动计算外币账户的汇兑损益，并在转账生成中自动生成汇兑损益转账凭证，汇兑损益只处理以下外币账户：外汇存款户；外币现金；外币结算的各项债权、债务，不包括所有者权益类账户、成本类账户和损益类账户。

（5）期间损益结转。用于一个会计期间终了时，将损益类科目的余额结转到“本年利润”科目中，从而及时反映企业利润的盈亏情况。主要是对于管理费用、销售费用、财务费用、销售收入、营业外收支等科目向本年利润的结转。使用自动转账功能定义期末结转凭证模型，生成两张记账凭证；也可合在一起只生成一张记账凭证。当将期末业务集中于一张凭证时，一般由系统根据各收入项目和支出项目的余额情况自动安排“本年利润”科目的方向。若收入总额大于支出总额，“本年利润”科目在贷方，表示盈利；反之“本年利润”科目在借方，表示亏损。

5.1.2　自动转账生成

定义完转账凭证后，期末只需调用自定义凭证，计算机将自动快速生成转账凭证，并将当前凭证追加到未记账凭证，通过审核、记账后完成结转工作。转账凭证每月只生成一次。在进行转账生成之前，先将相关经济业务的记账凭证登记入账，注意转账月份为当前会计月份。另外，如果使用了应收应付系统，那么在总账系统中不能按客户、供应商进行结转，只能按科目总数进行结转。

定义完转账凭证后，每月末只需执行本功能即可快速生成转账凭证，在此生成的转账凭证自动追加到未记账凭证中去了。对应结转、期间损益结转、汇兑损益结转、销售成本结转等转账凭证的生成步骤基本与“自定义结转”类似。只是在“转账生成”窗口分别选择“对应结转”、“期间损益结转”、“汇兑损益结转”、“销售成本结转”等。

5.2 对账

对账是对账簿数据进行核对，以检查记账是否正确，以及账簿是否平衡。它是通过核对总账与明细账、总账与辅助账数据来完成核对的。一般说来，实行计算机记账后，只要记账凭证录入正确，计算机自动记账后各种账簿都应是正确、平衡的。但由于非法操作、计算机病毒或其他原因有时可能会造成某些数据被破坏，因而引起账账不符。为了保证账证相符、账账相符，用户应经常使用本功能进行对账，至少一个月一次，一般可在月末结账前进行。

5.3 结账

在手工会计处理中，都有结账的过程，在计算机会计处理中也应有这一过程，以符合会计制度的要求，因此本系统特别提供了“结账”功能。结账只能每月进行一次。

结账功能主要完成以下几项工作：检查并停止本期各科目的各项数据处理工作；计算各科目的本期发生额和累计发生额；计算本期各科目期末余额并将余额结转至下期期初。

【任务实施】

5.1 设置第1笔业务的自定义结转凭证

操作步骤

（1）以“李小明”注册进入总账系统，执行“期末”|“转账定义”|“自定义转账”命令，进入“自定义转账设置”窗口。

（2）单击“增加”按钮，打开“转账目录”设置对话框。

（3）输入转账序号“0001”，转账说明“结转制造费用”；选择凭证类别“转账凭证”。单击“确定”按钮，继续定义转账凭证分录信息。

（4）选择科目编码“50010104”，方向“借”，双击金额公示栏，选择参照按钮，打开“公式向导”对话框。

（5）选择“期末余额”函数，单击“下一步”按钮，继续公式定义。

（6）选择科目“5101”，部门选择“301”，其他采取系统默认，单击“完成”按钮，金额公式带回自定义转账设置页面。将光标移至末尾，输入“*0.6”，回车确认。继续录入 80W 发电机的公式。

（7）确定分录的贷方信息。选择科目编码“510101”，方向“贷”，双击金额公示栏，选择参照按钮，打开“公式向导”对话框。

（8）选择“期末余额”函数，单击“下一步”按钮，继续公式定义。选择科目“5101”，

（9）选择科目“510101”，其他采取系统默认，单击“完成”按钮，金额公式带回自定义转账设置页面。

（10）继续录入其他贷方公式，如图 5-1 所示。

自定义转账设置

设置 输出 增加 修改 删除 放弃 插入 增行 删行 退出

转账序号 0001　转账说明 结转制造费用　凭证类别 转账凭证

摘要	科目编码	部门	个人	客户	供应商	项目	方向	金额公式
结转制造费用	50010104	铸钢车间				50W发电机	借	QM(5101,月,借,301)*0.6
结转制造费用	50010104	铸钢车间				80W发电机	借	QM(5101,月,借,301)*0.4
结转制造费用	50010104	铸钢车间				50W发电机	借	QM(5101,月,借,303)*0.6
结转制造费用	50010104	金工车间				80W发电机	借	QM(5101,月,借,303)*0.4
结转制造费用	510101						贷	QM(510101,月,贷)
结转制造费用	510102						贷	QM(510102,月,贷)
结转制造费用	510103						贷	QM(510103,月,贷)
结转制造费用	510104						贷	QM(510104,月,贷)

图 5-1　自定义转账设置

（11）单击“保存”按钮。

（12）同理，设置第 2、5、7、8、9、11 笔业务的自定义转账凭证。

5.2　设置第 6 笔业务的对应结转转账凭证

操作步骤

（1）执行“期末”|“转账定义”|“对应结转”命令，进入“对应结转设置”窗口。

（2）录入编号“0001”，单击凭证类别栏下的三角按钮，选择“转账凭证”，输入摘要“所得税费用转入本年利润”，在“转出科目编码”栏输入“6801”或单击参照按钮选择“6801 所得税费用”。

（3）单击“增行”按钮，在“转入科目编码”栏输入“4103”或单击参照按钮选择“4103”或单击参照按钮选择“4103 本年利润”；结转系数为“1”，如图 5-2 所示。

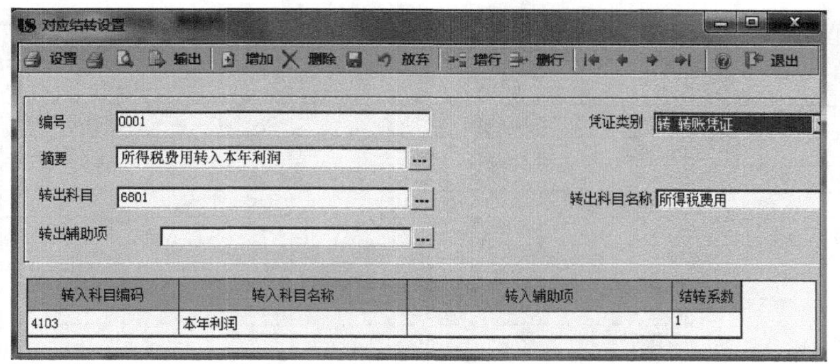

图 5-2 对应结转设置

（4）单击“保存”按钮，单击“退出”按钮。

（5）同理，设置第 10 笔业务的对应结转凭证。

提示

- 对应结转不仅可以进行两个科目一对一结转，还可以进行科目的一（一个转出科目）对多（多个转入科目）的结转。
- 对应结转的科目可为上级科目，但其下级科目的科目结构必须一致（相同明细科目），如果有辅助核算，则两个科目的辅助账类别也必须一一对应。
- 对应结转只能结转期末余额。

5.3 设置第 3、4 笔业务的期间损益结转转账凭证

操作步骤

（1）执行“期末”|“转账定义”|“期间损益”命令，打开“期间损益结转设置”窗口。

（2）单击“凭证类别”栏的下三角按钮，选择“转账凭证”，在“本年利润科目”栏录入“4103”或单击参照按钮选择“4103 本年利润”，如图 5-3 所示。

（3）单击“确定”按钮。

提示

- 损益科目结转表中的本年利润科目必须为末级科目，且为本年利润入账科目的下级科目。

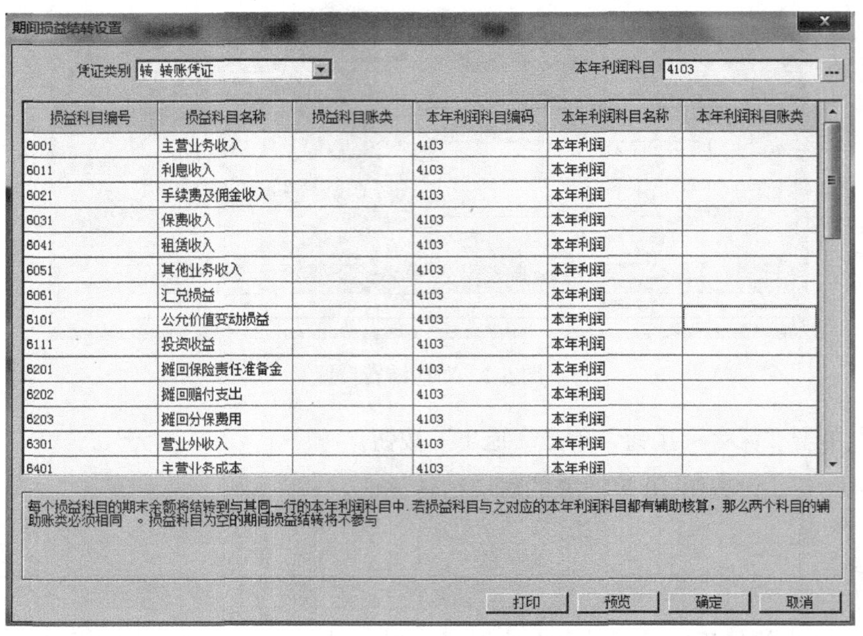

图 5-3　期间损益结转设置

5.4　生成第 1 笔业务期末自定义结转凭证

操作步骤

（1）执行“期末”|“转账生成”命令，进入转账生成窗口。

（2）单击“自定义转账”按钮。

（3）单击“全选”按钮（或者选中要结转的凭证所在行），单击“确定”按钮。

提示

- 由于期末结转业务的数据来源为账簿，因此，为了保证数据准确应在所有业务都记账后再进行期末结转业务的操作。
- 100 账套有一笔冲销凭证尚未审核记账，只有在有未记账凭证的情况下才会有此提示，否则会直接出现生成凭证的窗口。如果确认该笔未记账的业务对此时正在结转的业务没有影响则可以继续，否则停止当前操作，在将未记账凭证记账后再进行期末结转业务的操作。

（4）生成结转制造费用的转账凭证，如图 5-4 所示。

（5）单击“保存”按钮，凭证上出现“已生成”的标志。单击“退出”按钮退出。

（6）以“李明”注册进入总账系统，执行凭证“主管签字”|凭证“审核”|凭证“记账”。

（7）在“转账生成”窗口中，生成第 2 笔业务的自定义转账凭证，如图 5-5 所示。

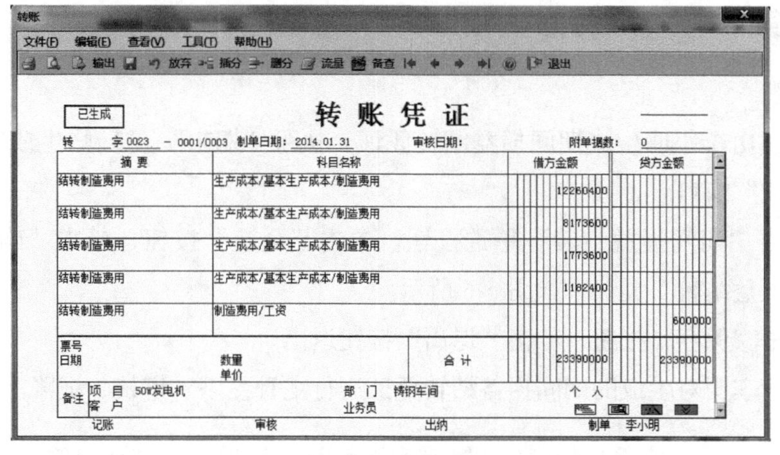

图 5-4　结转制造费用转账凭证生成

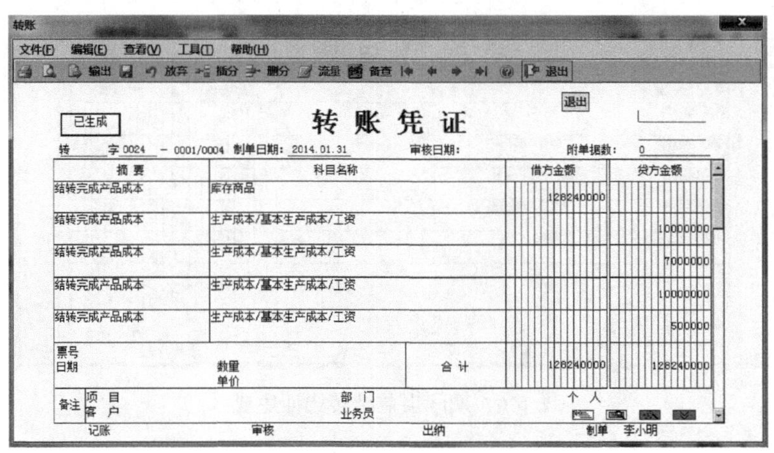

图 5-5　结转完成产品成本转账凭证生成

（8）以“李明”注册进入总账系统，执行凭证“主管签字”|“审核”|凭证“记账”。同理，按顺序依次生成第 5、7、8、9、11 笔业务的自定义转账凭证，并且进行主管签字、审核、记账。

提示

- 在进行期间损益结转之前，需要将本月所有未记账凭证进行记账，以保证损益类科目的完整性。因此，由出纳“李明明”对冲账凭证进行签字，由主管李明对以上未记账凭证进行审核、记账。

5.5 生成第 3、4 笔业务的期间损益结转凭证

操作步骤

（1）仍然由李小明生成期间损益结转凭证。执行“期末”|“转账生成”命令，进入“转账生成”窗口。

（2）单击“期间损益结转”单选按钮。单击“全选”按钮，单击“确定”按钮，生成“期间损益结转”凭证，如图 5-6 所示。

（3）单击“保存”按钮，单击“退出”按钮退出。

（4）主管李明对生成的期间损益结转凭证进行主管签字、审核、记账。

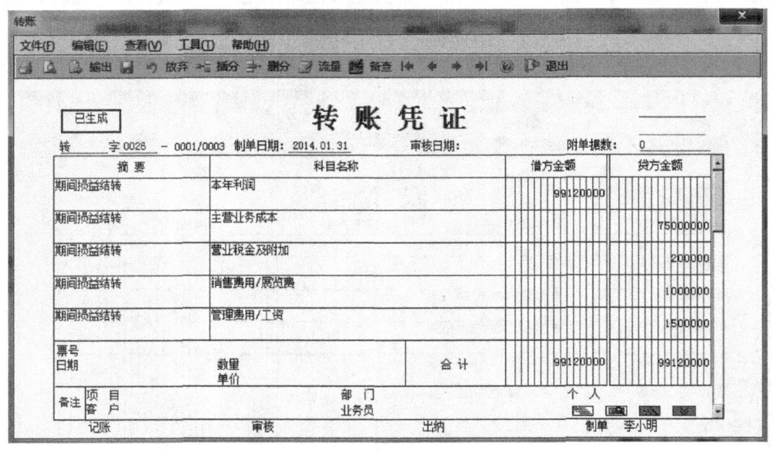

图 5-6　期间损益结转凭证生成

提示

- 转账凭证生成的工作应在月末进行。如果有多种转账凭证形式，特别是涉及多项转账业务，一定要注意转账的先后顺序。
- 通过转账生成的转账凭证必须保存，否则将视同放弃。
- 期末自动转账处理工作是针对已记账业务进行的，因此，在进行月末转账工作之前应将所有未记账的凭证记账。

5.6 生成第 6 笔业务的对应结转凭证

操作步骤

（1）在“转账生成”窗口中，单击“对应结转”单选按钮，按步骤生成对应结转凭证，如图 5-7 所示。

（2）同理，生成第 10 笔业务的对应结转凭证。

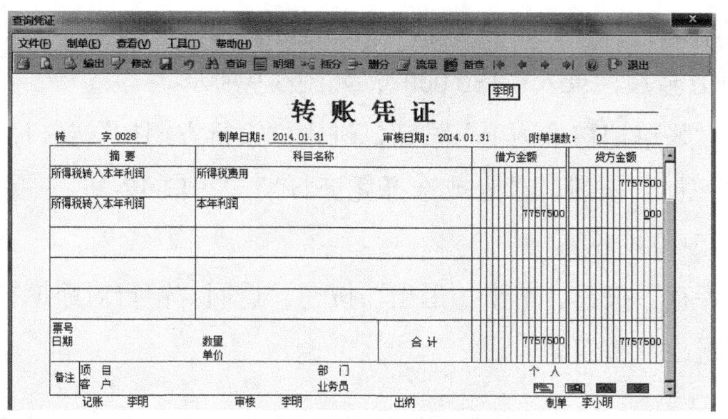

图 5-7　对应结转转账凭证生成

提示

- 在进行期间损益结转之前，需要将本月所有未记账凭证进行记账，以保证损益类科目的完整性。因此，由出纳“李明明”对冲账凭证进行签字，由主管李明对以上所有未记账凭证进行主管签字、审核、记账。

5.7　录入银行对账期初数据（工商银行）

操作步骤

（1）执行“出纳”“银行对账”“银行对账期初录入”命令，进入“银行科目选择”窗口。

（2）选择“100201 工行存款”，单击“确定”按钮，进入“银行对账期初”窗口。

（3）在单位日记账的调整前余额栏录入“800000”，在银行对账单的调整前余额栏录入“930000”，如图 5-8 所示。

（4）单击“日记账期初未达项”按钮，进入“企业方期初”窗口。

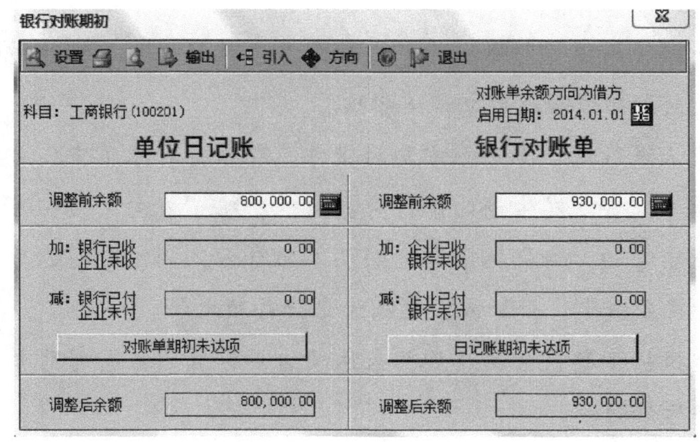

图 5-8　银行对账期初

（5）单击“增加”按钮，录入或选择凭证日期“2013-12-28”，在借方金额栏录入“100 000”，在贷方金额栏录入“130 000”，如图 5-9 所示。

（6）单击“对账单期初未达项”按钮，进入“银行方期初”窗口。

（7）单击“增加”按钮，录入或选择凭证日期“2013-12-27”，在借方金额栏录入“100 000”，如图 5-10 所示。

（8）单击“保存”按钮，单击“退出”按钮，返回“银行对账期初”窗口。

（9）单击“退出”按钮。

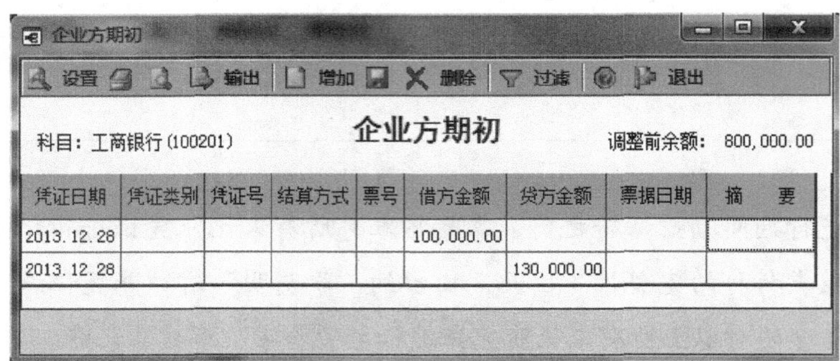

图 5-9　企业方期初

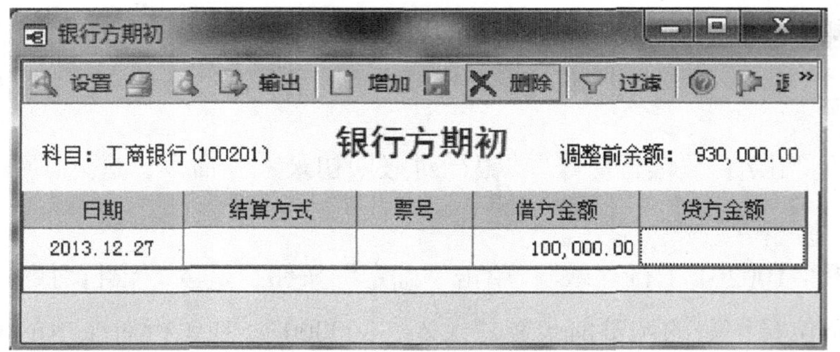

图 5-10　银行方期初

提示

- 在第一次使用银行对账功能时，应录入单位日记账及银行对账单的期初数据，包括期初余额及期初未达账项。
- 系统默认银行对账单余额方向为借方。即银行对账单中借方发生额为银行存款增加，贷方发生额为银行存款减少。按“方向”按钮可以调整银行对账单余额方向，如果把余额方向调整为贷方，则银行对账单中借方发生额为银行存款减少，而贷方发生额为银行存款增加。
- 系统会根据调整前余额及期初未达项自动计算出银行对账单与单位日记账的调整后余额。

5.8 录入银行对账单

操作步骤

（1）执行“出纳”|“银行对账”|“银行对账单”命令，打开“银行科目选择”对话框。

（2）单击“确定”按钮，进入“银行对账单”窗口。

（3）单击“增加”按钮。

（4）录入或选择日期“2014.01.01”，选择结算方式“转账支票”，录入票号“0001”，录入贷方金额“100 000”，回车，再录入或选择日期“2014.01.03”，选择结算方式“转账支票”，录入票号“0003”，录入贷方金额“175 500”，依次录入其他银行对账单，如图 5-11 所示。

（5）单击“保存”按钮，单击“退出”按钮。

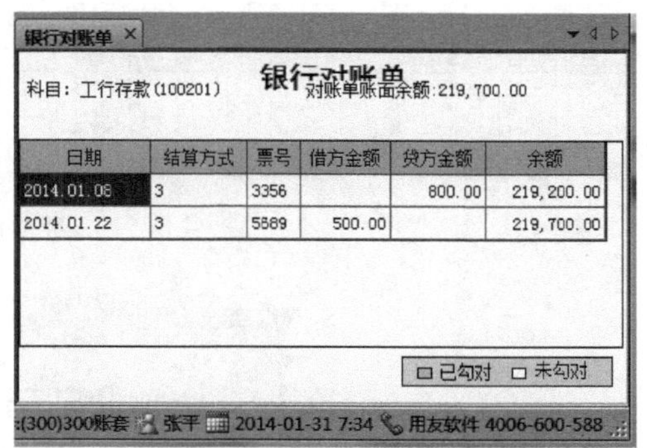

图 5-11 银行对账单

提示

- 如果企业在多家银行开户，对账单应与其对应账号所对应的银行存款下的末级科目一致。
- 录入银行对账单时，其余额由系统根据银行对账期初自动计算生成。

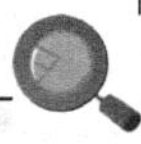

5.9 银行对账

操作步骤

（1）执行“出纳”|“银行对账”|“银行对账”命令，打开“银行科目选择”对话框。

（2）单击“确定”按钮，进入“银行对账”窗口，如图 5-12 所示。

（3）单击“对账”按钮，打开“自动对账”对话框，如图 5-13 所示。

（4）在“自动对账”条件选择窗口中，单击“确定”按钮。

（5）单击“对账”按钮，出现对账结果，如图 5-14 所示。

（6）单击“退出”按钮退出。

科目：100201（工商银行）

单位日记账

票据日期	结算方式	票号	方向	金额	两清	凭证号数	摘　要
2014.01.03	401	4532	借	234.00		收-0001	汇票支付材料款
2014.01.04	203	0101	借	16,500.00		收-0002	将交易性金融资产兑现
2014.01.08	203	0006	借	800.00		收-0003	残值收入
2014.01.08	203	0007	借	400,000.00		收-0004	借款用于建造固定资产
2014.01.09	403	3698	借	819,000.00		收-0005	销售产品
2014.01.09	301	1234	借	200,000.00		收-0006	商业汇票到期办理转账
2014.01.09	202	9874	借	30,000.00		收-0007	收到股息
2014.01.10	203	0008	借	300,000.00		收-0008	收到处理固定资产价款
2014.01.20	203	0012	借	51,000.00		收-0009	收到湖北股份货款
2014.01.01	203	0001	贷	100,000.00		付-0001	支付到期汇票
2014.01.02	203	0002	贷	175,500.00		付-0002	采购钢材
2014.01.05	203	0003	贷	101,000.00		付-0003	购入固定资产
2014.01.06	203	0004	贷	150,000.00		付-0004	工程购入材料
2014.01.08	203	0005	贷	500.00		付-0005	支付清理费
2014.01.11	203	0009	贷	262,000.00		付-0006	归还借款
2014.01.12	203	0010	贷	500,000.00		付-0007	提取现金
2014.01.18	203	0011	贷	100,000.00		付-0009	支付印花税
2014.01.25	203	0013	贷	10,000.00		付-0010	支付展览费
2014.01.28	203	0016	贷	500,000.00		付-0012	提取现金
2014.01.30	203	0018	贷	1,000,000.00		付-0015	偿还长期借款
			借	100,000.00		-0000	

银行对账单

日期	结算方式	票号	方向	金额	两清	对账序号
2013.12.27			借	100,000.00		
2014.01.01	203	0001	贷	100,000.00		
2014.01.03	203	0002	贷	175,500.00		
2014.01.03	401		借	234.00		
2014.01.09	203	0101	借	16,500.00		
2014.01.10	203	0003	贷	101,000.00		
2014.01.12	203	0004	贷	150,000.00		
2014.01.12	203	0005	贷	500.00		
2014.01.15	203	0006	借	800.00		
2014.01.15	203	0007	借	400,000.00		
2014.01.18	403	3689	借	819,000.00		
2014.01.19	202	9874	借	30,000.00		
2014.01.20	203	0009	贷	262,000.00		
2014.01.21	203	0010	贷	500,000.00		
2014.01.30	203	0015	借	20,000.00		
2014.01.30	203	1212	贷	30,000.00		

图 5-12　银行对账

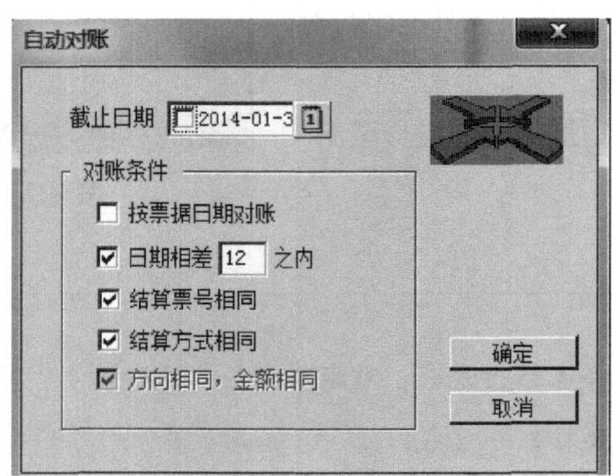

图 5-13　自动对账对话框

科目：100201（工商银行）

单位日记账

票据日期	结算方式	票号	方向	金额	两清	凭证号数	摘　要
2014.01.03	401	4532	借	234.00		收-0001	汇票支付材料款
2014.01.04	203	0101	借	16,500.00	◇	收-0002	将交易性金融资产兑现
2014.01.08	203	0006	借	800.00	◇	收-0003	残值收入
2014.01.08	203	0007	借	400,000.00	◇	收-0004	借款用于建造固定资产
2014.01.09	403	3698	借	819,000.00		收-0005	销售产品
2014.01.09	301	1234	借	200,000.00		收-0006	商业汇票到期办理转账
2014.01.09	202	9874	借	30,000.00	◇	收-0007	收到股息
2014.01.10	203	0008	借	300,000.00		收-0008	收到处理固定资产价款
2014.01.20	203	0012	借	51,000.00		收-0009	收到湖北股份货款
2014.01.01	203	0001	贷	100,000.00	◇	付-0001	支付到期汇票
2014.01.02	203	0002	贷	175,500. 100,000.00		-0002	采购钢材
2014.01.05	203	0003	贷	101,000.00	◇	付-0003	购入固定资产
2014.01.06	203	0004	贷	150,000.00	◇	付-0004	工程购入材料
2014.01.08	203	0005	贷	500.00	◇	付-0005	支付清理费
2014.01.11	203	0009	贷	262,000.00	◇	付-0006	归还借款
2014.01.12	203	0010	贷	500,000.00	◇	付-0007	提取现金
2014.01.18	203	0011	贷	100,000.00		付-0009	支付印花税
2014.01.25	203	0013	贷	10,000.00		付-0010	支付展览费
2014.01.28	203	0016	贷	500,000.00		付-0012	提取现金
2014.01.30	203	0018	贷	1,000,000.00		付-0015	偿还长期借款
			借	100,000.00	◇	-0000	

银行对账单

日期	结算方式	票号	方向	金额	两清	对账序号
2013.12.27			借	100,000.00	◇	2014013100001
2014.01.01	203	0001	贷	100,000.00	◇	2014013100002
2014.01.03	203	0002	贷	175,500.00	◇	2014013100003
2014.01.03	401		借	234.00		
2014.01.09	203	0101	借	16,500.00	◇	2014013100011
2014.01.10	203	0003	贷	101,000.00	◇	2014013100004
2014.01.12	203	0004	贷	150,000.00	◇	2014013100005
2014.01.12	203	0005	贷	500.00	◇	2014013100006
2014.01.15	203	0006	借	800.00	◇	2014013100007
2014.01.15	203	0007	借	400,000.00	◇	2014013100008
2014.01.18	403	3689	借	819,000.00		
2014.01.19	202	9874	借	30,000.00	◇	2014013100012
2014.01.20	203	0009	贷	262,000.00	◇	2014013100009
2014.01.21	203	0010	贷	500,000.00	◇	2014013100010
2014.01.30	203	0015	借	20,000.00		
2014.01.30	203	1212	贷	30,000.00		

图 5-14　银行对账结果

提示

- 如果在银行对账期初中默认银行对账单方向为借方，则对账条件为方向相同、金额相同的日记账与对账单进行勾对。如果在银行对账期初中将银行对账单的余额方向修改成了贷方，则对账条件方向相反、金额相同的日记账与对账单进行勾对。
- 银行对账包括自动对账和手工对账两种形式。自动对账是系统根据对账依据自动进行核对、勾销，自动对账两清的标志为“○”。手工对账是对自动对账的一种补充，手工对账两清的标志为“Y”。
- 系统默认的自动对账的对账条件为“日期相差12天”、“结算方式相同”“结算票号相同”，单击每一项对账条件前的复选框可以取消相应的对账条件，即在对账时不考虑相应的对账条件。
- 在自动对账后如果发现一些应勾对而未勾对上的账项，可以分别双击“两清”栏，直接进行手工调整。
- 如果在对账单中有两笔以上记录同日记账对应，则所有对应的对账单都应标上两清标记。
- 如果想取消对账可以采用自动取消和手工取消两种方式。单击“取消”按钮可以自动取消所有的两清标记，如果手工取消，则可以双击要取消的对账标志业务的“两清”栏，取消两清标志。

5.10 输出余额调节表

操作步骤

（1）执行“出纳”|“银行对账”|“余额调节表查询”命令，进入“银行存款余额调节表”窗口。

（2）单击“查看”按钮，进入“银行存款余额调节表”窗口。

（3）单击“详细”按钮，进入“余额调节表（详细）”窗口。

（4）单击“退出”按钮。

（5）同理，设置交通银行的银行对账业务。

提示

- 银行存款余额调节表应显示账面余额平衡，如果不平衡应分别查看银行对账期初、银行对账单及银行对账是否正确。
- 在银行对账之后可以查询对账勾对情况，如果确认银行对账结果是正确的，可以使用“核销银行账”功能核销已达账。

5.11　对 2014 年 1 月份的会计账簿进行对账

操作步骤

（1）执行“期末”|“对账”命令，打开“对账”对话框。

（2）单击“试算”按钮，出现“2014.01 试算平衡表”。

（3）单击“确定”按钮，单击“选择”按钮，在 2014.01 是否对账栏出现“Y”标志，选中要对账的月份。再单击“对账”按钮，系统开始对账，并显示对账结果，如图 5-15 所示。

（4）单击“退出”按钮。

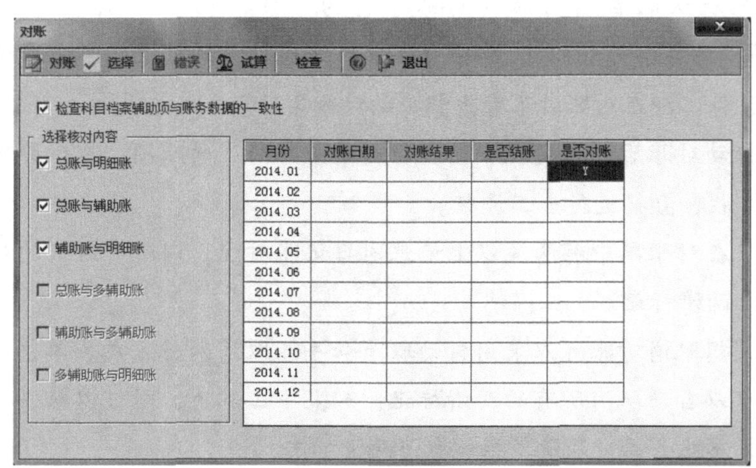

图 5-15　对账窗口

5.12　对 2014 年 1 月份进行结账

操作步骤

（1）执行“期末”|“结账”命令，打开“结账”对话框。

（2）单击“下一步”按钮，打开“结账 – 核对账簿”对话框。

（3）单击“对账”按钮，系统进行对账。当对账完毕后，单击“下一步”按钮，打开“结账 – 月度工作报告”对话框，如图 5-16 所示。

（4）单击“下一步”按钮，出现“2014 年 01 月未通过工作检查，不可以结账！”提示信息，如图 5-17 所示。

（5）单击“上一步”按钮检查不能结账的原因。在“2014 年 01 月工作报告”中我们看到其中“5. 其他系统结账状态：应付系统本月未结账；应收系统本月未结账”。

（6）单击“取消”按钮，取消本次的结账操作。

（7）在财务会计的总账处，右击选择“退出产品”，退出总账系统。

（8）在企业应用平台的“设置”选项卡中，双击“基本信息”|“系统启用”，打开“系统启用”对话框。

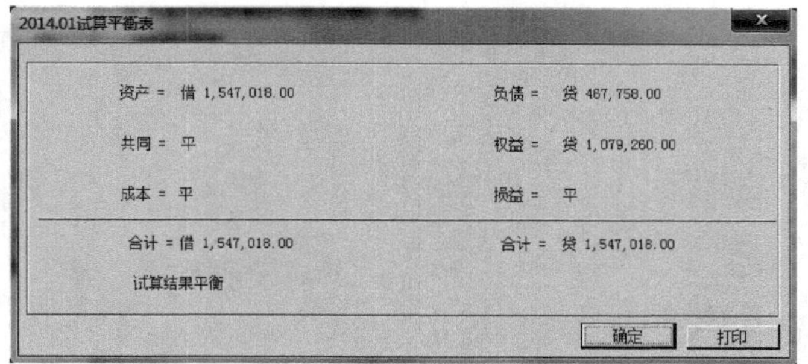

图 5-16　结账－月度工作报告对话框

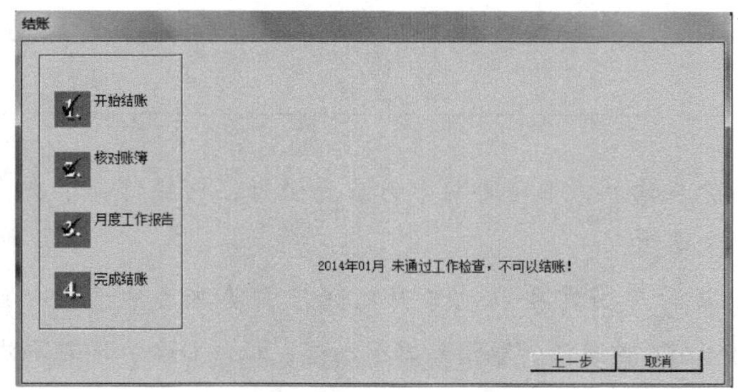

图 5-17　不能结账提示

（9）单击“应收”前的复选框，系统提示“确定要注销当前系统吗？”，如图 5-18 所示。

（10）单击“是”按钮，取消对应收账款的启用。同理，取消应付系统的启用。

（11）在总账系统中，重新进行结账操作，结账完成信息对话框如图 5-19 所示。

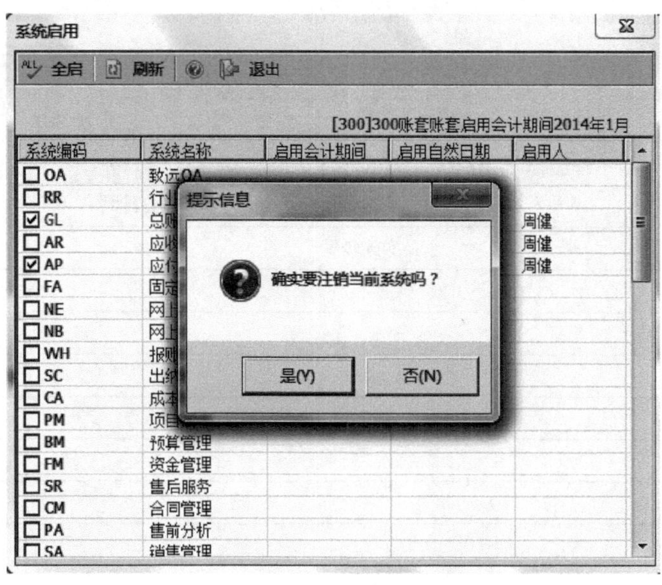

图 5-18　系统注销提示

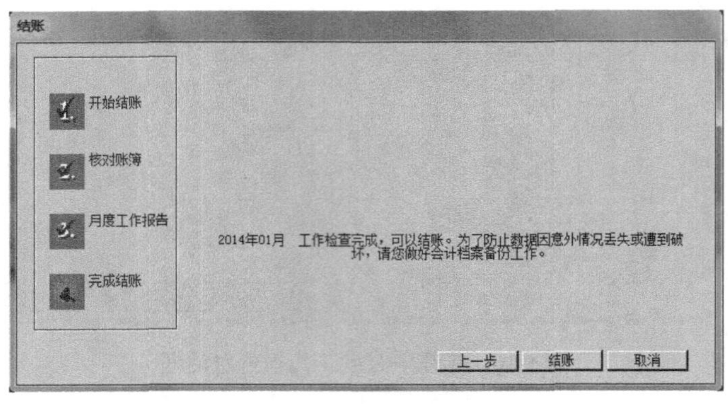

图 5-19 结账完成

提示

- 结账后除查询外，不得再对本月业务进行任何操作。单击“结账”按钮，完成结账操作。
- 如果因某种原因需要取消本月结账，需要账套主管在“结账”界面按Ctrl+Shift+F6键激活“取消结账”功能；输入口令，即可取消结账标记。

5.13 账套备份

在“D:\100 账套备份”文件夹中新建“任务 5 总账管理系统期末业务处理”文件夹。将账套输出至“任务 5 总账管理系统期末业务处理”文件夹中。

计 划 单

学习领域	会计信息化实务		
学习情境二	总账系统管理	学 时	36
工作任务 5	总账管理系统期末业务处理	学 时	12
计划方式	小组讨论、团结协作共同制订计划		
序 号	实施步骤		使用资源

续表

学习领域	会计信息化实务				
学习情境二	总账系统管理			学　　时	36
工作任务 5	总账管理系统期末业务处理			学　　时	12
制订计划说明					
计划评价	班　　级		第　　组	组长签字	
	教师签字			日　　期	
	评语：				

决　策　单

学习领域	会计信息化实务				
学习情境二	总账系统管理			学　　时	36
工作任务 5	总账管理系统期末业务处理			学　　时	12
方案讨论					
方案对比	组号	方案合理性	实施可操作性	安全性	综合评价
	1				
	2				
	3				
	4				
	5				
	6				
	7				
	8				
	9				
	10				
方案评价	评语：				

班　　级		组长签字		教师签字		月　日

实 施 单

学习领域	会计信息化实务		
学习情境二	总账系统管理	学　　时	36
工作任务 5	总账管理系统期末业务处理	学　　时	12
实施方式	小组成员合作；动手实践		

序号	实施步骤	使用资源
1		
2		
3		
4		
5		
6		
7		
8		
9		
10		

实施说明：

班　　级		第　　组	组长签字	
教师签字			日　　期	
评　　语				

检 查 单

学习领域	会计信息化实务			
学习情境二	总账系统管理		学　　时	36
工作任务 5	总账管理系统期末业务处理		学　　时	12
序号	检查项目	检查标准	学生自查	教师检查
1	自定义转账	正确设置公式、转账生成		

续表

学习领域	会计信息化实务				
学习情境二	总账系统管理			学　　时	36
工作任务 5	总账管理系统期末业务处理			学　　时	12
2	对应结转	正确设置公式、转账生成			
3	销售成本结转	正确设置公式、转账生成			
4	售价（计划价）销售成本结转	正确设置公式、转账生成			
5	汇兑损益结转	正确设置公式、转账生成			
6	自定义比例转账	正确设置公式、转账生成			
7	费用分摊和预提	会设置公式并生成凭证			
8	对账、结账	核对凭证、账簿，结账			

检查评价	班　　级		第　　组	组长签字	
	教师签字		日　　期		
	评语：				

评　价　单

学习领域	会计信息化实务				
学习情境二	总账系统管理			学　　时	36
工作任务 5	总账管理系统期末业务处理			学　　时	12
评价类别	项　　目	子　项　目	个人评价	组内互评	教师评价
专业能力	资讯（10%）	搜集信息及引导问题回答			
	计划（5%）	计划可执行性和安排合理性			
	实施（20%）	实施的完整性、合理性及可执行性			
	检查（10%）	全面准确和特殊情况处理			
	过程（5%）	安全合理、符合操作规范			
	结果（10%）	准确性、快速性			
社会能力	团结协作（10%）	合作情况及对小组贡献度			
	敬业精神（10%）	吃苦耐劳及遵守纪律			
方法能力	计划能力（10%）	计划条理性			
	决策能力（10%）	方案正确性			

续表

<table>
<tr><td>学习领域</td><td colspan="8">会计信息化实务</td></tr>
<tr><td>学习情境二</td><td colspan="4">总账系统管理</td><td colspan="2">学　　时</td><td colspan="2">36</td></tr>
<tr><td>工作任务 5</td><td colspan="4">总账管理系统期末业务处理</td><td colspan="2">学　　时</td><td colspan="2">12</td></tr>
<tr><td rowspan="3">评价评语</td><td>班　　级</td><td></td><td>姓　　名</td><td></td><td>学号</td><td></td><td>总　　评</td><td></td></tr>
<tr><td>教师签字</td><td></td><td>第　　组</td><td>组长签字</td><td colspan="2"></td><td>日　　期</td><td></td></tr>
<tr><td colspan="8">评语：</td></tr>
</table>

学习情境三

UFO 报表系统管理

学习目标

- 了解 UFO 报表系统的主要功能及操作流程，掌握 UFO 报表系统的基本概念；
- 掌握固定报表和变动报表格式设计、公式编辑及图表处理等基本应用；
- 理解报表管理功能，掌握报表模板的应用，编制不同会计报表；
- 具备编制自定义会计报表的能力；
- 具备报表公式编辑和图表分析的能力；
- 具备利用报表模板编制资产负债表、利润表和现金流量表的能力。

工作任务

- 自定义报表；
- 利用报表模板生成报表。

学习情境描述

通过对用友 ERP-U8V10.1 的报表管理系统的功能与报表的概念的学习，掌握 UFO 报表的功能构成与基本内容。为了编制、使用和管理会计报表，用户还必须在创建的报表文件中设计报表的基本格式，它是录入和处理报表数据的依据和基础。在报表管理系统中，每一报表只能有一张表样，但可以反复使用。在 UFO 报表中，由于各种报表之间存在着密切的数据间的逻辑关系，所以报表中各种数据采集、运算的钩稽关系的检测就用到了不同的公式。掌握不同报表公式的定义，可以方便迅速地提取数据，生成财务报表。

任务 6　自定义报表

任　务　单

<table>
<tr><td>学习领域</td><td colspan="4">会计信息化实务</td></tr>
<tr><td>学习情境三</td><td colspan="2">UFO 报表系统管理</td><td>学　时</td><td>12</td></tr>
<tr><td>工作任务 6</td><td colspan="2">自定义报表</td><td>学　时</td><td>6</td></tr>
<tr><td colspan="5">布置任务</td></tr>
<tr><td>工作目标</td><td colspan="4">1. 了解报表管理系统的种类、特点和功能；
2. 了解报表格式设计和公式设置的方法，能够编制会计报表；
3. 掌握报表单元公式的用法；
4. 能够进行报表数据的处理；
5. 能够编制自定义会计报表。</td></tr>
<tr><td>任务描述</td><td colspan="4">本任务要求了解 UFO 报表系统的操作流程及主要功能，掌握 UFO 报表系统的基本要素。根据不同报表的格式定义要求不同，通过报表尺寸、组合单元、表格画线、文字编辑、设置关键字等格式设计的操作方法，完成固定报表格式设计任务。</td></tr>
<tr><td>学时安排</td><td>资讯 1 学时</td><td>计划与决策 1 学时</td><td>实施 3 学时</td><td>检查与评价 1 学时</td></tr>
<tr><td>提供资料</td><td colspan="4">1. 会计电算化管理办法；
2. 会计核算软件基本功能规范；
3. 会计电算化工作规范；
4. 会计基础工作规范；
5. 会计档案管理办法；
6.《新编用友 ERP 财务管理系统实验教程》，王新玲主编，清华大学出版社，2009；
7.《电算会计项目化教程》，张冬梅主编，电子工业出版社，2012；
8.《会计信息化实务》，徐亚文主编，武汉大学出版社，2011；
9.《会计电算化实务》，王曦东主编，北京邮电大学出版社，2013。</td></tr>
<tr><td>对学生的要求</td><td colspan="4">1. 会创建和打开报表；
2. 会设计合适的报表格式；
3. 会编辑报表内容；
4. 会编辑报表公式；
5. 会计档案管理办法；
6. 学生必须具有团队合作的精神，以小组的形式完成工作任务；
7. 严格遵守课堂纪律和工作纪律，不迟到，不早退，不旷课；
8. 学生应树立职业意识，按照企业的岗位职责要求自己。</td></tr>
</table>

资讯单

学习领域	会计信息化实务		
学习情境三	UFO 报表系统管理	学　时	12
工作任务 6	自定义报表	学　时	6
资讯方式	在图书馆、专业期刊、互联网及信息单上查询问题；咨询任课教师。		
资讯问题	1. 如何定义报表尺寸？ 2. 如何定义报表的行高和列宽？ 3. 如何对报表进行区域画线？ 4. 如何定义组合单元？ 5. 如何输入报表内容和设置单元属性？ 6. 如何定义关键字？ 7. 如何设置、检验单元公式？ 8. 如何生成并保存报表？		
资讯引导	问题的解答可以在下面的资料中查找： 1.《新编用友 ERP 财务管理系统实验教程》，王新玲主编，清华大学出版社，2009，81-106 页； 2.《电算会计项目化教程》，张冬梅主编，电子工业出版社，2012，80-107 页； 3.《会计信息化实务》，徐亚文主编，武汉大学出版社，2011，79-105 页； 4.《会计电算化实务》，王曦东主编，北京邮电大学出版社，2013，82-110 页； 5.《会计信息系统应用》，孙莲香主编，清华大学出版社，2010，76-108 页； 6. 哈尔滨职业技术学院会计信息化实务教学资源库。		

信息单

【任务导入】

6.1 表样内容

哈尔滨冰城科技有限责任公司 2014 年 1 月份利润表的格式如表 6-1 所示。

表 6-1　利润表

编制单位：　　　　　　　　　　　　　**年　　月**

项　　目	行　　数	本 月 数	本年累计数
一、主营业务收入	1		
减：主营业务成本	2		
营业税费	3		
销售费用	4		
管理费用	5		
财务费用（收益以“－”号填列）	6		
资产减值损失	7		
加：公允价值变动净收益（净损失以“－”号填列）	8		
投资净收益（净损失以“－”号填列）	9		
其中对联营企业与合营企业的投资收益	10		
二、营业利润（亏损以“－”号填列）	11		

续表

项　　目	行　数	本月数	本年累计数
加：营业外收入	12		
减：营业外支出	13		
其中：非流动资产处置净损失（净收益以“－”号填列）	14		
三、利润总额（亏损总额以“－”号填列）	15		
减：所得税	16		
四、净利润（净亏损以“－”号填列）	17		
五、每股收益	18		
基本每股收益	19		
稀释每股收益	20		

6.2 报表中的计算公式

报表中的计算公式如表 6-2 所示。

表 6-2 报表中的计算公式

位　置	单元公式	位　置	单元公式
C5	Fs（“6001”，月，“贷”…）	D5	LFS（“6001”，月，“贷”…）
C6	Fs（“6401”，月，“借”…）	D6	LFS（“6401”，月，“借”…）
C7	Fs（“6403”，月，“借”…）	D7	LFS（“6403”，月，“借”…）
C8	Fs（“6601”，月，“借”…）	D8	LFS（“6601”，月，“借”…）
C9	Fs（“6602”，月，“借”…）	D9	LFS（“6602”，月，“借”…）
C10	Fs（“6603”，月，“借”…）	D10	LFS（“6603”，月，“借”…）
C11	Fs（“6701”，月，“借”…）	D11	LFS（“6701”，月，“借”…）
C12	Fs（“6101”，月，“贷”…）	D12	LFS（“6101”，月，“贷”…）
C13	Fs（“6111”，月，“贷”…）	D13	LFS（“6111”，月，“贷”…）
C14		D14	
C15	C5-C6-C7-C8-C9-C10-C11 ＋ C12 ＋ C13	D15	D5-D6-D7-D8-D9-D10-D11 ＋ D12 ＋ D13
C16	Fs（“6301”，月，“贷”…）	D16	LFS（“6301”，月，“贷”…）
C17	Fs（“6711”，月，“借”…）	D17	LFS（“6711”，月，“借”…）
C18		D18	
C19	C15 ＋ C16 ＋ C17	D19	D15 ＋ D16 － D17
C20	Fs（“6101”，月，“借”…）	D20	LFS（“6101”，月，“借”…）
C21	C19-C20	D21	D19-D20

【任务要求】

（1）设计利润表的格式。

（2）按新会计制度设计利润表的计算公式。

（3）保存报表格式至“我的文档”中的“自制利润表”。

（4）生成自制利润表的数据。

（5）将已生成数据的自制利润表另存为“1 月份利润表”。

【相关知识】

6.1 功能结构

用友 UFO 报表系统是报表处理的工具，利用 UFO 报表系统既可编制对外报表，又可编制各种内部报表。它的主要功能包括以下几个：

6.1.1 提供各行业报表模板的功能

系统提供了 27 个行业单位的标准财务报表模板。

6.1.2 文件管理功能

系统提供了创建报表新文件、打开已有的报表文件、保存文件、备份文件的功能，还能够进行不同格式文件的转换。

6.1.3 格式管理功能

系统提供了丰富的格式设计功能。

6.1.4 数据处理功能

系统以固定的格式管理大量不同的表页，能将多达 99 999 张具有格式相同的报表统一在一个报表文件中管理，每张表页之间建立了有机的联系，每张表页的行列容量多达 9 999 行 ×255 列，还提供了种类丰富的函数，可方便快捷地定义报表公式。

6.1.5 图表功能

系统提供了很强的图形分析功能，能够制作包括直方图、立体图、圆饼图、折线图等 10 种图式的分析图形。

6.1.6 打印功能

实现了“所见即所得”的功能，报表、图形以及插入对象都可以打印输出，也可以通过“打印预览”功能提前观看报表或图形的打印效果。

6.1.7 二次开发功能

系统能够自动记录命令窗中输入的多个命令，并且提供批命令和自定义菜单，可将有规律性的操作过程编织成批命令文件。

上述七项功能中，提供各行业报表模板、格式管理、数据处理、打印这四项是日常报表管理工作要用到的最主要功能。还可以将报表结果另存为 Excel，使用 Excel 功能对数据进行加工处理。

6.2 报表系统中的基本概念

6.2.1 报表结构

按照报表结构的复杂性，将报表分为简单表和复合表。简单表就是由若干行和列组成规则的二维表，如资产负债表、利润表、现金流量表都是简单表；复合表就是由若干张简单表组合而成的某种组合。

简单表的格式一般都由标题、表头、表体和表尾组成。

（1）标题：用来表示报表的名称。

（2）表头：用来描述报表的编制单位名称、编制日期、编制计量单位、报表栏目名称等。报表栏目名称，是表头中最重要内容。

（3）表体：是一张报表的核心，它是报表数据的主要表现区域，是报表的主体，由表行和表列组成。

（4）表尾：表体以下的辅助说明部分。

6.2.2 单元、单元属性、单元风格

单元是报表中由行和列确定的方格，是组成报表的最小单位，由列、行表示。如C2表是第二行C列对应的单元。

单元属性是指单元类型、数字格式、边框的样式。单元类型有数值型、字符型、表样型。

单元风格是指单元内容的字体、字号、字形、对齐方式、颜色图案等。

6.2.3 报表和报表文件

报表，也叫表页，一张表页是由若干行和列组成的一个二维表（〈列〉〈行〉）。表示某表页某单元格的格式为：列行@页，如第2页中的C2单元的表示方法为：C2@2。

报表文件是存储数据的基本单位，是以rep为后缀的一个文件，如：zcfzb.rep，是一个三维表（〈表页号〉、〈列〉、〈行〉）。表示某文件某表页某单元格的格式为："路径+文件名"-〉列行@页，如d：\zcfzb.rep文件第2页C2单元格表示方法为："d：\zcfzb.rep"-〉C2@2。

6.2.4 固定区和可变区

固定区是指组成一个区域的行数和列数是固定的。一旦设定好以后，在固定区内单元总数是不变的。

可变区是指一个区域的行数或列数是不固定的。可变区的最大值在格式设计中设定。许多情况下，报表内的记录数是不固定的，不能确定表的大小。比如，一个图书馆的藏书目录，如果每次买进新书都要修改整个表的大小，会很麻烦，这时就可以在

报表中设置一个可变区来解决这个问题。

含有可变区的报表叫可变表，不含有可变区的表叫固定表，一个报表只能设置一个可变区，行可变，或列可变，可变区在格式状态下只显示一行或一列，在数据状态下，可变区随需要增减。

6.2.5 区域和关键字

区域也叫块，是由一组相邻的单元组成的矩形块。在描述一个区域时，开始区域（左上角单元）与结束单元（右下角单元）用冒号连接，如 A3：F7 表示 A3 到 F7 的一个矩形。

关键字是游离于单元之外的特殊数据单元，可唯一标识一个表页，用于大量表页中快速选择表页，决定了表页取数范围，每个表页中可定义多个关键字，关键字一般包括：单位名称、单位编号、年、季、月、日，也可以自定义，在取数公式中会使用关键字。

6.2.6 格式状态和数据状态

格式状态是设计报表格式的状态，可以定义公式，在该状态下的操作对该报表文件的所有表页都有效，在该状态下只能看到报表格式而不能看到报表的数据。

数据状态是处理报表数据的状态，用来显示报表运算的结果，在该状态下不能修改报表格式，能看到格式和数据，即报表的所有内容。

6.3 操作流程

报表的操作一般按以下流程进行：① 启动报表系统。② 创建报表文件。③ 报表格式定义，包括设置表尺寸，画表格线，设置组合单元，输入表样文字，设置关键字（位置），定义单元公式。④ 报表数据处理，包括打开报表，增加表页，录入关键字（值），编制报表，审核报表。⑤ 报表输出。⑥ 报表分析。

报表操作关键部分是报表格式定义，系统提供常用的报表模板，可以自动生成报表格式。报表格式定义中最关键的是报表取数公式，可以从总账、固定资产、供应链等多个系统进行取数。

【任务实施】

6.1 设置表尺寸

操作步骤

（1）在企业应用平台“业务工作”选项卡中，执行“财务会计” | “UFO 报表”命令，进入 UFO 报表系统。

（2）执行“文件” | “新建”命令，进入报表“格式”状态窗口。

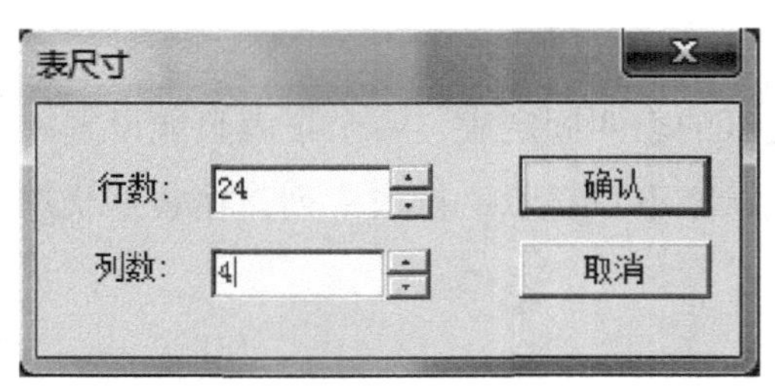

图 6-1　表尺寸设置

（3）执行“格式” | “表尺寸”命令，打开“表尺寸”对话框。

（4）录入行数“24”，列数“4”，如图 6-1 所示。

（5）单击“确认”按钮，出现 24 行 4 列的表格。

提示

- UFO 建立的是一个报表簿，可以容纳多张报表。
- 再单击“新建”后，系统自动生成一张空白表。
- 设置报表尺寸是指设置报表的大小。设置前应根据所定义的报表大小计算该表所需要的行数及列数，然后再设置。报表行数应包括报表表头、表体和表尾。

6.2　定义行高和列宽

操作步骤

（1）单击选中 A1 单元，执行“格式” | “行高”命令，打开“行高”对话框。

（2）录入 A1 单元所在行的行高“12”，如图 6-2 所示。

（3）单击“确认”按钮。

（4）单击选中 A4 单元后拖动鼠标到 D24 单元，实行“格式” | “行高”命令，打开“行高”对话框。

（5）录入 A4：D24 区域的行高“6”如图 6-3 所示。

（6）单击“确认”按钮。

（7）单击选中 A1 单元，执行“格式”|“列宽”命令，打开“列宽”对话框。

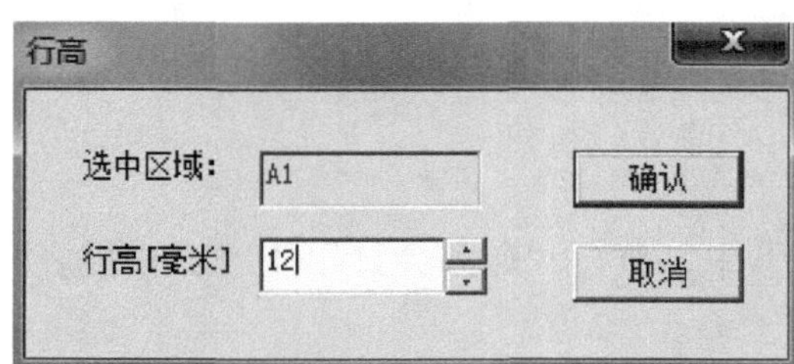

图 6-2　设置行高

图 6-3　录入行高数据

（8）录入A1单元所在列的列宽为“50”，如图6-4所示。

（9）同理，设置B1单元所在列的列宽为“10”；设置C列和D列列宽为32。

（10）单击“确认”按钮。

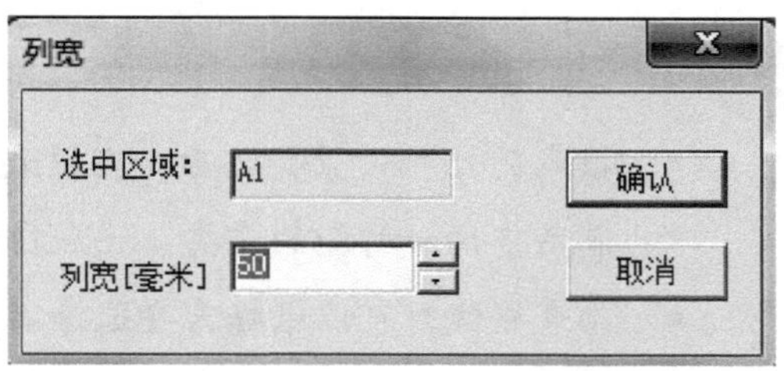

图6-4　录入列宽数据

提示

- 设置列宽应以能够放下本栏最宽数据为原则，否则生成报表时会产生数据溢出的错误。
- 在设置了行高及列宽后，如果觉得不合适，可以直接用鼠标拖动行线和列线改变行高及列宽。

6.3　画表格线

操作步骤

（1）单击选中A4单元后拖动鼠标到D24单元，执行“格式”|“区域画线”命令，打开“区域画线”对话框，如图6-5所示。

（2）单击“确认”按钮。

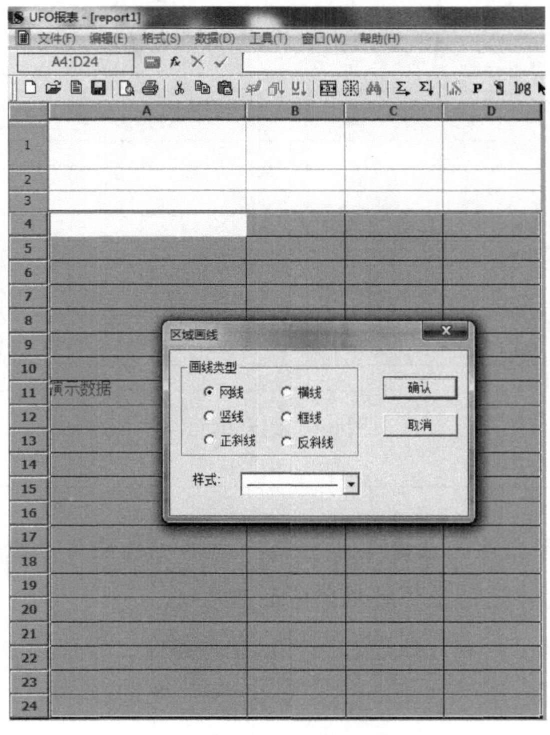

图6-5　区域画线

提示

- 报表的尺寸设置完之后，在报表输出时，该报表是没有任何表格线的，为了满足查询和打印的需要，还应在适当的位置上画表格线。
- 画表格线时可以根据需要选择不同的画线类型及格式。

6.4 定义组合单元

操作步骤

（1）单击选中 A1 单元后拖动鼠标到 D1 单元，执行“格式”｜“组合单元”命令，打开“组合单元”对话框，如图 6-6 所示。

（2）单击“按行组合”按钮，将 1 行组合为一个单元。

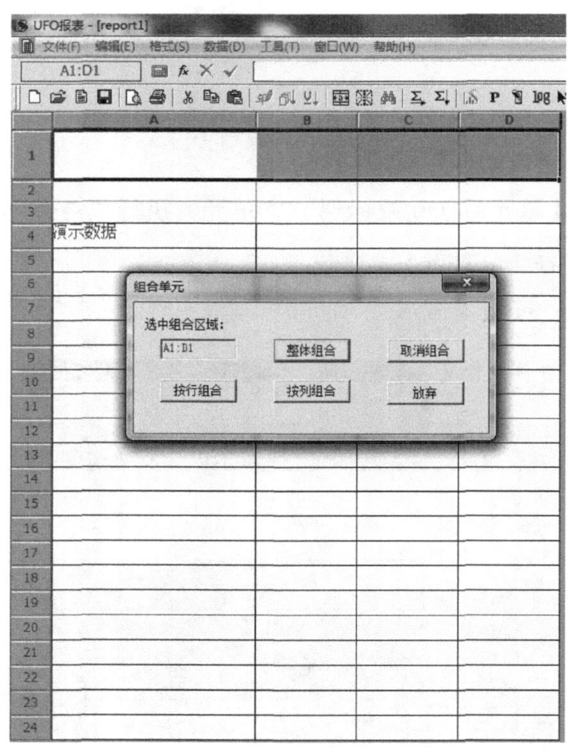

图 6-6　组合单元

提示

- 组合单元实际上是把几个单元当成一个单元来使用，组合单元是一个大单元，所有针对单元的操作对组合单元都无效。
- 组合单元时既可以按行组合，也可以整体组合，即使选中的单元合并为一个整体。

6.5 输入项目内容

操作步骤

根据所给资料直接在对应单元中输入所有项目内容，如图 6-7 所示。

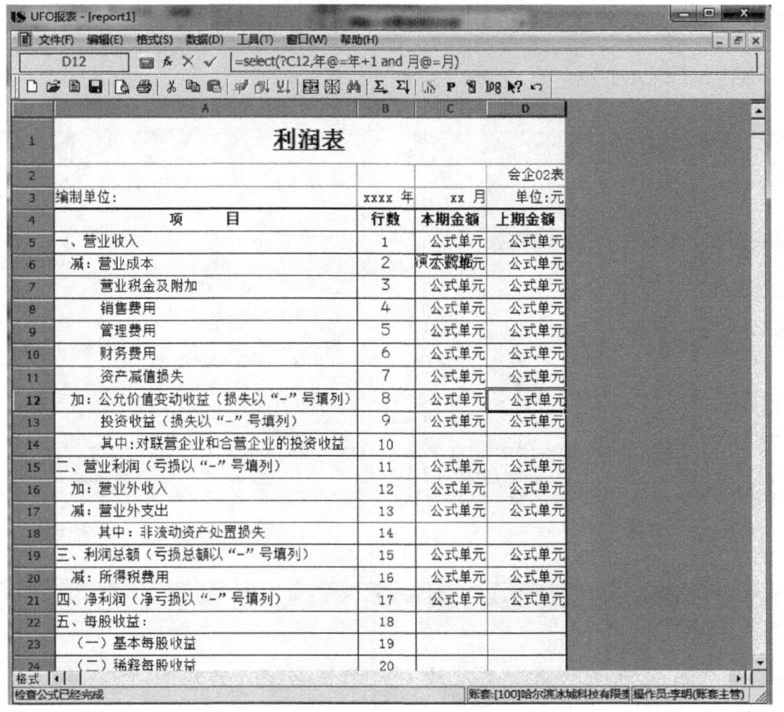

利润表			
			会企02表
编制单位:	xxxx 年	xx 月	单位:元
项　　目	行数	本期金额	上期金额
一、营业收入	1	公式单元	公式单元
减：营业成本	2	演示数据	公式单元
营业税金及附加	3	公式单元	公式单元
销售费用	4	公式单元	公式单元
管理费用	5	公式单元	公式单元
财务费用	6	公式单元	公式单元
资产减值损失	7	公式单元	公式单元
加：公允价值变动收益（损失以"-"号填列）	8	公式单元	公式单元
投资收益（损失以"-"号填列）	9	公式单元	公式单元
其中：对联营企业和合营企业的投资收益	10		
二、营业利润（亏损以"-"号填列）	11	公式单元	公式单元
加：营业外收入	12	公式单元	公式单元
减：营业外支出	13	公式单元	公式单元
其中：非流动资产处置损失	14		
三、利润总额（亏损总额以"-"号填列）	15	公式单元	公式单元
减：所得税费用	16	公式单元	公式单元
四、净利润（净亏损以"-"号填列）	17	公式单元	公式单元
五、每股收益：	18		
（一）基本每股收益	19		
（二）稀释每股收益	20		

图 6-7　输入项目内容

提示

- 在录入报表项目时，单位名称及日期不需手工录入，UFO 报表一般将其设置为关键字。用设置关键字的方法设置。

6.6 设置单元属性

操作步骤

（1）单击选中 A1 单元，执行"格式"|"单元属性"命令，打开"单元格属性"对话框，如图 6-8 所示。

（2）单击"字体图案"选项卡，单击字体栏的下三角按钮，选择"楷体"，单击字号栏的下三角按钮，选择"28"，如图 6-9 所示。

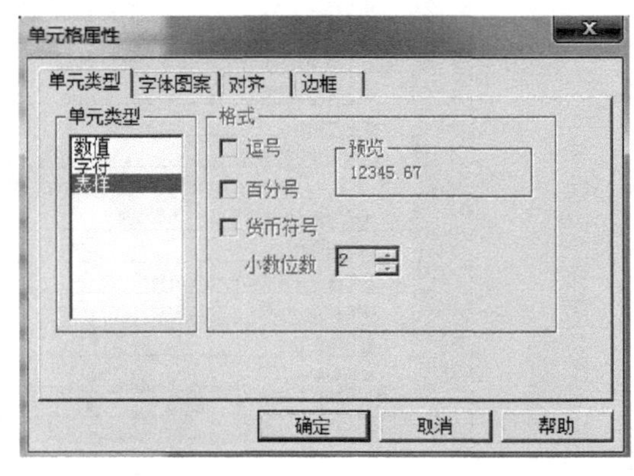

图 6-8　单元格属性

（3）单击“对齐”选项卡，选择水平方向“居中”及垂直方向“居中”，如图 6-10 所示，单击“确定”按钮。

（4）单击选中 A4 单元后拖动鼠标到 D4 单元，同理，将该区域设置为“黑体”、“14”号字。选择水平方向“居中”及垂直方向“居中”。

（5）以此方法来设置 A5：D24 区域的字体为“宋体”，字号为“14”。单击“确定”按钮，如图 6-11 所示。

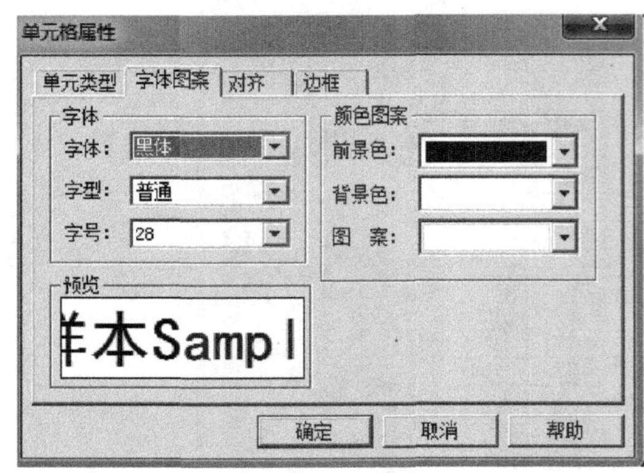

图 6-9　字体图案

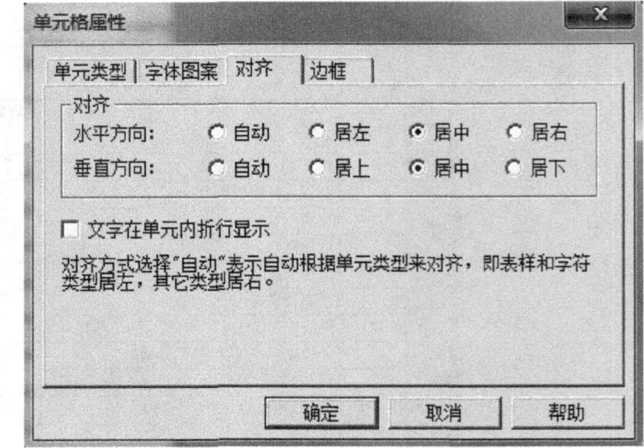

图 6-10　对齐设置

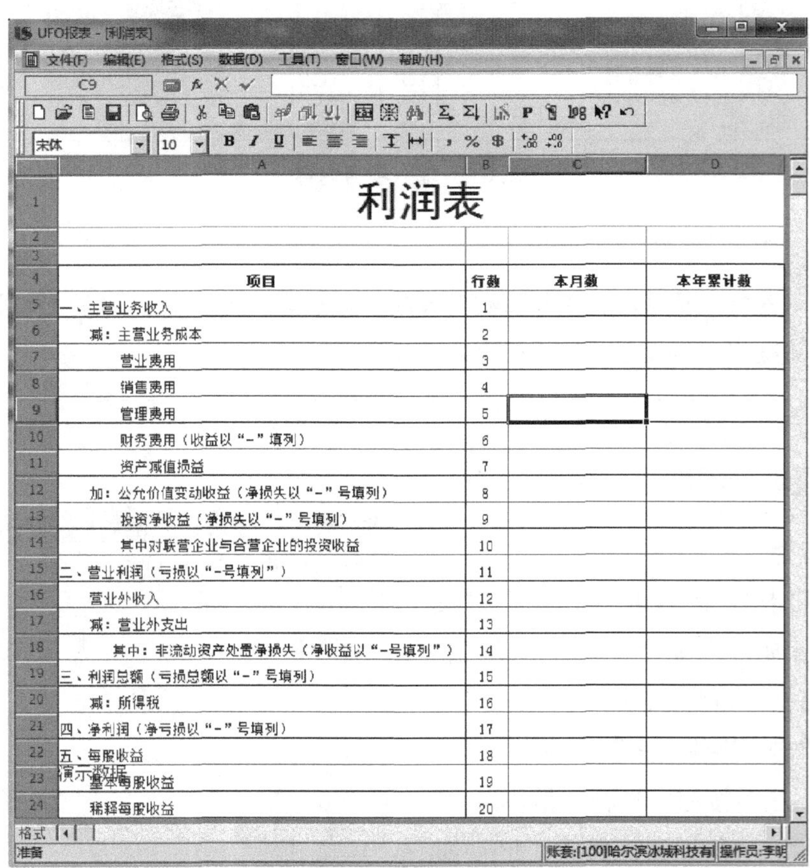

利润表

项目	行数	本月数	本年累计数
一、主营业务收入	1		
减：主营业务成本	2		
营业费用	3		
销售费用	4		
管理费用	5		
财务费用（收益以“－”填列）	6		
资产减值损益	7		
加：公允价值变动收益（净损失以“－”号填列）	8		
投资净收益（净损失以“－”号填列）	9		
其中对联营企业与合营企业的投资收益	10		
二、营业利润（亏损以“－号填列”）	11		
营业外收入	12		
减：营业外支出	13		
其中：非流动资产处置净损失（净收益以“－号填列”）	14		
三、利润总额（亏损总额以“－”号填列）	15		
减：所得税	16		
四、净利润（净亏损以“－”号填列）	17		
五、每股收益	18		
基本每股收益	19		
稀释每股收益	20		

图 6-11　设置利润表格式

提示

- 在设置单元属性时可以分别设置单元类型、字体图案、对齐方式及边框样式。
- 新建的报表，所有单元的单元类型均默认为数值型。
- 格式状态下输入的内容均默认为表样单元。
- 字符单元和数值单元只对本表页有效，表样单元输入后对所有的表页有效。

6.7 定义关键字

操作步骤

（1）单击 A3 单元，执行“数据”|“关键字”|“设置”命令，打开“设置关键字”对话框，如图 6-12 所示。

（2）单击“确定”按钮，A3 中显示红色的“单位名称：XXXXXXXX”，意即关键字的意思。

（3）同理，在 B3 单元中设置关键字“年”；在 C3 单元中设置关键字“月”，如图 6-13 所示。

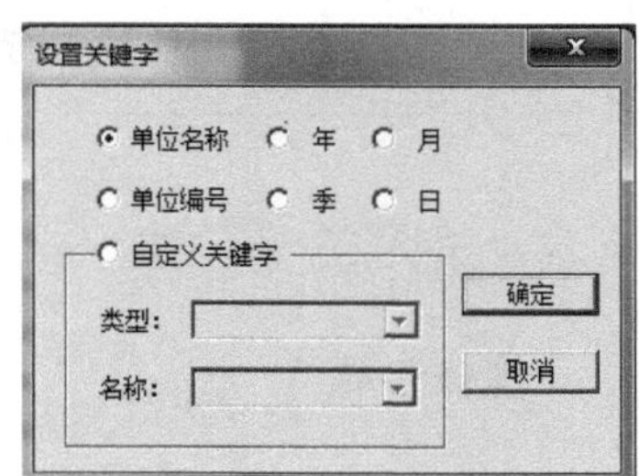

图 6-12 设置关键字 1

UFO报表 - [report1]

文件(F) 编辑(E) 格式(S) 数据(D) 工具(T) 窗口(W) 帮助(H)

D9

	A	B	C	D
1	利润表			
2				
3	单位名称：xxxxxxxxxxxxxxxxxxxxxxxxxxxxxx xxxx 年		xx 月	
4	项目	行数	本月数	本年累计数
5	一、主营业务收入	1		
6	减：主营业务成本	2		
7	营业税费	3		
8	销售费用	4		
9	管理费用	5		
10	财务费用（收益以“-”号填列）	6	演示数据	
11	资产减值损失	7		
12	加：公允价值变动净收益（净损失以“-”号填列）	8		
13	投资净收益（净损失以“-”号填列）	9		
14	其中对联营企业与合营企业的投资收益	10		
15	二、营业利润（亏损以“-”号填列）	11		
16	加：营业外收入	12		
17	减：营业外支出	13		
18	其中：非流动资产处置净损失（净收益以“-”号填列）	14		
19	三、利润总额（净亏损以“-”号填列）	15		
20	减：所得税	16		
21	四、净利润（净亏损以“-”号填列）	17		
22	五、每股收益	18		
23	基本每股收益	19		
24	稀释每股收益	20		
25				

图 6-13 设置关键字 2

提示

- 定义关键字主要包括设置关键字和调整关键字在表页上的位置。
- 关键字主要有6种，即单位名称、单位编号、年、季、月、日，另外还包括一个自定义关键字。可以根据实际需要任意设置相应的关键字。
- 一个关键字在一个表中只能定义一次，即同一个表中不能有重复的关键字。
- 关键字在格式状态下设置，如果设置错误可以取消。
- 关键字的值在数据状态下录入。
- 同一个单元或组合单元的关键字自定义完以后，可能会重叠在一起，如果造成重叠，可以在设置关键字时输入关键字的相对偏移量。偏移量为负数时表示向左移，正数表示向右移。

6.8 录入单元公式

操作步骤

（1）单击C5单元，执行“数据”|“编辑公式”|“单元公式”命令，打开“定义公式”对话框。

（2）单击“函数向导”，打开“函数向导”对话框，在函数分类列表中选择“用友账务函数”；在函数名列表中选择“发生［FS］”。

（3）单击“下一步”按钮，打开“用友账务函数”对话框。单击参照按钮，打开“账务函数”对话框。

（4）选择科目“6001”，方向“贷”，单击“确定”返回，如图6-14所示。

（5）单击“确认”按钮。

（6）同理，继续录入其他单元的计算公式，如图6-15所示。

图6-14　定义公式

项　　目	行数	本期金额	上期金额
利润表			
			会企02表
编制单位:	xxxx 年	xx 月	单位:元
一、营业收入	1	公式单元	公式单元
减：营业成本	2	公式单元	公式单元
营业税金及附加	3	公式单元	公式单元
销售费用	4	公式单元	公式单元
管理费用	5	公式单元	公式单元
财务费用	6	公式单元	公式单元
资产减值损失	7	公式单元	公式单元
加：公允价值变动收益（损失以“-”号填列）	8	公式单元	公式单元
投资收益（损失以“-”号填列）	9	公式单元	公式单元
其中：对联营企业和合营企业的投资收益	10		
二、营业利润（亏损以“-”号填列）	11	公式单元	公式单元
加：营业外收入	12	公式单元	公式单元
减：营业外支出	13	公式单元	公式单元
其中：非流动资产处置损失	14		
三、利润总额（亏损总额以“-”号填列）	15	公式单元	公式单元
减：所得税费用	16	公式单元	公式单元
四、净利润（净亏损以“-”号填列）	17	公式单元	公式单元
五、每股收益：	18		
（一）基本每股收益	19		
（二）稀释每股收益	20		

图6-15　录入单元计算公式

提示

- 单元公式是指为报表数据单元进行赋值的公式，单元公式的作用是从账簿凭证本表或其他报表等处调用运算所需的数据，并输入到相应的报表单元中。它既可以将数据单元赋值为数值，也可以赋值为字符。
- 必须在英文状态下录入计算公式。
- 计算公式可以直接录入，也可以利用函数向导参照函数。
- 所录入的公式必须符合公式的模式，否则会被系统判定为公式错误。

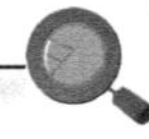

6.9 将报表格式在我的文档中保存为“自制利润表”

操作步骤

（1）执行“文件”|“保存”命令，选择保存文件“D：\100账套备份”修改文件名为“自制利润表”，如图6-16所示。

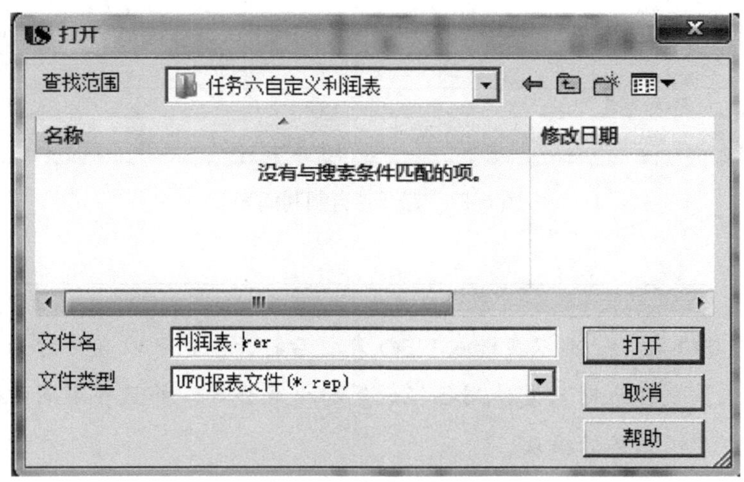

图6-16 生成“自制利润表”文件

（2）单击“另存为”按钮。

下面，进行报表数据处理。

6.10 打开自制利润表

操作步骤

（1）在UFO报表系统中，执行“文件”|“打开”命令，打开“D：\100账套备份”中的“自制利润表”报表文件。

（2）自制利润表打开后，自动进入数据处理状态，屏幕左下角按钮显示为“数据”，如图6-17所示。

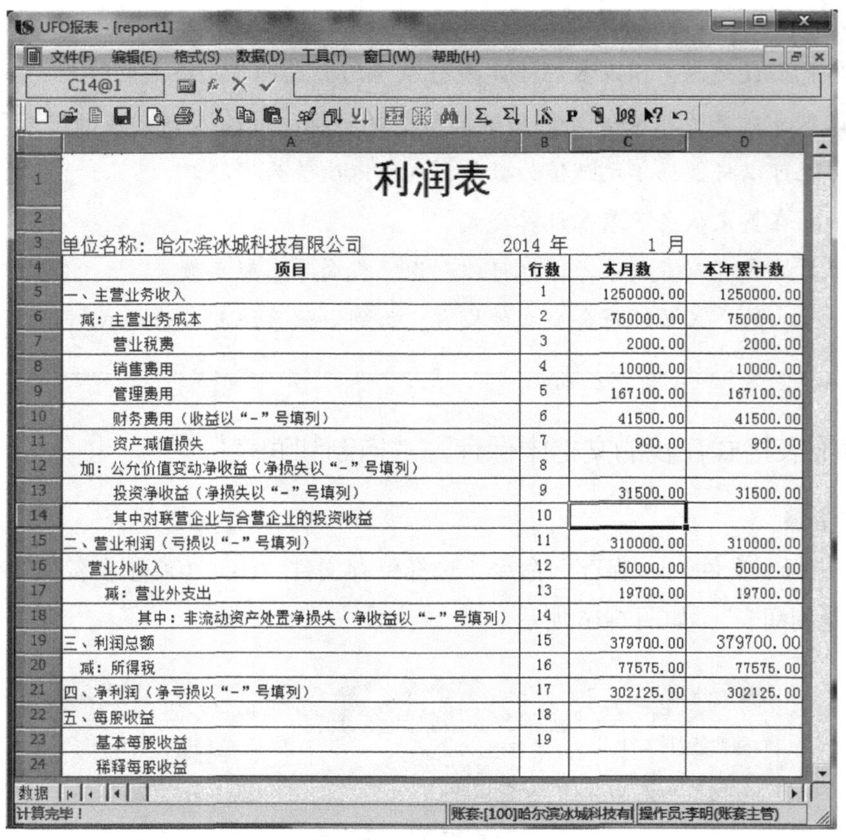

利润表

单位名称：哈尔滨冰城科技有限公司　　2014 年　　1 月

项目	行数	本月数	本年累计数
一、主营业务收入	1	1250000.00	1250000.00
减：主营业务成本	2	750000.00	750000.00
营业税费	3	2000.00	2000.00
销售费用	4	10000.00	10000.00
管理费用	5	167100.00	167100.00
财务费用（收益以"-"号填列）	6	41500.00	41500.00
资产减值损失	7	900.00	900.00
加：公允价值变动净收益（净损失以"-"号填列）	8		
投资净收益（净损失以"-"号填列）	9	31500.00	31500.00
其中对联营企业与合营企业的投资收益	10		
二、营业利润（亏损以"-"号填列）	11	310000.00	310000.00
营业外收入	12	50000.00	50000.00
减：营业外支出	13	19700.00	19700.00
其中：非流动资产处置净损失（净收益以"-"号填列）	14		
三、利润总额	15	379700.00	379700.00
减：所得税	16	77575.00	77575.00
四、净利润（净亏损以"-"号填列）	17	302125.00	302125.00
五、每股收益	18		
基本每股收益	19		
稀释每股收益			

图 6-17　打开"自制利润表"

提示

- 打开 UFO 表，既可以在进入 UFO 表之后打开，也可以直接打开。
- 可以在编制报表时反复使用已经设置的报表公式，并且在不同的会计期间可以生成不同结果的报表。
- 在报表的数据状态下可以插入表页或追加页。

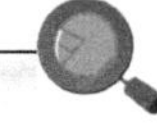

6.11　录入关键字并计算报表数据

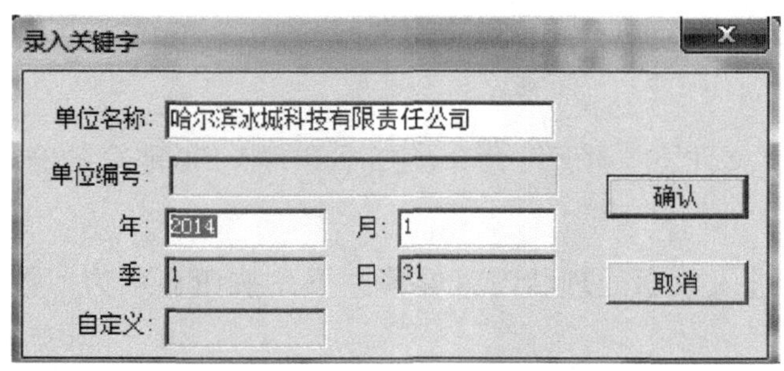

图 6-18　录入关键字

操作步骤

（1）执行"数据"|"关键字""录入"命令，打开"录入关键字"对话框。

（2）录入单位名称"哈尔滨冰城科技有限责任公司"，年"2014"，月"1"，如图 6-18 所示。

（3）单击“确认”按钮。系统显示“是否重算第一页？”单击“是”按钮，系统自动计算报表数据，显示计算结果，如图 6-19 所示。

UFO报表 - [利润表]

文件(F) 编辑(E) 格式(S) 数据(D) 工具(T) 窗口(W) 帮助(H)

A7@1 营业税费

利润表

会企02表

单位名称：哈尔滨冰城科技有限责任公司	2014 年	1 月	单位：元
项目	行数	本月数	本年累计数
一、主营业务收入	1	1250000.00	1250000.00
减：主营业务成本	2	750000.00	750000.00
营业税费	3		
销售费用	4	20000.00	20000.00
管理费用	5	159100.00	159100.00
财务费用（收益以“-”填列）	6	41500.00	41500.00
资产减值损益	7	900.00	900.00
加：公允价值变动收益（净损失以“-”号填列）	8		
投资净收益（净损失以“-”号填列）	9	31500.00	31500.00
其中对联营企业与合营企业的投资收益	10		
二、营业利润（亏损以“-号填列”）	11	310000.00	310000.00
营业外收入	12	50000.00	50000.00
减：营业外支出	13	19700.00	19700.00
其中：非流动资产处置净损失（净收益以“-号填列”）	14		
三、利润总额（亏损总额以“-”号填列）	15	340300.00	340300.00
减：所得税	16	77575.00	77575.00
四、净利润（净亏损以“-”号填列）	17	262725.00	262725.00
五、每股收益	18		
基本每股收益	19		
稀释每股收益	20		

演示数据

计算完毕！ 账套:[100]哈尔滨冰城科技有 操作员:李明

图 6-19 计算报表数据

提示

- 在编制报表时可以选择整表计算或表页计算，整表计算是将该表的所有表页全部进行计算，表页计算仅是将该表页的数据进行计算。

6.12 将已生成数据的利润表另存为“1 月份利润表”

操作步骤

（1）执行“文件”|“另存为”命令，打开“另存为”对话框，录入文件名“1 月份利润表”。

（2）单击“另存为”按钮。

计 划 单

学习领域	会计信息化实务				
学习情境三	UFO 报表系统管理			学　时	12
工作任务 6	自定义报表			学　时	6
计划方式	小组讨论、团结协作共同制订计划				
序　号	实施步骤				使用资源
制订计划说明					
计划评价	班　级		第　组	组长签字	
	教师签字			日　期	
	评语：				

决 策 单

学习领域	会计信息化实务				
学习情境三	UFO 报表系统管理			学　时	12
工作任务 6	自定义报表			学　时	6
方案讨论					
方案对比	组　号	方案合理性	实施可操作性	安全性	综合评价
	1				
	2				
	3				
	4				
	5				
	6				
	7				
	8				
	9				
	10				

续表

学习领域	会计信息化实务					
学习情境三	UFO 报表系统管理			学　时	12	
工作任务 6	自定义报表			学　时	6	
方案评价	评语：					
班　级		组长签字		教师签字		月　日

实　施　单

学习领域	会计信息化实务		
学习情境三	UFO 报表系统管理	学　时	12
工作任务 6	自定义报表	学　时	6
实施方式	小组成员合作；动手实践		

序　号	实施步骤	使用资源
1		
2		
3		
4		
5		
6		
7		
8		
9		
10		

实施说明：

班　级		第　组	组长签字	
教师签字			日　期	
评　语				

检查单

学习领域	会计信息化实务				
学习情境三	UFO 报表系统管理			学　时	12
工作任务 6	自定义报表			学　时	6
序　号	检查项目	检查标准		学生自查	教师检查
1	绘制报表	按规定格式绘制			
2	报表属性	设计报表各项属性			
3	单元公式	正确录入单元公式			
4	报表	录入关键字，生成报表			
5	报表模板	利用自定义报表生成模板			
检查评价	班　级		第　组	组长签字	
	教师签字		日　期		
	评语：				

评价单

学习领域	会计信息化实务				
学习情境三	UFO 报表系统管理		学　时	12	
工作任务 6	自定义报表		学　时	6	
评价类别	项　目	子项目	个人评价	组内互评	教师评价
专业能力	资讯（10%）	搜集信息及引导问题回答			
	计划（5%）	计划可执行性和安排合理性			
	实施（20%）	实施的完整性、合理性及可执行性			
	检查（10%）	全面准确和特殊情况处理			
	过程（5%）	安全合理、符合操作规范			
	结果（10%）	准确性、快速性			
社会能力	团结协作（10%）	合作情况及对小组贡献度			
	敬业精神（10%）	吃苦耐劳及遵守纪律			
方法能力	计划能力（10%）	计划条理性			
	决策能力（10%）	方案正确性			

续表

<table>
<tr><td>学习领域</td><td colspan="8">会计信息化实务</td></tr>
<tr><td>学习情境三</td><td colspan="6">UFO 报表系统管理</td><td>学 时</td><td>12</td></tr>
<tr><td>工作任务 6</td><td colspan="6">自定义报表</td><td>学 时</td><td>6</td></tr>
<tr><td rowspan="3">评价评语</td><td>班 级</td><td></td><td>姓 名</td><td></td><td>学号</td><td></td><td>总 评</td><td></td></tr>
<tr><td>教师签字</td><td></td><td>第 组</td><td>组长签字</td><td colspan="2"></td><td>日 期</td><td></td></tr>
<tr><td colspan="8">评语：</td></tr>
</table>

任务7 利用模板生成报表

任 务 单

<table>
<tr><td>学习领域</td><td colspan="4">会计信息化实务</td></tr>
<tr><td>学习情境三</td><td colspan="2">UFO 报表系统管理</td><td>学 时</td><td>12</td></tr>
<tr><td>工作任务 7</td><td colspan="2">利用模板生成报表</td><td>学 时</td><td>6</td></tr>
<tr><td colspan="5">布置任务</td></tr>
<tr><td>工作目标</td><td colspan="4">1. 理解报表模板的使用；
2. 掌握报表模板的使用、修改以及报表生成的相关操作；
3. 能运用教学软件通过系统提供的模板生成报表。</td></tr>
<tr><td>任务描述</td><td colspan="4">本任务主要是通过 UFO 报表系统提供的不同行业的报表模板功能，从总账管理系统中取得有关的会计数据，自动编制资产负债表和利润表。重点掌握报表模板的应用。同时还要掌握表页管理，理解报表输出方式。</td></tr>
<tr><td>学时安排</td><td>资讯 1 学时</td><td>计划与决策 1 学时</td><td>实施 3 学时</td><td>检查与评价 1 学时</td></tr>
<tr><td>提供资料</td><td colspan="4">1. 会计电算化管理办法；
2. 会计核算软件基本功能规范；
3. 会计电算化工作规范；
4. 会计基础工作规范；
5. 会计档案管理办法；
6.《新编用友 ERP 财务管理系统实验教程》，王新玲主编，清华大学出版社，2009；
7.《电算会计项目化教程》，张冬梅主编，电子工业出版社，2012；
8.《会计信息化实务》，徐亚文主编，武汉大学出版社，2011；
9.《会计电算化实务》，王曦东主编，北京邮电大学出版社，2013。</td></tr>
<tr><td>对学生的要求</td><td colspan="4">1. 会利用不同方法调用报表模板；
2. 会对报表模板中有关公式进行审核；
3. 会运用模板生成会计报表，并存放到指定路径。</td></tr>
</table>

资讯单

学习领域	会计信息化实务		
学习情境三	UFO 报表系统管理	学　　时	12
工作任务 7	利用模板生成报表	学　　时	6
资讯方式	在图书馆、专业期刊、互联网及信息单上查询问题；咨询任课教师。		
资讯问题	1. 报表模板有哪些？ 2. 如何利用模板生成资产负债表？ 3. 如何利用模板生成利润表？ 4. 如何利用模板，通过编辑生成现金流量表？ 5. 如何将修改好的报表格式保存为自定义模板？ 6. 1 月份的资产负债表编制完成后，如何编制 2 月份的报表？ 7. 如何进行表页汇总？ 8. 如何在报表中根据报表数据显示图表？		
资讯引导	问题的解答可以在下面的资料中查找： 1.《新编用友 ERP 财务管理系统实验教程》，王新玲主编，清华大学出版社，2009，107-125 页； 2.《电算会计项目化教程》，张冬梅主编，电子工业出版社，2012，108-129 页； 3.《会计信息化实务》，徐亚文主编，武汉大学出版社，2011，105-134 页； 4.《会计电算化实务》，王曦东主编，北京邮电大学出版社，2013，110-123 页； 5.《会计信息系统应用》，孙莲香主编，清华大学出版社，2010，109-135 页； 6. 哈尔滨职业技术学院会计信息化实务教学资源库。		

信息单

【任务导入】

哈尔滨冰城科技有限责任公司 2014 年 1 月经济业务已经完成，所有的凭证已经审核记账。

【任务要求】

（1）编制 1 月份资产负债表。

（2）编制 1 月份现金流量表。

【相关知识】

用友 UFO 报表系统提供了标准报表格式，可以使用系统提供的标准报表格式，根据自己单位的具体情况加以修改，再保存至模板，免去从头到尾建立报表、定义公式的烦琐工作。

【任务实施】

7.1 调用资产负债表模板

利用系统内置的报表模板建立一张标准格式的报表。

操作步骤

（1）新建一张报表。执行菜单栏中的【文件】-【新建】命令，进入报表“格式”状态。

（2）调出报表模板。执行菜单栏中的【格式】-【报表模板】命令，打开“报表模板”对话框。

（3）选择所在企业的行业。在“报表模板”对话框中的“您所在的行业”栏选择“2007 年新会计制度科目”，再在“财务报表”栏中选择“资产负债表”，如图 7-1 所示。

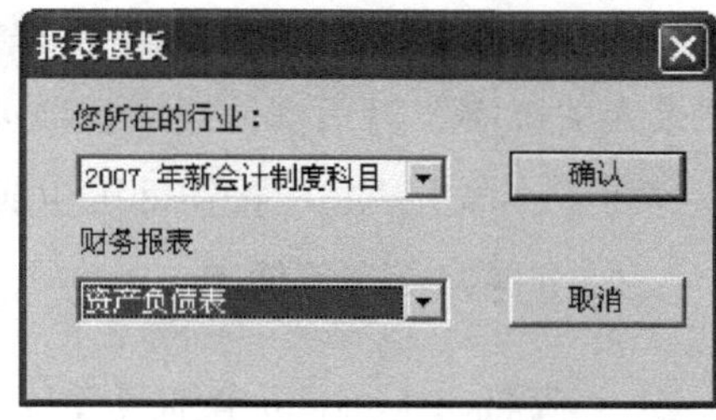

图 7-1 选择报表模板

（4）应用所选报表模板。单击“确认”按钮后，系统会弹出“模板格式将覆盖本表格式！是否继续？”然后单击“确定”按钮即可打开资产负债表模板，如图 7-2 所示。

UFO报表 - [report2]

	A	B	C	D	E	F
1	演示数据				资产负债表	
2						
3	编制单位：		xxxx 年	xx 月	xx 日	
4–5	资 产	行次	期末余额	年初余额	负债和所有者权益（或股东权益）	行次
6	流动资产：				流动负债：	
7	货币资金	1	公式单元	公式单元	短期借款	32
8	交易性金融资产	2	公式单元	公式单元	交易性金融负债	33
9	应收票据	3	公式单元	公式单元	应付票据	34
10	应收账款	4	公式单元	公式单元	应付账款	35
11	预付款项	5	公式单元	公式单元	预收款项	36
12	应收利息	6	公式单元	公式单元	应付职工薪酬	37
13	应收股利	7	公式单元	公式单元	应交税费	38
14	其他应收款	8	公式单元	公式单元	应付利息	39
15	存货	9	公式单元	公式单元	应付股利	40
16	一年内到期的非流动资产	10			其他应付款	41
17	其他流动资产	11			一年内到期的非流动负债	42
18	流动资产合计	12	公式单元	公式单元	其他流动负债	43
19	非流动资产：				流动负债合计	44
20	可供出售金融资产	13	公式单元	公式单元	非流动负债：	
21	持有至到期投资	14	公式单元	公式单元	长期借款	45
22	长期应收款	15	公式单元	公式单元	应付债券	46
23	长期股权投资	16	公式单元	公式单元	长期应付款	47
24	投资性房地产	17	公式单元	公式单元	专项应付款	48

格式

检查公式已经完成　账套:[100]哈尔滨冰城科技有　操作员:李明(账套主管)

图 7-2 资产负债表

7.2 编制 1 月份资产负债表

输入关键字的值，计算出指定月份的数据。

操作步骤

（1）删除单元格内容。在“格式”状态下，单击 A3 单元，删除“编制单位”。

（2）设置关键字。依旧在“格式”状态下，单击 A3 单元，执行菜单栏中的【数据】-【关键字】-【设置】选项，设置关键字为“单位名称”，单击“确定”按钮即可。

（3）切换到数据状态。在报表“格式”状态下，单击窗口左下角的“格式”按钮，系统提示“是否确定全表重算？”，单击“否”按钮，进入报表“数据”状态。

（4）录入关键字的值。单击菜单栏中的【数据】-【关键字】-【录入】命令，打开“录入关键字”对话框，录入各项关键字，单击“确认”按钮，系统提示“是否重算第一页？”，单击“是”按钮即可生成资产负债表。

（5）保存资产负债表。

7.3 编制 1 月份现金流量表

根据标准模板生成格式，然后修改格式，并计算结果。

操作步骤

（1）调用现金流量表模板。根据资产负债表的编制方式，调用模板生成现金流量表格样式。如图 7-3 所示。

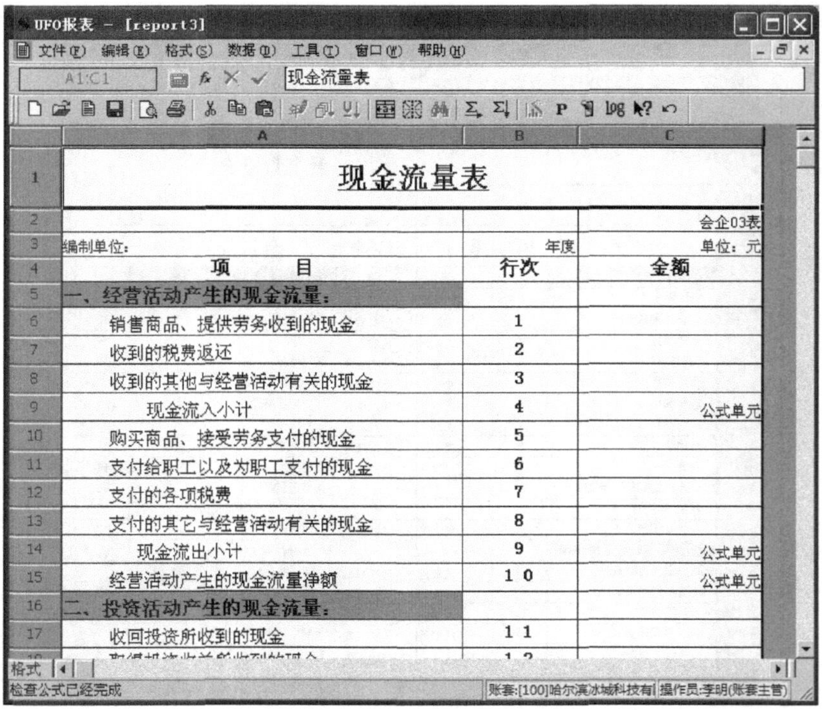

图 7-3 编制现金流量表

（2）打开“定义公式”对话框。选中 C6 单元格，单击菜单栏中的【数据】-【编辑公式】-【单元公式】，打开“定义公式”对话框。

（3）编辑单元格公式。单击“函数向导”，在“函数分类”中选择“用友账务函数”，“函数名”中选择“现金流量项目金额”，单击“下一步”按钮，在“用友账务函数”对话框中单击“参照”按钮，打开“账务函数”对话框，打开“现金流量项目编码”的参照窗口，在窗口中选择符合的“项目名称”后双击，依次单击“确定”按钮即可，如图 7-4 所示。

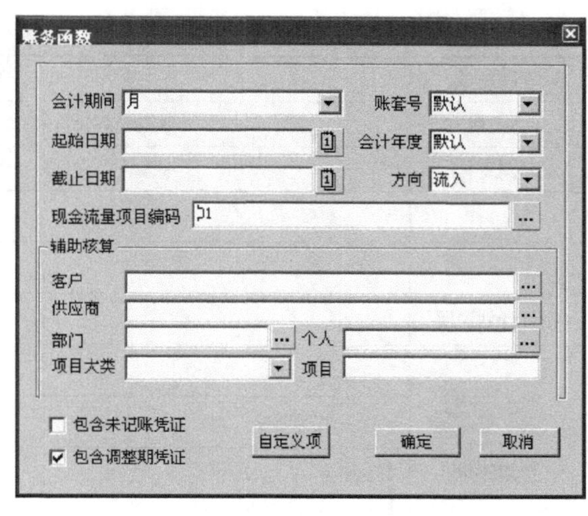

图 7-4　设置函数参数

（4）编辑所有单元格公式。按照上述方法依次编辑即可。

（5）生成现金流量表。公式编辑完之后，按照资产负债表设置关键字方法，设置现金流量表关键字。关键字设置完之后，单击窗口左下角的“格式”按钮，系统提示“是否确定全表重算？”，单击“否”按钮，进入报表“数据”状态。单击菜单栏中的【数据】-【关键字】-【录入】命令，打开“录入关键字”对话框，录入各项关键字，单击“确认”按钮，系统提示“是否重算第一页？”，单击“是”按钮，即可生成现金流量表。

提示

- 现金流量表模板未设置单元公式，所以要先设置才能使用。

计　划　单

学习领域	会计信息化实务		
学习情境三	UFO 报表系统管理	学　　时	12
工作任务 7	利用模板生成报表	学　　时	6
计划方式	小组讨论、团结协作共同制订计划		
序　　号	实施步骤		使用资源

续表

学习领域	会计信息化实务				
学习情境三	UFO 报表系统管理			学　时	12
工作任务 7	利用模板生成报表			学　时	6
制订计划说明					
计划评价	班　级		第　组	组长签字	
	教师签字			日　期	
	评语：				

决　策　单

学习领域	会计信息化实务				
学习情境三	UFO 报表系统管理			学　时	12
工作任务 7	利用模板生成报表			学　时	6
方案讨论					
方案对比	组　号	方案合理性	实施可操作性	安全性	综合评价
	1				
	2				
	3				
	4				
	5				
	6				
	7				
	8				
	9				
	10				
方案评价	评语：				

班　级		组长签字		教师签字		月　日

实　施　单

<table>
<tr><td>学习领域</td><td colspan="4">会计信息化实务</td></tr>
<tr><td>学习情境三</td><td colspan="2">UFO 报表系统管理</td><td>学　时</td><td>12</td></tr>
<tr><td>工作任务 7</td><td colspan="2">利用模板生成报表</td><td>学　时</td><td>6</td></tr>
<tr><td>实施方式</td><td colspan="4">小组成员合作；动手实践</td></tr>
<tr><td>序　号</td><td colspan="2">实施步骤</td><td colspan="2">使用资源</td></tr>
<tr><td>1</td><td colspan="2"></td><td colspan="2"></td></tr>
<tr><td>2</td><td colspan="2"></td><td colspan="2"></td></tr>
<tr><td>3</td><td colspan="2"></td><td colspan="2"></td></tr>
<tr><td>4</td><td colspan="2"></td><td colspan="2"></td></tr>
<tr><td>5</td><td colspan="2"></td><td colspan="2"></td></tr>
<tr><td>6</td><td colspan="2"></td><td colspan="2"></td></tr>
<tr><td>7</td><td colspan="2"></td><td colspan="2"></td></tr>
<tr><td>8</td><td colspan="2"></td><td colspan="2"></td></tr>
<tr><td>9</td><td colspan="2"></td><td colspan="2"></td></tr>
<tr><td>10</td><td colspan="2"></td><td colspan="2"></td></tr>
</table>

实施说明：

<table>
<tr><td>班　级</td><td></td><td>第　组</td><td>组长签字</td><td></td></tr>
<tr><td>教师签字</td><td colspan="2"></td><td>日　期</td><td></td></tr>
<tr><td>评　语</td><td colspan="4"></td></tr>
</table>

检　查　单

<table>
<tr><td>学习领域</td><td colspan="5">会计信息化实务</td></tr>
<tr><td>学习情境三</td><td colspan="2">UFO 报表系统管理</td><td>学　时</td><td colspan="2">12</td></tr>
<tr><td>工作任务 7</td><td colspan="2">利用模板生成报表</td><td>学　时</td><td colspan="2">6</td></tr>
<tr><td>序　号</td><td>检查项目</td><td>检查标准</td><td>学生自查</td><td>教师检查</td></tr>
<tr><td>1</td><td>打开报表模板</td><td>打开需要的报表模板</td><td></td><td></td></tr>
<tr><td>2</td><td>单元公式</td><td>检查单元公式是否正确</td><td></td><td></td></tr>
<tr><td>3</td><td>会计报表</td><td>生成需要的报表</td><td></td><td></td></tr>
</table>

续表

<table>
<tr><td>学习领域</td><td colspan="6">会计信息化实务</td></tr>
<tr><td>学习情境三</td><td colspan="3">UFO 报表系统管理</td><td>学　　时</td><td colspan="2">12</td></tr>
<tr><td>工作任务 7</td><td colspan="3">利用模板生成报表</td><td>学　　时</td><td colspan="2">6</td></tr>
<tr><td rowspan="3">检查评价</td><td>班　　级</td><td></td><td>第　　组</td><td colspan="2">组长签字</td><td></td></tr>
<tr><td>教师签字</td><td></td><td>日　　期</td><td colspan="3"></td></tr>
<tr><td colspan="6">评语：</td></tr>
</table>

评　价　单

<table>
<tr><td>学习领域</td><td colspan="8">会计信息化实务</td></tr>
<tr><td>学习情境三</td><td colspan="4">UFO 报表系统管理</td><td colspan="2">学　　时</td><td colspan="2">12</td></tr>
<tr><td>工作任务 7</td><td colspan="4">利用模板生成报表</td><td colspan="2">学　　时</td><td colspan="2">6</td></tr>
<tr><td>评价类别</td><td>项　　目</td><td colspan="2">子项目</td><td>个人评价</td><td colspan="2">组内互评</td><td colspan="2">教师评价</td></tr>
<tr><td rowspan="6">专业能力</td><td>资讯（10%）</td><td colspan="2">搜集信息及引导问题回答</td><td></td><td colspan="2"></td><td colspan="2"></td></tr>
<tr><td>计划（5%）</td><td colspan="2">计划可执行性和安排合理性</td><td></td><td colspan="2"></td><td colspan="2"></td></tr>
<tr><td>实施（20%）</td><td colspan="2">实施的完整性、合理性及可执行性</td><td></td><td colspan="2"></td><td colspan="2"></td></tr>
<tr><td>检查（10%）</td><td colspan="2">全面准确和特殊情况处理</td><td></td><td colspan="2"></td><td colspan="2"></td></tr>
<tr><td>过程（5%）</td><td colspan="2">安全合理、符合操作规范</td><td></td><td colspan="2"></td><td colspan="2"></td></tr>
<tr><td>结果（10%）</td><td colspan="2">准确性、快速性</td><td></td><td colspan="2"></td><td colspan="2"></td></tr>
<tr><td rowspan="2">社会能力</td><td>团结协作（10%）</td><td colspan="2">合作情况及对小组贡献度</td><td></td><td colspan="2"></td><td colspan="2"></td></tr>
<tr><td>敬业精神（10%）</td><td colspan="2">吃苦耐劳及遵守纪律</td><td></td><td colspan="2"></td><td colspan="2"></td></tr>
<tr><td rowspan="2">方法能力</td><td>计划能力（10%）</td><td colspan="2">计划条理性</td><td></td><td colspan="2"></td><td colspan="2"></td></tr>
<tr><td>决策能力（10%）</td><td colspan="2">方案正确性</td><td></td><td colspan="2"></td><td colspan="2"></td></tr>
<tr><td rowspan="3">评价评语</td><td>班级</td><td></td><td>姓名</td><td></td><td>学号</td><td></td><td>总评</td><td></td></tr>
<tr><td>教师签字</td><td></td><td>第　　组</td><td>组长签字</td><td colspan="2"></td><td>日期</td><td></td></tr>
<tr><td colspan="8">评语：</td></tr>
</table>

学习情境四

薪资管理系统

学习目标

- 熟悉薪资管理系统的基本理论及主要功能；
- 熟悉薪资管理系统业务处理流程；
- 熟练掌握薪资管理系统建账、初始化；
- 熟悉薪资管理系统业务处理、期末处理；
- 根据企业薪资核算要求建立工资账套；
- 根据企业工资核算资料完成系统初始化；
- 根据企业资料要求完成职工工资、所得税计算；
- 根据资料完成工资数据分摊并生成工资分摊的凭证；
- 完成薪资系统月末处理。

工作任务

- 薪资管理系统初始设置；
- 薪资管理系统业务处理；
- 薪资管理系统期末业务处理。

学习情境描述

薪资管理是每一个单位财会部门最基本的业务之一，不仅关系到每个职工的切身利益，也是影响产品成本的重要因素。手工进行薪资核算，需要占用财会人员大量的精力和时间，并且容易出错，因此采用计算机进行薪资核算可以有效地提高工资核算的准确性和及时性。

使用计算机进行工资核算之前，需要进行薪资管理子系统的初始设置，用以建立薪资管理子系统的应用环境。在进行初始设置之前，应进行必要的数据准备，如规划企业职工的编码规则、进行人员类别的划分、整理好设置的工资项目及核算方法，并准备好部门档案、人员档案、基本工资数据等基本信息。薪资管理的日常业务主要是每月对工资变动的业务处理、个人收入所得税的处理和工资分摊的业务处理。月末处理主要包括对薪资管理子系统进行月末结转处理和凭证记账表查询等。

任务8 薪资管理系统初始设置

任务单

<table>
<tr><td>学习领域</td><td colspan="4">会计信息化实务</td></tr>
<tr><td>学习情境四</td><td colspan="2">薪资管理系统</td><td>学　时</td><td>15</td></tr>
<tr><td>工作任务 8</td><td colspan="2">薪资管理系统初始设置</td><td>学　时</td><td>6</td></tr>
<tr><td colspan="5">布置任务</td></tr>
<tr><td>工作目标</td><td colspan="4">1. 了解薪资管理系统的基本内容和操作流程；
2. 掌握薪资管理系统初始化设置的操作方法；
3. 完成新建工资账套；
4. 完成工资类别设置；
5. 完成人员附加信息设置；
6. 完成发放次数设置；
7. 完成部门设置、人员档案设置；
8. 完成系统选项设置。</td></tr>
<tr><td>任务描述</td><td colspan="4">通过对用友 ERP-U8V10.1 的薪资管理系统的功能与内容学习，掌握薪资管理系统的功能构成与操作流程。根据工资信息化的特点，设置薪资管理系统的工作模式。建立工资账套，进行基础设置。
工资核算是所有单位会计核算中最基本的业务之一，关系到每个职工的切身利益，也是影响产品成本核算的重要因素。采用薪资管理系统进行工资核算，可以减轻职工较多的单位工资核算的繁重工作量，提高工资核算的时效性。</td></tr>
<tr><td>学时安排</td><td>资讯 1 学时</td><td>计划与决策 1 学时</td><td>实施 3 学时</td><td>检查与评价 1 学时</td></tr>
<tr><td>提供资料</td><td colspan="4">1. 会计电算化管理办法；
2. 会计核算软件基本功能规范；
3. 会计电算化工作规范；
4. 会计基础工作规范；
5. 会计档案管理办法；
6.《新编用友 ERP 财务管理系统实验教程》，王新玲主编，清华大学出版社，2009；</td></tr>
</table>

续表

学习领域	会计信息化实务		
学习情境四	薪资管理系统	学　时	15
工作任务 8	薪资管理系统初始设置	学　时	6
提供资料	7.《电算会计项目化教程》，张冬梅主编，电子工业出版社，2012； 8.《会计信息化实务》，徐亚文主编，武汉大学出版社，2011； 9.《会计电算化实务》，王曦东主编，北京邮电大学出版社，2013。		
对学生的要求	1. 会建立工资账套； 2. 会设置工资项目； 3. 会设置人员类别； 4. 会设置计算公式； 5. 会设置银行档案； 6. 学生必须具有团队合作的精神，以小组的形式完成工作任务； 7. 严格遵守课堂纪律和工作纪律，不迟到，不早退，不旷课； 8. 学生应树立职业意识，按照企业的岗位职责要求自己。		

资　讯　单

学习领域	会计信息化实务		
学习情境四	薪资管理系统	学　时	15
工作任务 8	薪资管理系统初始设置	学　时	6
资讯方式	在图书馆、专业期刊、互联网及信息单上查询问题；咨询任课教师。		
资讯问题	1. 在设置公式时为什么会出现“非法的公式定义”提示？应该怎么办？ 2. 为什么应强调设置工资项目后需要正确排序？ 3. 在进行分行名称设置时，设置“录入时需要的自动带出账号长度”有什么作用？ 4. 人员附加信息可以随时增加吗？ 5. 在什么情况下工资项目中会出现“本月扣零”和“上月扣零”的工资项目内容？ 6. 在什么情况下工资项目会出现“代扣税”的工资项目内容？ 7. 如果本企业约定职工事假缺勤时每缺勤一天扣 100 元的工资，应如何设置计算公式？		
资讯引导	问题的解答可以在下面的资料中查找： 1.《新编用友 ERP 财务管理系统实验教程》，王新玲主编，清华大学出版社，2009，126-143 页； 2.《电算会计项目化教程》，张冬梅主编，电子工业出版社，2012，130-151 页； 3.《会计信息化实务》，徐亚文主编，武汉大学出版社，2011，135-152 页； 4.《会计电算化实务》，王曦东主编，北京邮电大学出版社，2013，124-148 页； 5.《会计信息系统应用》，孙莲香主编，清华大学出版社，2010，136-160 页； 6. 哈尔滨职业技术学院会计信息化实务教学资源库。		

信　息　单

【任务导入】

8.1　100 账套薪资管理系统的参数

工资类别有两个，工资核算本位币为人民币，不核算计件工资，自动代扣所得税，进行扣零设置且扣零到元。工资类别分为“在岗人员”和“退休人员”，并且在岗人员分布在各个部门，而退休人员只属于厂办。

8.2 人员附加信息

增加人员附加信息“身份证号”、“公积金账号”、“学历”和“技术职称”等。

8.3 工资项目

工资项目如表 8-1 所示。

表 8-1 工资项目情况

项目名称	类型	长度	小数位	工资增减项
基本工资	N	10	2	增项
岗位工资	N	10	2	增项
奖金	N	10	2	增项
交补	N	6	2	增项
应发合计	N	10	2	增项
病假扣款	N	8	2	减项
事假扣款	N	8	2	减项
养老保险金	N	8	2	减项
扣款合计	N	8	2	减项
实发合计	N	10	2	增项
日工资	N	8	2	其他
事假天数	N	8	0	其他
病假天数	N	8	0	其他
工龄	N	3	0	其他

8.4 银行名称

银行名称为“中国建设银行”。账号长度为 15 位，录入时自动带出账号长度为 12 位，单位编码 04511234。

8.5 工资类别及工资项目

在岗人员工资类别：所有工资项目。

退休人员工资类别：只有基本工资和住房公积金两个项目。

8.6 在岗人员档案

在岗人员档案如表 8-2 所示。

表 8-2 在岗人员档案

编号	姓名	性别	人员类别	所属部门	账号	业务员	工龄	基本工资	病假天数	事假天数	身份证号	公积金账号	学历	技术职称
101029	李行天	男	管理人员	厂办	200120022003001		25	4900			230106199501010101	801006754601	硕士	高级经济师
301101	刘芳	女	50W 生产人员	铸钢车间	200120022003002		18	4700			230106199501010102	801006754602	硕士	工程师
301102	刘明	男	80W 生产人员	铸钢车间	200120022003003		30	4800		1	230106199501010103	801006754603	大学	工程师
301103	刘云	女	车间管理人员	铸钢车间	200120022003004	是	13	4500			230106199501010104	801006754604	大学	工程师
303101	陈列	男	50W 生产人员	金工车间	200120022003005		16	4400	1		230106199501010105	801006754605	大学	工程师
303102	陈重	男	80W 生产人员	金工车间	200120022003006		15	4400			230106199501010106	801006754606	大学	助理工程师
303103	陈志远	男	车间管理人员	金工车间	200120022003007	是	6	4400		2	230106199501010107	801006754607	硕士	高级工程师
501011	许晴	女	销售人员	本地销售科	200120022003008	是	3	4400			230106199501010108	801006754608	大学	物流师
501012	孙明	男	销售人员	本地销售科	200120022003009	是	9	4400			230106199501010109	801006754609	大学	物流师
501013	杨玲	女	销售人员	本地销售科	200120022003010	是	4	4700			230106199501010110	801006754610	大专	物流师
502014	刘杨	女	销售人员	外地销售科	200120022003011	是	7	4400			230106199501010111	801006754611	大学	物流师
502015	甘甜	女	销售人员	外地销售科	200120022003012	是	14	4600			230106199501010112	801006754612	大学	物流师
502016	潘张	男	销售人员	外地销售科	200120022003013	是	5	4600			230106199501010113	801006754613	大专	物流师
502017	张飞	男	销售人员	外地销售科	200120022003014	是	8	4300			230106199501010114	801006754614	大学	物流师
502018	赵良	男	销售人员	外地销售科	200120022003015	是	21	4400			230106199501010115	801006754615	大学	物流师
601019	李小明	男	财务人员	总账组	200120022003016		4	4500	2		230106199501010116	801006754616	硕士	高级会计师
601020	李明	男	财务人员	总账组	200120022003017	是	5	4800			230106199501010117	801006754617	大学	会计师
602021	李明明	男	财务人员	资金组	200120022003018		6	4500		2	230106199501010118	801006754618	大学	会计师
603022	王三天	男	财务人员	成本组	200120022003019		7	4566			230106199501010119	801006754619	大学	会计师
603023	张青	女	财务人员	成本组	200120022003020	是	8	4499			230106199501010120	801006754620	大学	会计师
700024	王库	男	管理人员	库房	200120022003021	是	20	4600			230106199501010121	801006754621	大学	技师
700025	郭库	男	管理人员	库房	200120022003022		10	4300	1		230106199501010122	801006754622	大学	技师
700026	胡库	女	管理人员	库房	200120022003023		23	4600			230106199501010123	801006754623	大专	技师
700027	谈库	女	管理人员	库房	200120022003024		34	4800			230106199501010124	801006754624	大专	技师
700028	王库	男	管理人员	库房	200120022003025		23	4300			230106199501010125	801006754625	大专	技师

8.7 计算公式

岗位工资：管理人员每月发放1000元，车间管理人员每月发放900元，其他人员每月发放750元。

奖金：管理人员每月发放800元，其他人员每月发给500元。

交补：销售人员每月发放600元，其他人员每月发放400元。

日工资＝（基本工资＋岗位工资＋奖金）/22。

病假扣款：工龄小于5年，按日工资的50%扣款；工龄大于或等于5年，小于10年，按日工资的30%扣款；工龄大于等于10年以上的，按日工资的20%扣款。

事假扣款＝缺勤天数 × 日工资 ×0.8

养老保险金＝（基本工资＋岗位工资＋奖金）×0.03。

将个人所得税的计税基数调整到3500元；需要对002李明进行授权设置，否则不能进行薪资业务处理。

【任务要求】

（1）建立工资账套。

（2）设置人员类别。

（3）设置银行信息。

（4）设置附加信息。

（5）设置工资项目。

（6）设置人员档案。

（7）设置计算公式。

【相关知识】

8.1 薪资管理系统功能概述

8.1.1 初始设置

（1）设置人员附加信息。

（2）工资类别适用部门。

（3）工资人员档案。

（4）设置多次发放。

（5）自定义工资项目及计算公式。

（6）设置工资项目从人事系统获取数据的取数公式。

（7）提供多工资类别核算、工资核算工种、扣零处理、个人所得税扣税处理等账套参数设置。

8.1.2　业务处理

（1）工资数据变动。进行工资数据的变动、汇总处理，支持多套工资数据的汇总。

（2）工资分钱清单。提供部门分钱清单、人员分钱清单、工资发放取款单。

（3）工资分摊。月末自动完成工资分摊、计提、转账业务，并将生成的凭证传递到总账系统。

（4）银行代发。灵活的银行代发功能，预置银行代发模板，适用于由银行发放工资的企业。可实现在同一工资账中的人员由不同的银行代发工资，以及多种文件格式的输出。

（5）扣缴所得税。提供个人所得税自动计算与申报功能。

8.1.3　统计分析报表业务处理

（1）提供按月查询凭证的功能。

（2）提供工资表。工资发放签名表、工资发放条、工资卡、部门工资汇总表、人员类别汇总表、条件汇总表、工资明细表、条件统计表、多类别工资表等。

（3）提供工资分析表。工资项目分析表、工资增长分析表、员工工资汇总表、按月分类统计表、部门分类统计表、按项目分类统计表、员工工资项目统计表、分部门各月工资构成分析表、部门工资项目构成分析表等。

8.2　薪资管理系统操作流程

进入系统后，必须按正确的顺序调用系统的各项功能，只有按正确的次序使用，才能保证数据的正确性，特别是第一次使用的用户，更应遵守使用次序。薪资管理系统操作流程如图 8-1 所示。

【任务实施】

8.1　建立工资套

操作步骤

（1）由 001 启用“薪资管理”，启用日期为 2014 年 1 月 1 日。

（2）在企业应用平台中，执行“人力资源”|“薪资管理”命令，打开“建立工资套 - 参数设置”对话框。

（3）选择本账套所需处理的工资类别个数为“多个”，如图 8-2 所示。

（4）单击“下一步”按钮，打开“建立工资套 - 扣税设置”对话框，选中“是否从工资中代扣个人所得税”复选框，单击“下一步”按钮，打开“建立工资套 - 扣零设置”对话框。

（5）单击选中“扣零”前的复选框，再选择“扣零至元”如图 8-3 所示。

（6）单击“下一步”按钮，如图 8-4 所示。

（7）单击“完成”按钮，完成建立工资套的过程。

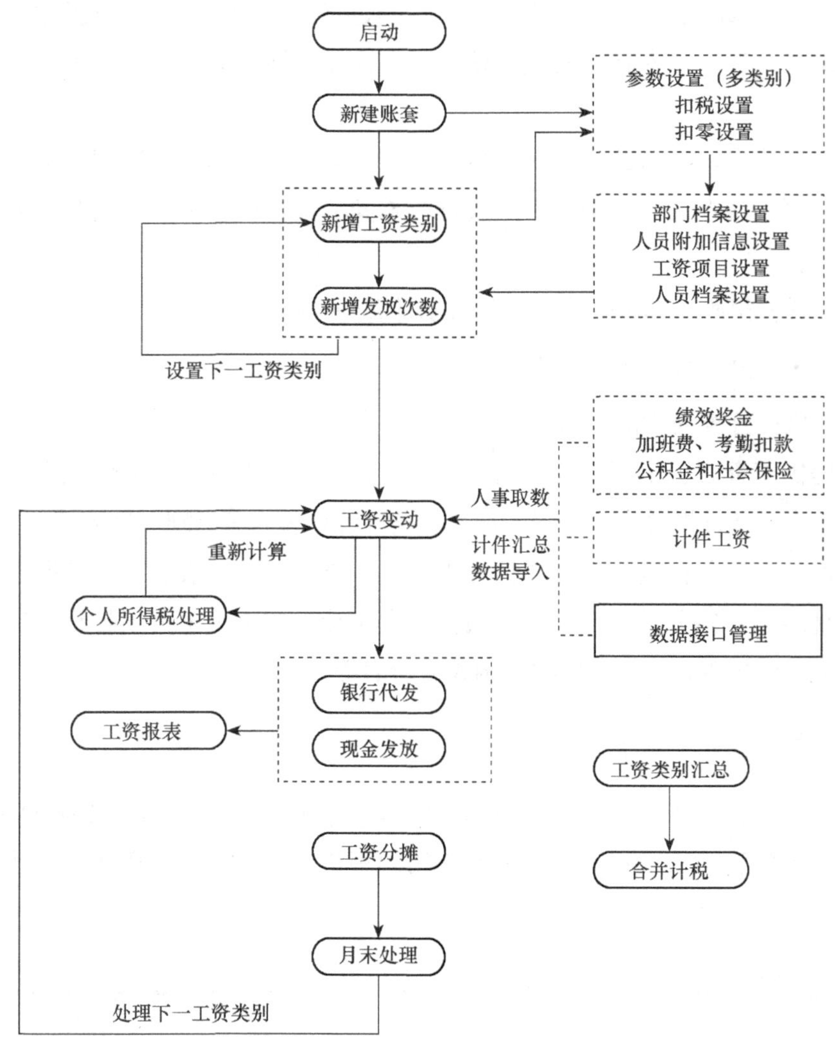

图 8-1　薪资管理系统操作流程

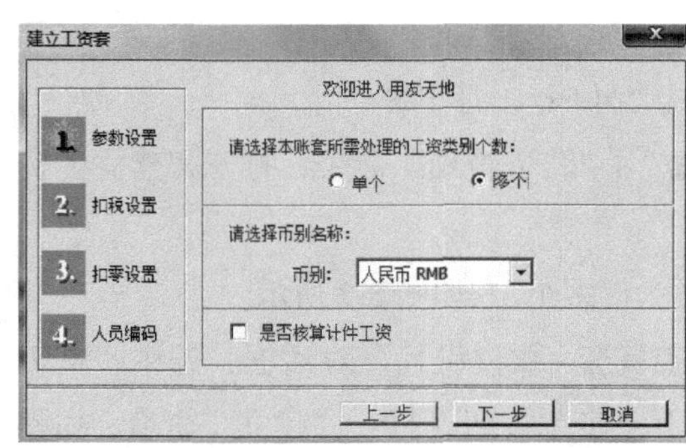

图 8-2　建立工资套 - 参数设置

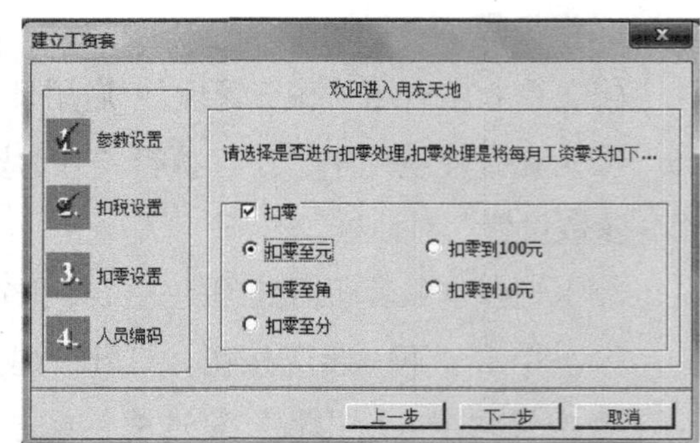

图 8-3　建立工资套 - 扣零设置

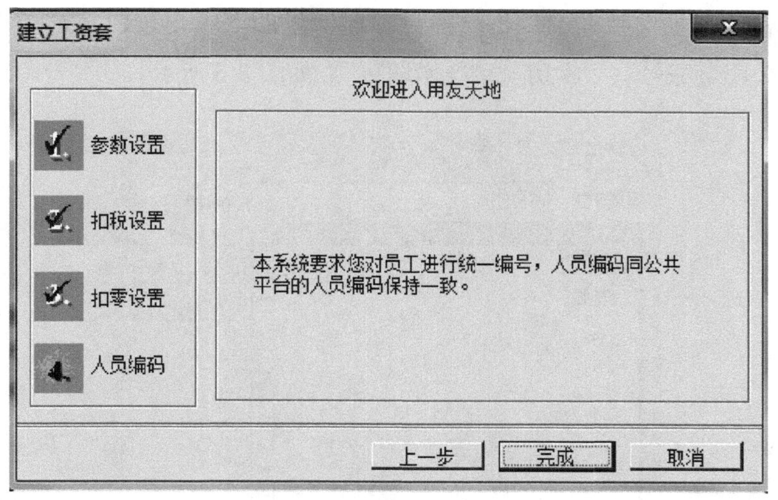

图 8-4　建立工资套 - 人员编码

提示

- 工资账套与企业核算账套是不同的概念，企业核算账套在系统管理中建立，是针对整个用友 ERP 系统而言，而工资账套只针对用友 ERP 系统中的薪资管理子系统。可以说工资账套是企业核算账套的一个组成部分。
- 如果单位按周或按每月多次发放薪资，或者是单位中有多种不同类别（部门）人员，工资发放项目不尽相同，计算公式也不相同，但需要进行统一工资核算管理，应选择“多个”工资类别。反之，如果单位中所有人员工资按统一标准进行管理，而且人员的工资项目，工资计算公式全部相同，则选择“单个”工资类别。
- 选择代扣个人所得税后，系统将自动生成工资项目“代扣税”，并自动进行代扣税金的计算。
- 扣零处理是指每次发放工资时将零头扣下，积累取整，在下次发放工资时补上，系统在计算工资时将依据扣零类型（扣零至元、扣零至角、扣零至分）进行扣零计算。一旦选择了“扣零处理”，系统会自动在固定工资项目中增加“本月扣零”和“上月扣零”两个项目，扣零的计算公式将由系统自动定义，不用设置。
- 建账完成后，部分建账参数可以在“设置”|“选项”中进行修改。

8.2　设置人员附加信息

操作步骤

（1）执行“设置”|“人员附加信息设置”命令，打开“人员附加信息设置”对话框。

（2）单击“增加”按钮，单击“栏目参照”栏的下三角按钮，选择“性别”：同理，增加“公积金账号”、“学历”、“技术职称”。如图 8-5 所示。

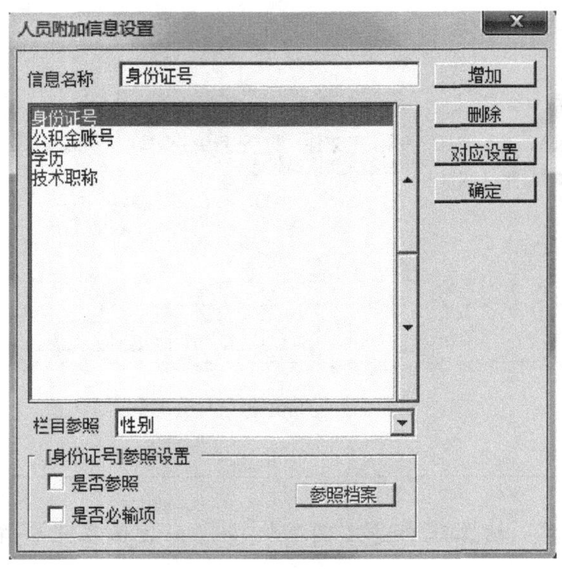

图 8-5　人员附加信息设置

提示

- 如果工资管理系统提供的有关人员的基本信息不能满足实际需要，可以根据需要进行人员附加信息的设置。
- 已使用过的人员附加信息可以修改，但不能删除。
- 不能对人员的附加信息进行数据加工，如公式设置等。

8.3　设置工资项目

操作步骤

（1）执行“设置”|“工资项目设置”命令，打开“工资项目设置”对话框。

（2）单击“增加”按钮，从“名称参照”下拉列表中选择“基本工资”，默认类型为“数字”，小数位为“2”，增减项为“增项”。以此方法继续增加其他的工资项目，如图 8-6 所示。

（3）单击“增加”按钮，系统弹出“工资项目已经改变，请确认各工资类别的公式是否正确。否则计算结果可能不正确”信息提示框，如图 8-7 所示。

（4）单击“确定”按钮。

提示

- 对于“名称参照”下拉列表中没有的项目可以直接输入；或者从“名称参照”中选择一个类似的项目后再进行修改。其他项目可以根据需要修改。

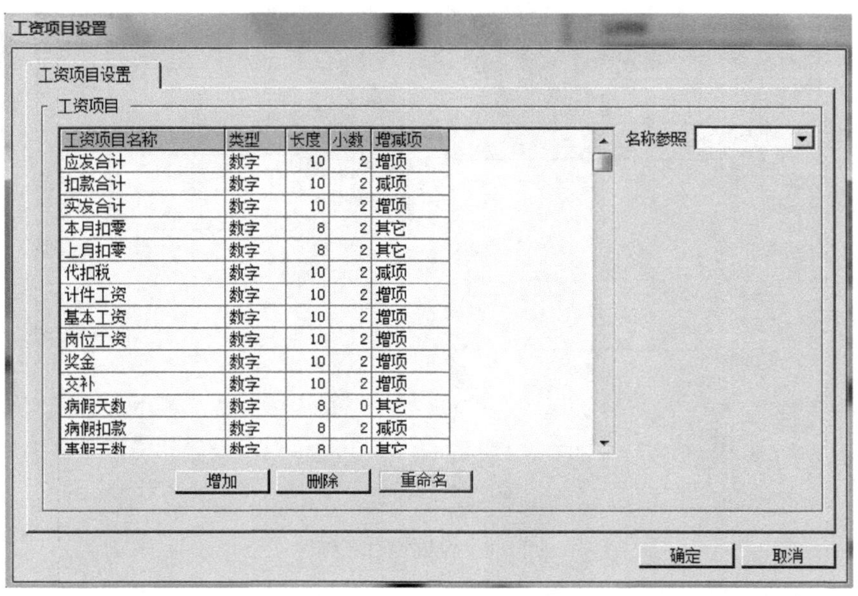

图 8-6 工资项目设置

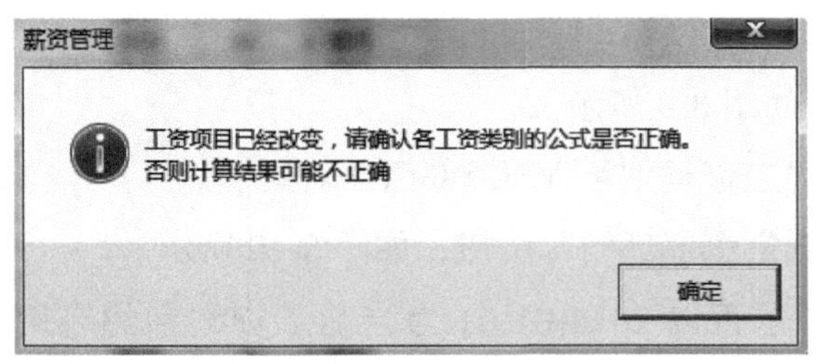

图 8-7 薪资管理提示

提示

- 此处所设置的工资项目是针对所有工资类别所需要使用的全部工资项目。
- 系统提供的固定工资项目不能修改、删除。

8.4 设置银行名称

操作步骤

（1）在企业应用平台“基础设置”选项卡中，执行“基础档案”|“收付结算”|“银行档案”命令，进入“银行档案”窗口。

（2）按实验资料修改已有银行名称信息，如图 8-8 所示。

（3）单击“退出”按钮退出。

提示

- 系统预置了 16 个银行名称，如果不能满足需要可以在此基础上删除或者增加新的银行名称。
- 如果修改账号长度，则必须按键盘上的回车键确认。

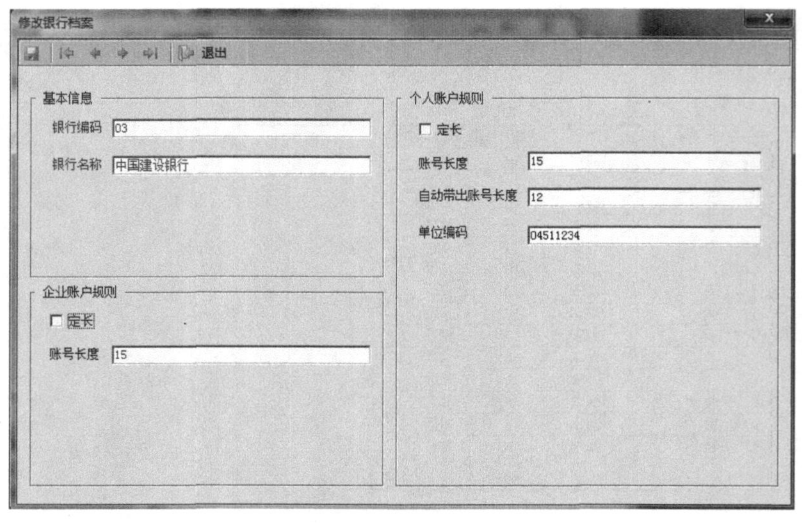

图 8-8 设置银行名称

8.5 建立工资类别

操作步骤

（1）在薪资管理系统中，执行“工资类别”|“新建工资类别”命令，打开“新建工资类别”对话框。

（2）输入工资类别名称“在岗人员”，如图 8-9 所示。

（3）单击“下一步”按钮，打开“新建工资类别 - 请选择部门”对话框。

（4）分别单击选中部门，也可单击“选定全部部门”按钮，如图 8-10 所示。

（5）单击“完成”按钮，系统提示“是否以 2014-01-01 为当前工资类别的启用日期？”。

（6）单击“是”返回。

（7）执行“工资类别”|“关闭工资类别”命令，关闭在岗人员工资类别。

（8）执行“工资类别”|“新建工资类别”命令，建立“退休人员”工资类别。

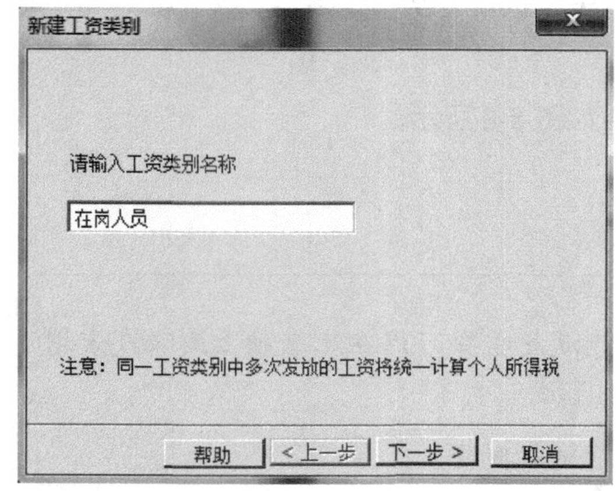

图 8-9 新建工资类别

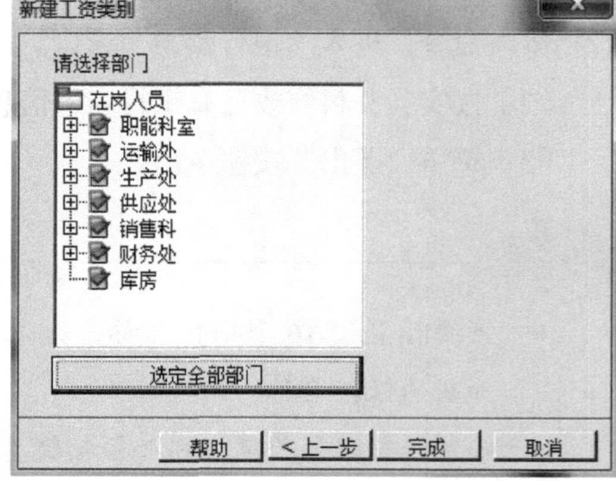

图 8-10 “新建工作类别 - 请选择部门”对话框

8.6 设置在岗人员工资套人员档案

操作步骤

（1）执行“工资类别”｜“打开工资类别”命令，打开“打开工资类别”对话框，如图 8-11 所示。

（2）选择“在岗人员”工资类别，单击“确定”按钮。

（3）执行“设置”｜“人员档案”命令，进入“人员档案”窗口。

（4）单击“批增”按钮，打开“人员批量增加”对话框，如图 8-12 所示。

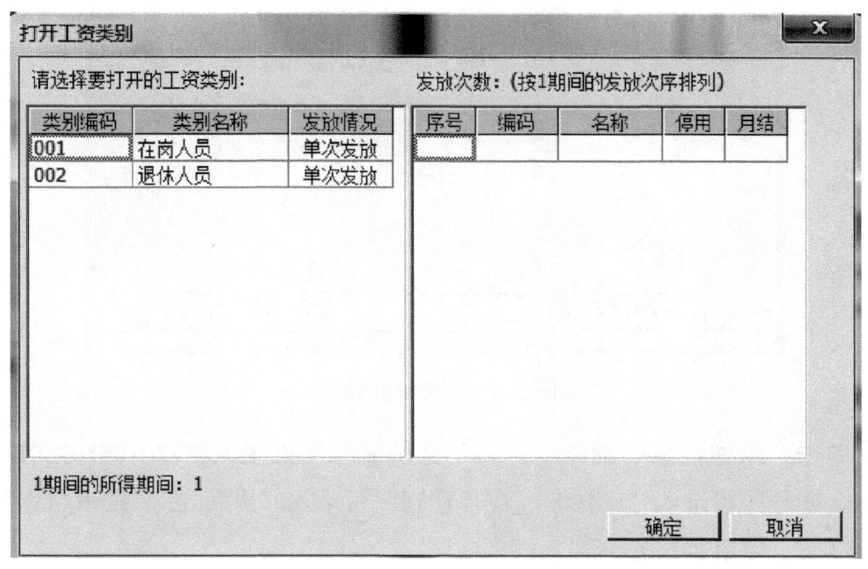

图 8-11 “打开工资类别”对话框

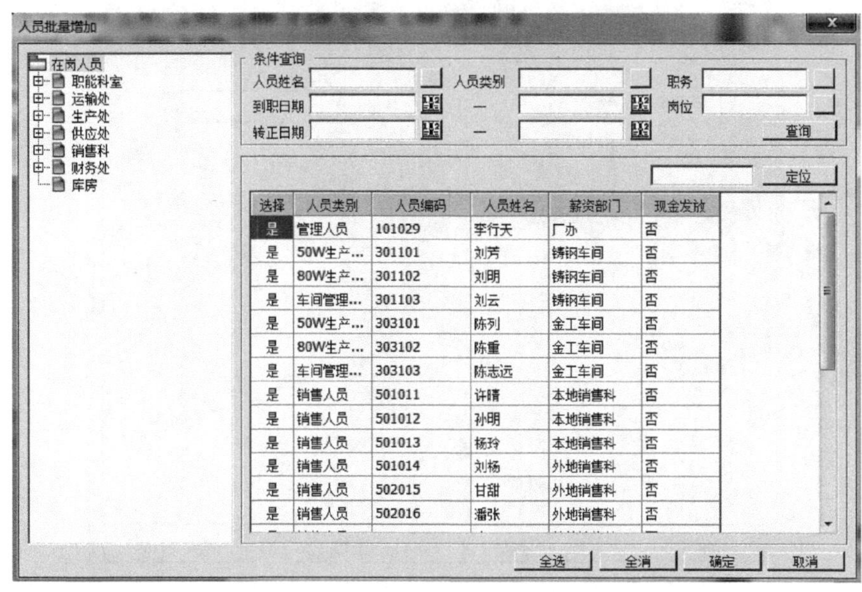

选择	人员类别	人员编码	人员姓名	薪资部门	现金发放
是	管理人员	101029	李行天	厂办	否
是	50W生产…	301101	刘芳	铸钢车间	否
是	80W生产…	301102	刘明	铸钢车间	否
是	车间管理…	301103	刘云	铸钢车间	否
是	50W生产…	303101	陈列	金工车间	否
是	80W生产…	303102	陈重	金工车间	否
是	车间管理…	303103	陈志远	金工车间	否
是	销售人员	501011	许晴	本地销售科	否
是	销售人员	501012	孙明	本地销售科	否
是	销售人员	501013	杨玲	本地销售科	否
是	销售人员	501014	刘杨	外地销售科	否
是	销售人员	502015	甘甜	外地销售科	否
是	销售人员	502016	潘张	外地销售科	否

图 8-12 人员批量增加

（5）单击“全选”|“确定”。

（6）在“人员档案”中，选中第一行，单击“修改”。

（7）系统已经自动带出基本信息，如图 8-13 所示。

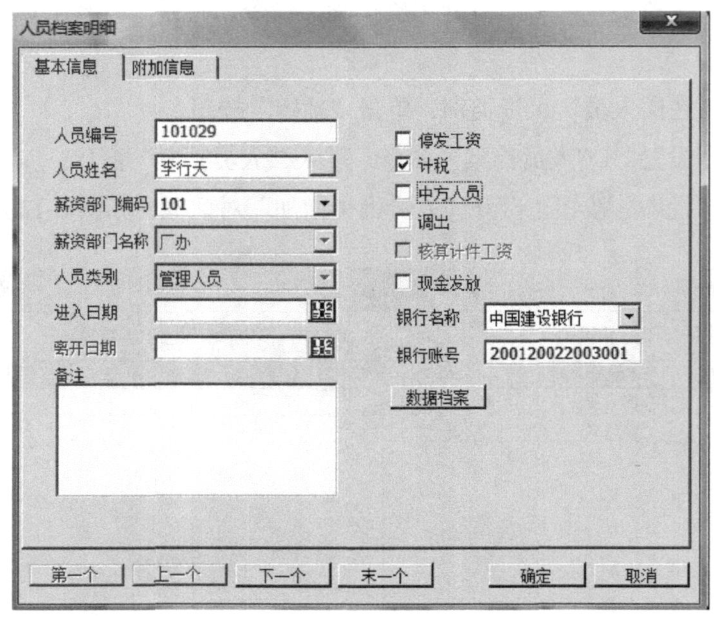

图 8-13　设置基本信息

（8）单击“附加信息”选项卡，在“身份证号”栏录入“230106199501010101”，在“公积金账号”栏录入“80100”，在“性别”栏录入“男”，在“技术职称”栏录入“高级经济师”，如图 8-14 所示。

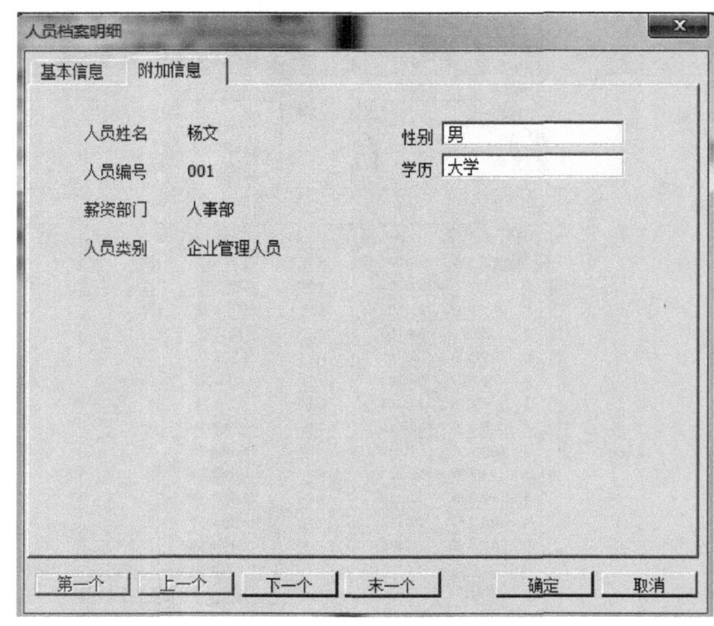

图 8-14　设置附加信息

（9）单击“确定”按钮。

（10）继续录入其他的人员档案。录入完成后如图 8-15 所示。

（11）单击“退出”按钮，退出“人员档案”对话框。

人员档案

总人数：25

薪资部门名称	人员编号	人员姓名	人员类别	账号	中方人员	是否计税	工资停发	核算计件工资	现金发放
厂办	101029	李行天	管理人员	200120022003001	是	是	否	否	否
铸钢车间	301101	刘芳	50W生产人员	200120022003002	是	是	否	否	否
铸钢车间	301102	刘明	80W生产人员	200120022003003	是	是	否	否	否
铸钢车间	301103	刘云	车间管理人员	200120022003004	是	是	否	否	否
金工车间	303101	陈列	50W生产人员	200120022003005	是	是	否	否	否
金工车间	303102	陈重	80W生产人员	200120022003006	是	是	否	否	否
金工车间	303103	陈志远	车间管理人员	200120022003007	是	是	否	否	否
本地销售科	501011	许晴	销售人员	200120022003008	是	是	否	否	否
本地销售科	501012	孙明	销售人员	200120022003009	是	是	否	否	否
本地销售科	501013	杨玲	销售人员	200120022003010	是	是	否	否	否
外地销售科	501014	刘杨	销售人员	200120022003011	是	是	否	否	否
外地销售科	502015	甘甜	销售人员	200120022003012	是	是	否	否	否
外地销售科	502016	潘张	销售人员	200120022003013	是	是	否	否	否
外地销售科	502017	张飞	销售人员	200120022003014	是	是	否	否	否
外地销售科	502018	赵良	销售人员	200120022003015	是	是	否	否	否
总账组	601019	李小明	财务人员	200120022003016	是	是	否	否	否
总账组	601020	李明	财务人员	200120022003017	是	是	否	否	否
资金组	602021	李明明	财务人员	200120022003018	是	是	否	否	否
成本组	603022	王三天	财务人员	200120022003029	是	是	否	否	否
成本组	603023	张青	财务人员	200120022003020	是	是	否	否	否
库房	700024	王库	管理人员	200120022003021	是	是	否	否	否
库房	700025	郭库	管理人员	200120022003022	是	是	否	否	否
库房	700026	胡库	管理人员	200120022003023	是	是	否	否	否
库房	700027	谈库	管理人员	200120022003024	是	是	否	否	否
库房	700028	王库	管理人员	200120022003025	是	是	否	否	否

图 8-15　人员档案

提示

- 在“人员档案”对话框中，单击“批增”功能可以按人员类别批量增加人员档案。然后再进行修改。
- 如果在银行名称设置中设置了“银行账号定长”，则在输入人员档案的银行账号时，在输入了一个人员档案的银行账号后，再输入第二个人的银行账号时，系统会自动带出已设置的银行账号定长的账号，只需要输入剩余的账号即可。
- 如果账号长度不符合要求则不能保存。
- 在增加人员档案时，“停发”、“调出”和“数据档案”不可选，在修改状态下才能编辑。
- 在人员档案对话框中，可以单击“数据档案”按钮，录入薪资数据。

8.7　设置在岗人员工资类别的工资项目

操作步骤

（1）执行“设置”|“工资项目设置”命令，打开“工资项目设置”对话框。

（2）单击“增加”按钮，再单击“名称参照”栏的下三角按钮，选择“基本工资”，并以此方法增加其他工资项目。

（3）单击选中“基本工资”，单击“上移”按钮，将基本工资移动到工资项目栏的第1行。再继续移动其他的工资项目到相应的位置，如图8-16所示。

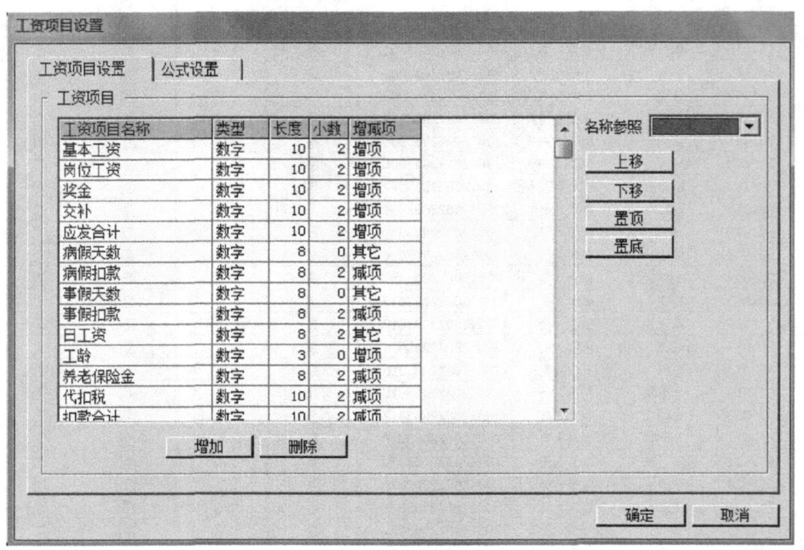

工资项目名称	类型	长度	小数	增减项
基本工资	数字	10	2	增项
岗位工资	数字	10	2	增项
奖金	数字	10	2	增项
交补	数字	10	2	增项
应发合计	数字	10	2	增项
病假天数	数字	8	0	其它
病假扣款	数字	8	2	减项
事假天数	数字	8	0	其它
事假扣款	数字	8	2	减项
日工资	数字	8	2	其它
工龄	数字	3	0	增项
养老保险金	数字	8	2	减项
代扣税	数字	10	2	减项
扣款合计	数字	10	2	减项

图8-16　在岗人员工资项目设置

提示

- 在未打开任何工资账套前可以设置所有的项目，在打开某一工资账套后可以根据本工资账套的需要对已经设置的工资项目进行选择。并将工资项目移动到合适的位置。
- 工资项目不能重复选择。
- 工资项目一旦选择，即可进行公式定义。
- 没有选择的工资项目不允许在计算公式中出现。
- 不能删除已输入数据的工资项目和已设置计算公式的工资项目。
- 如果所需要的工资项目不存在，则要关闭工资类别，然后新增工资项目，再打开此类别进行选择。

8.8　设置“岗位工资”的计算公式

操作步骤

（1）在“工资项目设置-公式设置”界面中，单击增加按钮，从下拉列表框中选中“岗位工资”。

（2）单击“函数公式向导输入”按钮，打开“函数向导——步骤之1”对话框。

（3）单击选中“函数名”列表中的“iff”，如图 8-17 所示。

（4）单击“下一步”按钮，打开“函数向导——步骤之 2”对话框。

（5）单击“逻辑表达式”栏的参照按钮，打开“参照”对话框。

（6）单击“参照列表”栏的下三角按钮，选中“人员类别”，再单击选中“管理人员”，如图 8-18 所示。

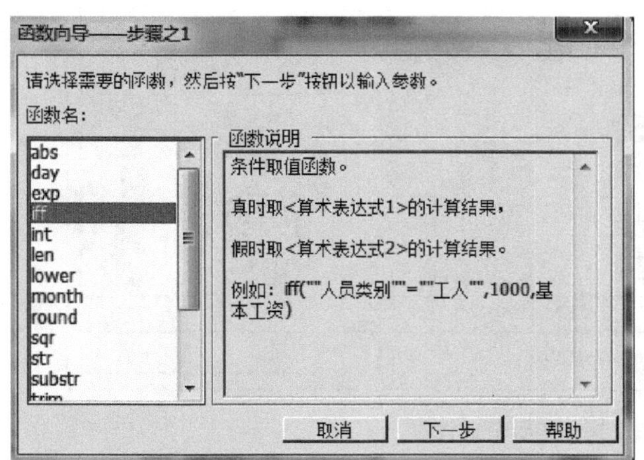

图 8-17　函数向导 —— 步骤之 1

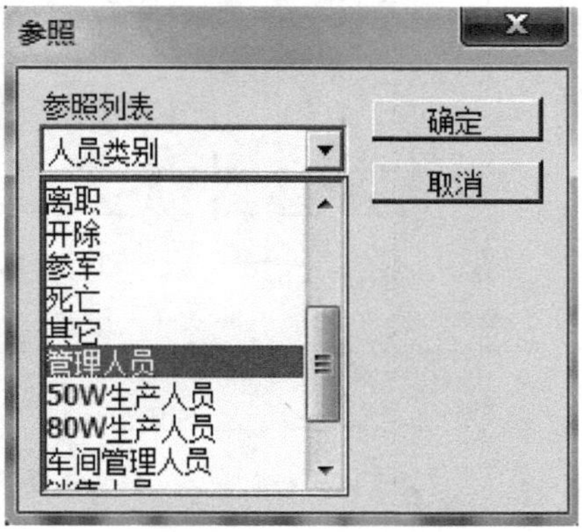

图 8-18　选择人员类别

（7）单击“确定”按钮，返回“函数向导——步骤之 2”对话框。

（8）在“算术表达式 1”文本框中录入“1000”，如图 8-19 所示。

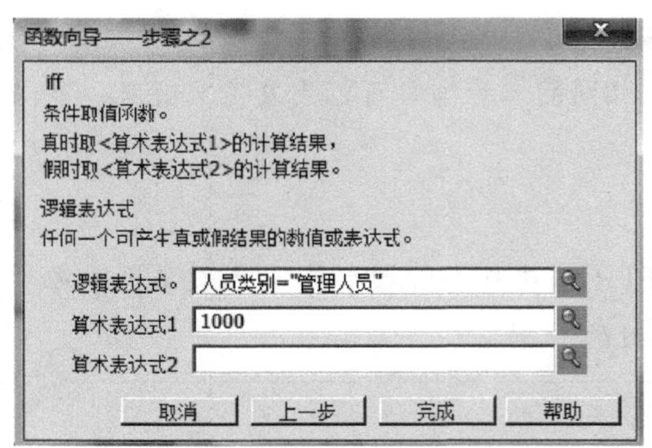

图 8-19　设置算式表达式

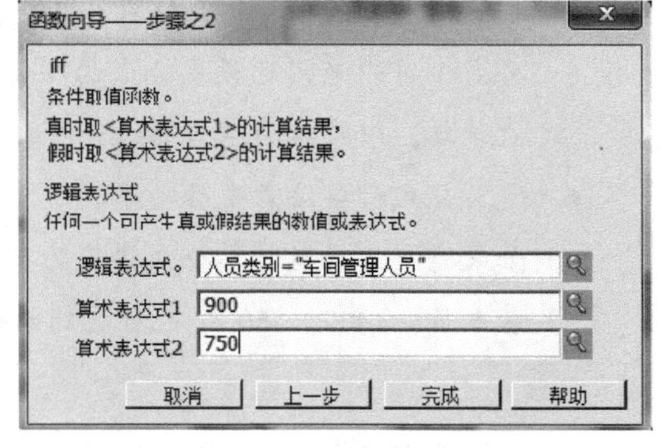

图 8-20　设置算术表达式

（9）单击“完成”按钮，返回“公式设置”对话框。将光标放置到“1000”之后，继续单击“函数公式向导输入”按钮，按如前描述的操作选择“车间管理人员”，在“算术表达式 1”中输入“900”，在“算术表达式 2”中输入“750”，如图 8-20 所示。

（10）单击“完成”返回公式设置界面，如图 8-21 所示。

（11）单击“公式确认”按钮，单击“确定”。

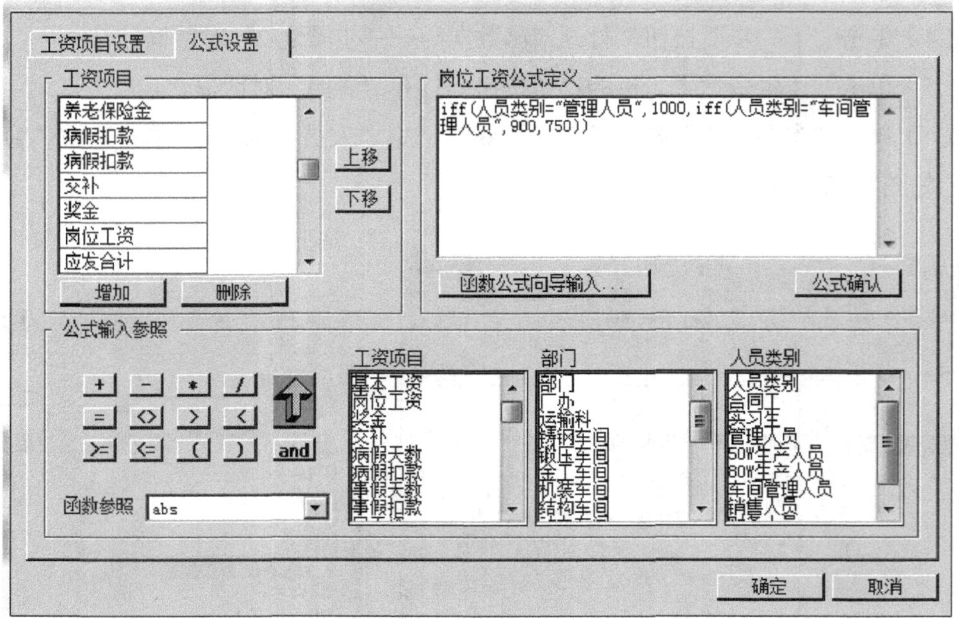

图 8-21　岗位工资公式设置

提示

- 在定义公式时，可以使用函数向导输入、函数参照输入、工资项目参照、部门参照和人员参照编辑输入工资项目的计算公式。其中函数公式向导只支持系统提供的函数。
- 工资中没有的项目不允许在公式中出现。
- 公式中可以应用已设置公式的项目，相同的工资项目可以重复定义公式，多次计算，以最后的运行结果为准。
- 定义公式时要注意先后顺序。
- 如果将交通补贴计算公式设置为“iff（人员类别＝管理人员 or 人员类别＝经营人员，1000，750）”也可达到同样目的。

8.9　设置“奖金”和“交补”的计算公式

操作步骤

（1）在“工资项目设置 - 公式设置”界面中，单击“增加”按钮，从下拉列表框中选中“奖金”。

（2）单击“函数公式向导输入”按钮，打开“函数向导——步骤之 1”对话框。

（3）单击选中“函数名”列表中的“iff”。

（4）单击“下一步”按钮，打开“函数向导——步骤之 2”对话框。

（5）单击“逻辑表达式”栏的参照按钮，打开“参照”对话框。

（6）单击“参照列表”栏的下三角按钮，选中“人员类别”，再单击选中“管理人员”。

（7）单击“确定”按钮，返回“函数向导——步骤之 2”对话框。

（8）在“算术表达式 1”文本框中录入“800”，在“算术表达式 2”文本框中录入“500”，如图 8-22 所示。

同理，设置交补公式。

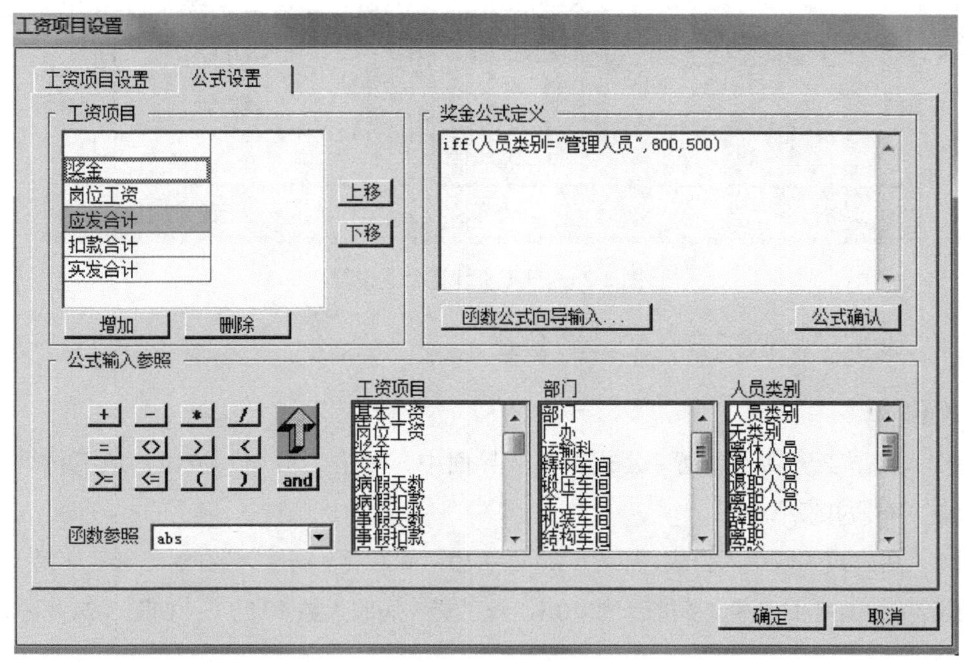

图 8-22　奖金公式设置

8.10　设置“日工资”、“事假扣款”、“养老保险金”的计算公式

操作步骤

（1）在工资项目设置对话框中单击“公式设置”选项卡，打开“工资项目设置 - 公式设置”对话框。

（2）单击“增加”按钮，从下拉列表中选择“日工资”工资项目。

（3）单击“日工资公式定义”区域，在下方的工资项目列表中单击选中“基本工资”，单击选中“运算符”区域中的“+”，依次加上“岗位工资”和“奖金”，单击“运算符”区域中的“/”，在“日工资公式定义”区域中继续录入“22”，如图 8-23 所示。

（4）单击“公式确认”按钮。

以此方法设置“事假扣款”和“养老保险金”的计算公式。

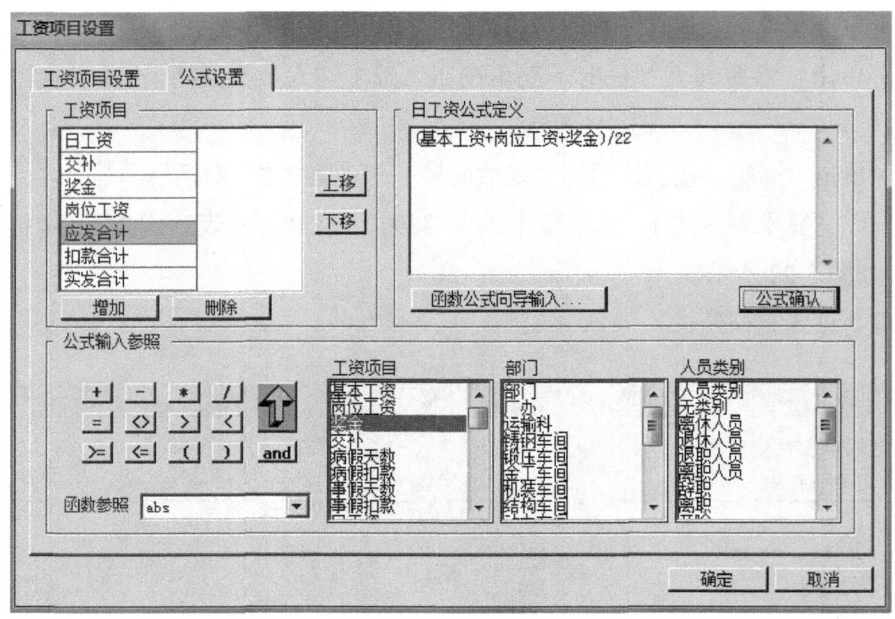

图 8-23　日工资计算公式设置

8.11　设置"病假扣款"的计算公式

操作步骤

（1）在"工资项目设置 - 公式设置"界面中，单击"增加"按钮，从下拉列表框中选中"病假扣款"。

（2）在公式区域录入公式"iff（工龄〉= 10，日工资 * 病假天数 *0.2，iff（工龄〉= 5 and 工龄〈= 10，日工资 * 病假天数 *0.3，日工资 * 病假天数 *0.5））"，如图 8-24 所示。

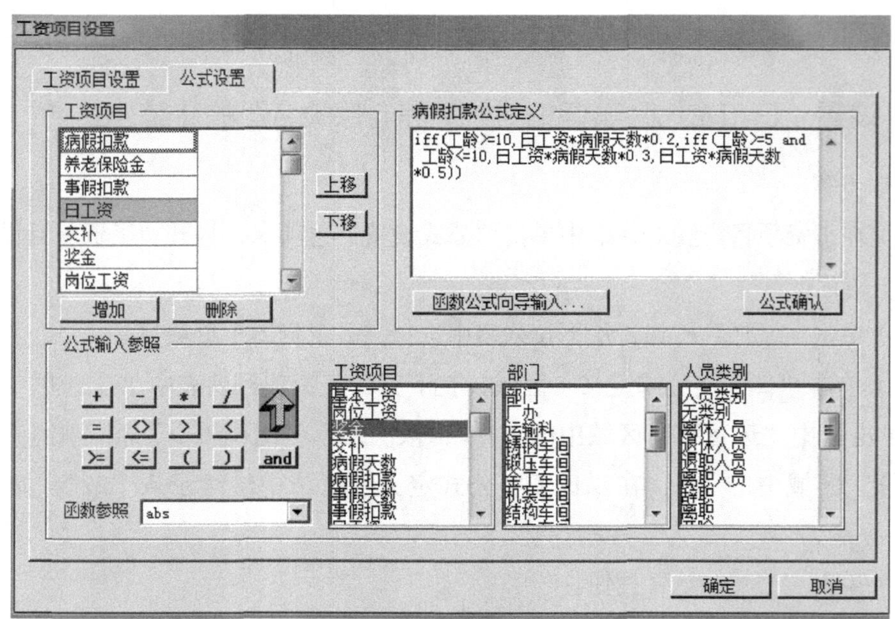

图 8-24　病假扣款公式设置

8.12 账套备份

在“D：\100 账套备份”文件夹中新建“任务 8 薪资管理系统初始设置”文件夹。将账套输出至“任务 8 薪资管理系统初始设置”文件夹中。

计划单

学习领域	会计信息化实务					
学习情境四	薪资管理系统			学　　时	15	
工作任务 8	薪资管理系统初始设置			学　　时	6	
计划方式	小组讨论、团结协作共同制订计划					
序号	实施步骤				使用资源	
制订计划说明						
计划评价	班　　级		第　　组	组长签字		
	教师签字			日　　期		
	评语：					

决策单

学习领域	会计信息化实务				
学习情境四	薪资管理系统			学　　时	15
工作任务 8	薪资管理系统初始设置			学　　时	6
方案讨论					
方案对比	组　　号	方案合理性	实施可操作性	安全性	综合评价
	1				
	2				
	3				
	4				
	5				
	6				

续表

学习领域	会计信息化实务				
学习情境四	薪资管理系统			学　　时	15
工作任务 8	薪资管理系统初始设置			学　　时	6
方案对比	7				
	8				
	9				
	10				
方案评价	评语：				
班　　级		组长签字		教师签字	月　日

实　施　单

学习领域	会计信息化实务		
学习情境四	薪资管理系统	学　　时	15
工作任务 8	薪资管理系统初始设置	学　　时	6
实施方式	小组成员合作；动手实践		

序　　号	实施步骤	使用资源
1		
2		
3		
4		
5		
6		
7		
8		
9		
10		

实施说明：

班　　级		第　　组	组长签字	
教师签字			日　　期	
评　　语				

检 查 单

学习领域	会计信息化实务			
学习情境四	薪资管理系统		学　　时	15
工作任务 8	薪资管理系统初始设置		学　　时	6
序　　号	检查项目	检查标准	学生自查	教师检查
1	建立工资账套	正确建立工资账套		
2	设置人员类别	对人员进行正确分类		
3	设置银行信息	录入银行信息		
4	设置附加信息	设置人员附加信息		
5	设置人员档案	正确设置人员档案		
6	设置工资项目	能分类别录入工资项目		
7	设置计算公式	正确设置计算公式		

检查评价	班　　级		第　　组	组长签字	
	教师签字		日　　期		
	评语：				

评 价 单

学习领域	会计信息化实务				
学习情境四	薪资管理系统			学　　时	15
工作任务 8	薪资管理系统初始设置			学　　时	6
评价类别	项　　目	子项目	个人评价	组内互评	教师评价
专业能力	资讯（10%）	搜集信息及引导问题回答			
	计划（5%）	计划可执行性和安排合理性			
	实施（20%）	实施的完整性、合理性及可执行性			
	检查（10%）	全面准确和特殊情况处理			
	过程（5%）	安全合理、符合操作规范			
	结果（10%）	准确性、快速性			
社会能力	团结协作（10%）	合作情况及对小组贡献度			
	敬业精神（10%）	吃苦耐劳及遵守纪律			
方法能力	计划能力（10%）	计划条理性			
	决策能力（10%）	方案正确性			

续表

学习领域	会计信息化实务							
学习情境四	薪资管理系统				学　时		15	
工作任务 8	薪资管理系统初始设置				学　时		6	
评价评语	班　级		姓　名		学　号		总　评	
	教师签字		第　组	组长签字			日　期	
	评语：							

任务 9　薪资管理系统业务处理

任　务　单

学习领域	会计信息化实务			
学习情境四	薪资管理系统		学　时	15
工作任务 9	薪资管理系统业务处理		学　时	9
	布置任务			
工作目标	1. 进行工资变动的核算； 2. 设计、查看工资分钱清单； 3. 扣缴所得税； 4. 银行代发工资； 5. 工资费用分摊设置并且生成凭证。			
任务描述	本任务主要是掌握薪资日常业务处理，掌握薪资管理系统日常业务处理的知识内容和操作方法。 薪资管理系统适用于各类企业、行政事业单位进行工资核算、工资发放、工资费用分摊、工资统计分析和个人所得税核算等。可以与总账系统集成使用，将工资凭证传递到总账中；可以与成本管理系统集成使用，为成本管理提供人员的费用信息。			
学时安排	资讯 3 学时	计划与决策 1 学时	实施 4 学时	检查与评价 1 学时
提供资料	1. 会计电算化管理办法； 2. 会计核算软件基本功能规范； 3. 会计电算化工作规范； 4. 会计基础工作规范； 5. 会计档案管理办法； 6.《新编用友 ERP 财务管理系统实验教程》，王新玲主编，清华大学出版社，2009； 7.《电算会计项目化教程》，张冬梅主编，电子工业出版社，2012； 8.《会计信息化实务》，徐亚文主编，武汉大学出版社，2011； 9.《会计电算化实务》，王曦东主编，北京邮电大学出版社，2013。			
对学生的要求	1. 会录入工资数据，进行计算汇总； 2. 会设计查看工资分钱清单； 3. 会设计银行信息，查看银行代发工资清单； 4. 能进行应付工资、应付福利费、工会经费等分摊设置和生成凭证。			

资讯单

<table>
<tr><td>学习领域</td><td colspan="3">会计信息化实务</td></tr>
<tr><td>学习情境四</td><td>薪资管理系统</td><td>学　时</td><td>15</td></tr>
<tr><td>工作任务 9</td><td>薪资管理系统业务处理</td><td>学　时</td><td>9</td></tr>
<tr><td>资讯方式</td><td colspan="3">在图书馆、专业期刊、互联网及信息单上查询问题；咨询任课教师。</td></tr>
<tr><td rowspan="5">资讯问题</td><td colspan="3">1. 如果本企业管理人员每月有 1000 元的通讯补贴，应如何处理？</td></tr>
<tr><td colspan="3">2. 如果某职工基本工资额为 6000 元（无其他工资），扣税基数为 3500 元，试计算该职工应缴纳多少个人收入所得税？按每月 22 天计算，其日工资额是多少？如果扣税基数修改为 4000 元，则个人所得税为多少？</td></tr>
<tr><td colspan="3">3. 如果某企业以 5000 元的月薪聘用你为其工作，每月按工资总额的 12% 计提住房公积金，按工资总额的 11% 计提三项保险，你每月可得工资多少元？如果扣税基数为 3500 元，应缴纳个人收入所得税多少元？</td></tr>
<tr><td colspan="3">4. 如果本月为每一位行政人员增加工资 80 元，应如何操作？</td></tr>
<tr><td colspan="3">5. 假设 1 月份为每位员工增加 108 元，应该如何进行处理？</td></tr>
<tr><td>资讯引导</td><td colspan="3">问题的解答可以在下面的资料中查找：
1.《新编用友 ERP 财务管理系统实验教程》，王新玲主编，清华大学出版社，2009，144-170 页；
2.《电算会计项目化教程》，张冬梅主编，电子工业出版社，2012，152-176 页；
3.《会计信息化实务》，徐亚文主编，武汉大学出版社，2011，153-180 页；
4.《会计电算化实务》，王曦东主编，北京邮电大学出版社，2013，149-174 页；
5.《会计信息系统应用》，孙莲香主编，清华大学出版社，2010，161-185 页；
6. 哈尔滨职业技术学院会计信息化实务教学资源库。</td></tr>
</table>

信息单

【任务导入】

哈尔滨冰城科技有限责任公司 2014 年 1 月工资数据如下：

（1）输入工资变动数据（在前面人员档案内）。

（2）工资分摊。

- 设置分摊类型。

应付工资分摊设置如表 9-1 所示，应付福利费分摊设置如表 9-2 所示。

表 9-1　应付工资分摊设置

部门名称	人员类别	项　目	借方科目	贷方科目
厂办，库房，运输科，供应一科，供应二科	管理人员	应发合计	管理费用	应付工资
总账组，资金组，成本组	财务人员	应发合计	管理费用	应付工资
铸钢车间，金工车间，机装车间，结构车间，动力车间	车间管理人员	应发合计	制造费用	应付工资
铸钢车间，金工车间，机装车间，结构车间，动力车间	50W 生产人员	应发合计	生产成本	应付工资

续表

部门名称	人员类别	项　　目	借方科目	贷方科目
铸钢车间，金工车间，机装车间，结构车间，动力车间	80W 生产人员	应发合计	生产成本	应付工资
本地销售科，外地销售科	销售人员	应发合计	销售费用	应付工资

表 9-2　应付福利费分摊设置（按 14% 比例计提）

部门名称	人员类别	项　　目	借方科目	贷方科目
厂办，库房，运输科，供应一科，供应二科	管理人员	应发合计	管理费用	应付福利费
总账组，资金组，成本组	财务人员	应发合计	管理费用	应付福利费
铸钢车间，金工车间，机装车间，结构车间，动力车间	车间管理人员	应发合计	制造费用	应付福利费
铸钢车间，金工车间，机装车间，结构车间，动力车间	50W 生产人员	应发合计	生产成本	应付福利费
铸钢车间，金工车间，机装车间，结构车间，动力车间	80W 生产人员	应发合计	生产成本	应付福利费
本地销售科，外地销售科	销售人员	应发合计	销售费用	应付福利费

- 分摊工资和福利费，生成凭证（用操作员李小明生成，同时将科目的项目选择准确）。

（3）查询凭证。

（4）月末处理。

【任务要求】

（1）对在岗人员进行薪资核算与管理。

（2）录入并计算 1 月份的薪资数据。

（3）扣缴所得税。

（4）银行代发工资。

（5）工资分摊并生成转账凭证。

（6）月末处理。

（7）查看工资发放条。

（8）查看部门工资汇总表。

（9）按部门进行工资项目构成分析。

（10）查询 1 月份工资核算的记账凭证。

（11）账套备份。

【相关知识】

9.1 工资变动

用于日常工资项目的变动以及工资项目的增减等。比如：日常水电费扣发、病事假扣发、奖金录入等。首次进入时，需先进行工资项目设置，然后再录入数据。

9.2 工资分钱清单

工资分钱清单是按单位计算的工资发放分钱票面额清单，会计人员根据此表从银行取款并发给各部门。执行此功能必须在个人数据输入调整完之后，如果个人数据在计算后又做了修改，需重新执行本功能，以保证数据准确。本功能有部门分钱清单、人员分钱清单、工资发放取款单三部分。

9.3 扣缴所得税

为解决各地企业的个人所得税申报问题，在 ERP-U8V10.1 中改进了个人所得税报表功能，支持输出个人信息登记表、扣缴个人所得税报表和扣缴汇总报告表。各地税务局一般都开发了个人所得税申报软件（企业申报）给企业使用，企业可通过该软件导入“扣缴所得税”模块导出的 Excel 格式报表进行申报操作。

9.4 银行代发

银行代发即由银行发放企业职工个人工资。

目前许多单位发放工资时都采用工资银行卡方式。这种做法既减轻了财务部门发放工资工作的繁重，有效地避免了财务部门到银行提取大笔款项所承担的风险，又提高了对员工个人工资的保密程度。

9.5 工资费用分摊

财会部门根据工资费用分配表，将工资费用根据用途进行分配，并编制转账会计凭证，传递到总账系统供登账处理之用。

9.6 月末结账

月末结转时将当月数据经过处理后结转至下一个月，每月工资数据处理完毕后均可进行月末结转。由于在工资项目中，有的项目是变动的，即每月的数据不相同，在对每月工资处理时，均需将其数据清零，而后输入下一个月的数据，此类项目即为清零项目。

需要说明的是月末结转只有在会计年度的 1 月至 11 月进行；月末结转只有在当月

工资数据处理完毕后才可进行；若未处理多个工资项目类别，则应打开工资类别，分别进行月末结转；本月工资数据未进行汇总，则不能进行月末结转。

9.7 反结账

在薪资管理系统结账后，发现还有一些业务或其他事项需要在已结账月进行账务处理，此时需要使用反结账功能，取消已结账标记。

注意有以下情况之一，不允许反结账：

（1）总账系统已结账。

（2）本月工资分摊、计提凭证传输到总账系统，如果总账系统已制单并记账，需做红字对冲凭证后，才能反结账；如果总账系统未做任何操作，只需删除此凭证即可。

（3）如果凭证已经由出纳签字 / 主管签字，需要取消出纳签字 / 主管签字，并删除该张凭证后，才能反结账。

9.8 年末结转

年末结转是每年 12 月份的工资处理后将当年的工资数据转至下年。它与月末处理的功能类似，区别是要将本年度的重要数据进行备份，并可以对信息重组，为劳动管理积累资料，最后还要自动建立新年度的全套工资账。

【任务实施】

9.1 确认个人收入所得税的计提基数

操作步骤

（1）在用友 ERP-U8 企业应用平台中，选择“人力资源”中的“薪资管理”，打开“打开工资类别”对话框。

（2）选择“在岗人员”工资类别，单击“确认”按钮。

（3）执行“业务处理”|“扣缴所得税”命令，系统弹出“本月未进行‘工资变动’功能或数据有变化，请先进入‘工资变动’重新计算数据，否则数据可能不正确”信息提示框。

（4）单击“确认”按钮，进入“个人所得税扣缴申报表”窗口。

（5）单击“税率”按钮，打开“个人所得税申报表”对话框。

（6）查看“基数”栏是否为“3500”，如图 9-1 所示。

（7）单击“确认”按钮，返回“个人所得税扣缴申报表”窗口。单击“退出”按钮退出。

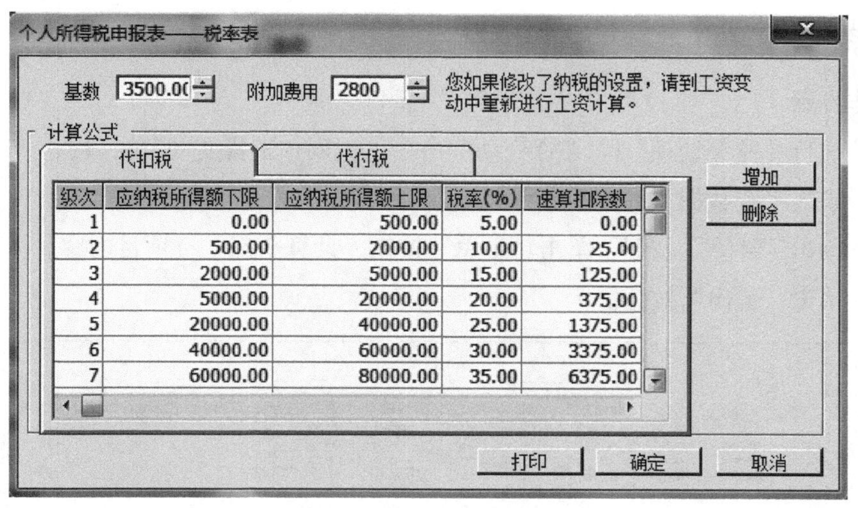

图 9-1 修改纳税基数

提示

- 由于系统按操作员编号识别操作员，如果操作员编号所对应的操作员姓名不同则提示“制单人名与当前操作员名不一致，将使用当前操作员”。如果认可则可以单击“确认”按钮确定。
- 个人所得税扣缴应在“工资变动”后进行，但是2011年9月1日之前个人所得税的计提基数设置是2000元，而本例中是3500元，所以应先核对个人所得税计提基数后进行工资变动处理。如果先进行工资变动处理再修改个人所得税的计提基数，就应该在修改了个人所得税的计提基数后再进行一次工资变动处理，否则工资数据将不正确。
- “个人所得税扣缴申报表”是个人纳税情况的记录，系统提供对表中栏目的设置功能。
- 个人所得税申报表栏目只能选择系统提供的项目，不提供由用户自定义的项目。
- 系统默认以“实发合计”作为扣税基数。如果想以其他工资项目作为扣税标准，则需要在定义工资项目时单独为应税所得设置一个工资项目。
- 如果单位的扣除费用及税率与国家规定的不一致，可以在个人所得税扣缴申报表中单击“税率”按钮进行修改。
- 在“工资变动”中，系统默认以“实发合计”作为扣税基数，所以在执行完个人所得税计算后，需要到“工资变动”中，执行“计算”和“汇总”功能，以保证“代扣税”这个工资项目能正确反映出单位实际代扣个人所得税的金额。

9.2 录入并计算 1 月份的工资数据

操作步骤

（1）执行“业务处理”|“工资变动”命令，进入“工资变动”窗口。

（2）录入工资数据，如图 9-2 所示。

（3）单击“计算”按钮，单击“汇总”按钮，计算全部工资项目内容。

（4）单击“退出”按钮。

工资变动

过滤器 所有项目　　□ 定位器

选择	人员编号	姓名	部门	人员类别	基本工资	岗位工资	奖金	交补	应发合计	病假天数	病假扣款	事假天数	事假扣款	日工资	工
	101029	李行天	厂办	管理人员	4,900.00	1,000.00	800.00	400.00	7,100.00					304.55	
	301101	刘芳	铸钢车间	50W生产人员	4,700.00	750.00	500.00	400.00	6,350.00					270.45	
	301102	刘明	铸钢车间	80W生产人员	4,800.00	750.00	500.00	400.00	6,450.00			1		275.00	
	301103	刘云	铸钢车间	车间管理人员	4,500.00	900.00	500.00	400.00	6,300.00					268.18	
	303101	陈列	金工车间	50W生产人员	4,400.00	750.00	500.00	400.00	6,050.00	1				256.82	
	303102	陈重	金工车间	80W生产人员	4,400.00	750.00	500.00	400.00	6,050.00					256.82	
	303103	陈志远	金工车间	车间管理人员	4,400.00	900.00	500.00	400.00	6,200.00			2		263.64	
	501011	许晴	本地销售科	销售人员	4,400.00	750.00	500.00	600.00	6,250.00					256.82	
	501012	孙明	本地销售科	销售人员	4,400.00	750.00	500.00	600.00	6,250.00					256.82	
	501013	杨玲	本地销售科	销售人员	4,700.00	750.00	500.00	600.00	6,550.00					270.45	
	501014	刘杨	外地销售科	销售人员	4,400.00	750.00	500.00	600.00	6,250.00					256.82	
	502015	甘甜	外地销售科	销售人员	4,600.00	750.00	500.00	600.00	6,450.00					265.91	
	502016	潘张	外地销售科	销售人员	4,600.00	750.00	500.00	600.00	6,450.00					265.91	
	502017	张飞	外地销售科	销售人员	4,300.00	750.00	500.00	600.00	6,150.00					252.27	
	502018	赵良	外地销售科	销售人员	4,400.00	750.00	500.00	600.00	6,250.00					256.82	
	601019	李小明	总账组	财务人员	4,500.00	750.00	500.00	400.00	6,150.00	2				261.36	
	601020	李明	总账组	财务人员	4,800.00	750.00	500.00	400.00	6,450.00					275.00	
	602021	李明明	资金组	财务人员	4,500.00	750.00	500.00	400.00	6,150.00			2		261.36	
	603022	王三天	成本组	财务人员	4,566.00	750.00	500.00	400.00	6,216.00					264.36	
	603023	张青	成本组	财务人员	4,499.00	750.00	500.00	400.00	6,149.00					261.32	
	700024	王库	库房	管理人员	4,600.00	1,000.00	800.00	400.00	6,800.00					290.91	
	700025	郭库	库房	管理人员	4,300.00	1,000.00	800.00	400.00	6,500.00	1				277.27	
	700026	胡库	库房	管理人员	4,600.00	1,000.00	800.00	400.00	6,800.00					290.91	
	700027	谈库	库房	管理人员	4,800.00	1,000.00	800.00	400.00	7,000.00					300.00	
	700028	王库	库房	管理人员	4,300.00	1,000.00	800.00	400.00	6,500.00					277.27	
合计					113,365.00	20,550.00	14,300.00	11,600.00	159,815.00	4		5		6,737.04	

图 9-2　录入工资数据

提示

- 第一次使用工资系统必须将所有人员的基本工资数据录入系统。工资数据可以在录入人员档案时直接录入，需要计算的内容再在此功能中进行计算。也可以在工资变动功能中录入，当工资数据发生变化时应在此录入。
- 如果工资数据变化具有规律性，可使用“替换”功能进行成批数据替换。
- 在修改了某些数据、重新设置了计算公式、进行了数据替换或在个人所得税中执行了自动扣税等操作时，必须调用“计算”和“汇总”功能对个人工资数据重新计算，以保证数据正确。
- 如果对工资数据只进行了“计算”的操作而未进行“汇总”操作，则退出时系统提示“数据发生变动后尚未进行汇总，是否进行汇总？”，如果需要汇总则单击“是”，否则，单击“否”即可。

9.3 扣缴所得税

操作步骤

（1）执行“业务处理”|“扣缴所得税”命令，打开“个人所得税申报模板”对话框。

（2）选择“个人所得税年度申报表”，单击“打开”按钮，进入“所得税申报”窗口，如图 9-3 所示。

所得税申报

输出 | 税率 | 栏目 | 内容 | 邮件 | 过滤 | 定位 | 退出

系统扣缴个人所得税报表

2014年1月 – 2014年1月

总人数：25

序号	纳税义务...	身份证照...	身...	国..	职...	所..	所得期间	收入额	免税收入额	允许扣除...	费用扣除...	准予扣除...	应纳税所...	税率	应扣税额	已扣税额	备注
1	李天行	身份证					1	7100.00			3500.00		3246.72	10	219.67	219.67	
2	刘芳	身份证					1	6350.00			3500.00		2536.27	10	148.63	148.63	
3	刘明	身份证					1	6450.00			3500.00		2411.00	10	136.10	136.10	
4	刘云	身份证					1	6300.00			3500.00		2488.91	10	143.89	143.89	
5	陈列	身份证					1	6050.00			3500.00		2252.09	10	120.21	120.21	
6	陈重	身份证					1	6050.00			3500.00		2252.09	10	120.21	120.21	
7	陈志远	身份证					1	6200.00			3500.00		1972.36	10	92.24	92.24	
8	许晴	身份证					1	6250.00			3500.00		2452.09	10	140.21	140.21	
9	孙明	身份证					1	6250.00			3500.00		2452.09	10	140.21	140.21	
10	杨玲	身份证					1	6550.00			3500.00		2736.27	10	168.63	168.63	
11	刘畅	身份证					1	6250.00			3500.00		2452.09	10	140.21	140.21	
12	甘甜	身份证					1	6450.00			3500.00		2641.54	10	159.15	159.15	
13	潘张	身份证					1	6450.00			3500.00		2641.54	10	159.15	159.15	
14	张飞	身份证					1	6150.00			3500.00		2357.36	10	130.74	130.74	
15	赵良	身份证					1	6250.00			3500.00		2452.09	10	140.21	140.21	
16	李小明	身份证					1	6150.00			3500.00		2346.82	10	129.68	129.68	
17	李明	身份证					1	6450.00			3500.00		2631.00	10	158.10	158.10	
18	李明明	身份证					1	6150.00			3500.00		1928.64	10	87.86	87.86	
19	王三天	身份证					1	6216.00			3500.00		2409.34	10	135.93	135.93	
20	张青	身份证					1	6149.00			3500.00		2345.87	10	129.59	129.59	
21	王库	身份证					1	6800.00			3500.00		2962.54	10	191.25	191.25	
22	郭库	身份证					1	6500.00			3500.00		2678.36	10	162.84	162.84	
23	胡库	身份证					1	6800.00			3500.00		2962.54	10	191.25	191.25	
24	谈库	身份证					1	7000.00			3500.00		3152.00	10	210.20	210.20	
25	王库	身份证					1	6500.00			3500.00		2678.36	10	162.84	162.84	
合计								159815.00			87500.00		63439.98		3719.00	3719.00	

图 9-3　个人所得税扣缴申报表

提示

- 可以对“个人所得税申报表”中的“基数”和“税率”进行调整，而调整后必须重新计算个人所得税，否则个人所得税数据将发生错误。

9.4　查看银行代发一览表

操作步骤

（1）执行“业务处理”|“银行代发”命令，打开“银行文件格式设置”对话框。如图 9-4 所示。

（2）单击“确定”按钮，系统弹出“确认设置的银行文件格式？”信息提示框。

（3）单击“是”按钮。进入“银行代发一览表”窗口，如图 9-5 所示。

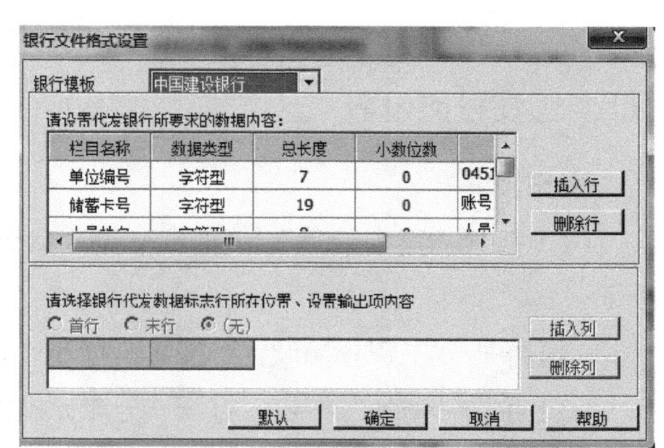

图 9-4　银行文件格式设置

简易桌面 银行代发

银行代发一览表

名称：中国建设银行 人数：25

单位编号	储蓄卡号	人员姓名	身份证号	公积金账号	工资金额
4511234	0000200120022003001	李行天	01061995010101	10067546010000	6280.00
4511234	0000200120022003002	刘芳	01061995010101	10067546020000	5670.00
4511234	0000200120022003003	刘明	01061995010101	10067546030000	5750.00
4511234	0000200120022003004	刘云	01061995010101	10067546040000	5620.00
4511234	0000200120022003005	陈列	01061995010101	10067546050000	5420.00
4511234	0000200120022003006	陈重	01061995010101	10067546060000	5420.00
4511234	0000200120022003007	陈志远	01061995010101	10067546070000	5540.00
4511234	0000200120022003008	许晴	01061995010101	10067546080000	5590.00
4511234	0000200120022003009	孙明	01061995010101	10067546090000	5590.00
4511234	0000200120022003010	杨玲	01061995010101	10067546100000	5840.00
4511234	0000200120022003011	刘杨	01061995010101	10067546110000	5590.00
4511234	0000200120022003012	甘甜	01061995010101	10067546120000	5750.00
4511234	0000200120022003013	潘张	01061995010101	10067546130000	5750.00
4511234	0000200120022003014	张飞	01061995010101	10067546140000	5510.00
4511234	0000200120022003015	赵良	01061995010101	10067546150000	5590.00
4511234	0000200120022003016	李小明	01061995010101	10067546160000	5500.00
4511234	0000200120022003017	李明	01061995010101	10067546170000	5750.00
4511234	0000200120022003018	李明明	01061995010101	10067546180000	5500.00
4511234	0000200120022003029	王三天	01061995010101	10067546190000	5560.00
4511234	0000200120022003020	张青	01061995010101	10067546200000	5500.00
4511234	0000200120022003021	王库	01061995010101	10067546210000	6040.00
4511234	0000200120022003022	郭库	01061995010101	10067546220000	5790.00
4511234	0000200120022003023	胡库	01061995010101	10067546230000	6040.00
4511234	0000200120022003024	谈库	01061995010101	10067546240000	6200.00
4511234	0000200120022003025	王库	01061995010101	10067546250000	5790.00
合计					142580.00

图 9-5　银行代发一览表

（4）单击“退出”按钮。

提示

- 银行文件格式可以进行设置。并且可以分别以 TXT、DAT 及 DBF 文件格式输出。

9.5　工资分摊设置

操作步骤

（1）执行“业务处理”|“工资分摊”命令，打开“工资分摊”对话框。如图 9-6 所示。

（2）单击“工资分摊设置”按钮，打开“分摊类型设置”对话框。

（3）单击“增加”按钮，打开“分摊计提比例设置”对话框。

（4）在“计提类型名称”栏录入“应付工资”，如图 9-7 所示。

（5）单击“下一步”按钮，打开“分摊构成设置”对话框。在“分摊构成设置”对话框中，分别选择分摊构成的各个项目内容，如图 9-8 所示。

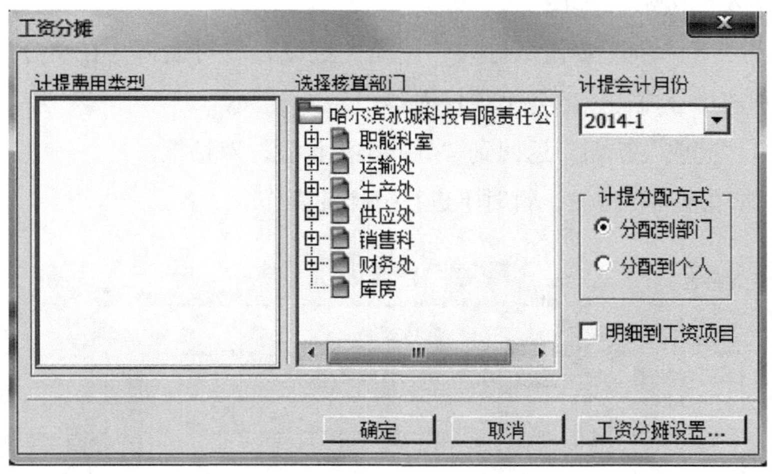

图 9-6　工资分摊设置

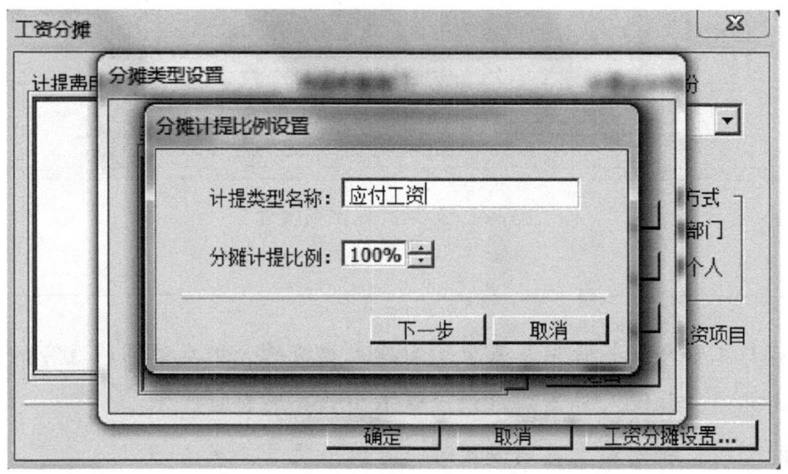

图 9-7　分摊计提比例设置

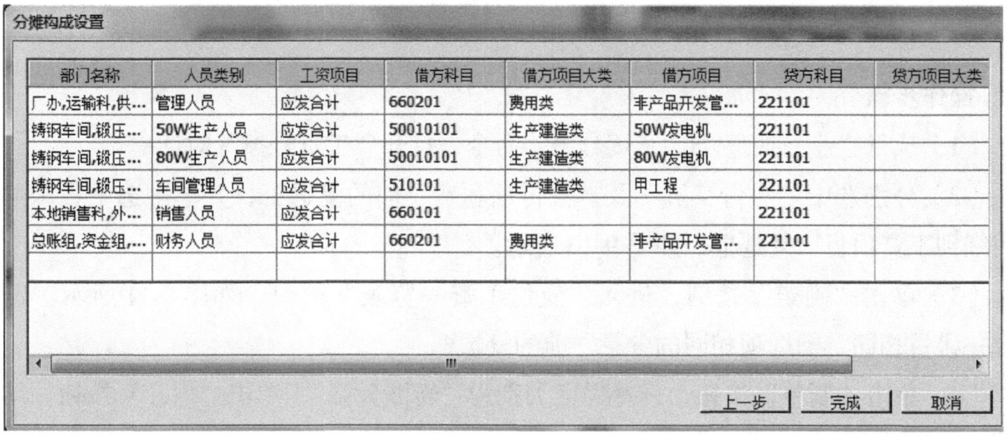

分摊构成设置

部门名称	人员类别	工资项目	借方科目	借方项目大类	借方项目	贷方科目	贷方项目大类
厂办,运输科,供…	管理人员	应发合计	660201	费用类	非产品开发管…	221101	
铸钢车间,锻压…	50W生产人员	应发合计	50010101	生产建造类	50W发电机	221101	
铸钢车间,锻压…	80W生产人员	应发合计	50010101	生产建造类	80W发电机	221101	
铸钢车间,锻压…	车间管理人员	应发合计	510101	生产建造类	甲工程	221101	
本地销售科,外…	销售人员	应发合计	660101			221101	
总账组,资金组,…	财务人员	应发合计	660201	费用类	非产品开发管…	221101	

上一步　完成　取消

图 9-8　分摊构成设置

（6）单击“完成”按钮，返回到“分摊类型设置”对话框。

（7）单击“增加”按钮，在“计提类型名称”栏录入“应付福利费”，在“分摊计提比例”栏录入“14%”，如图 9-9 所示。

（8）单击“下一步”按钮。打开“计提类型设置”对话框，在“分摊构成设置”对话框中分别选择分摊构成的各个项目内容。

（9）单击“完成”按钮，返回到“分摊类型设置”对话框。

（10）单击“取消”按钮，暂时不进行分摊的操作。

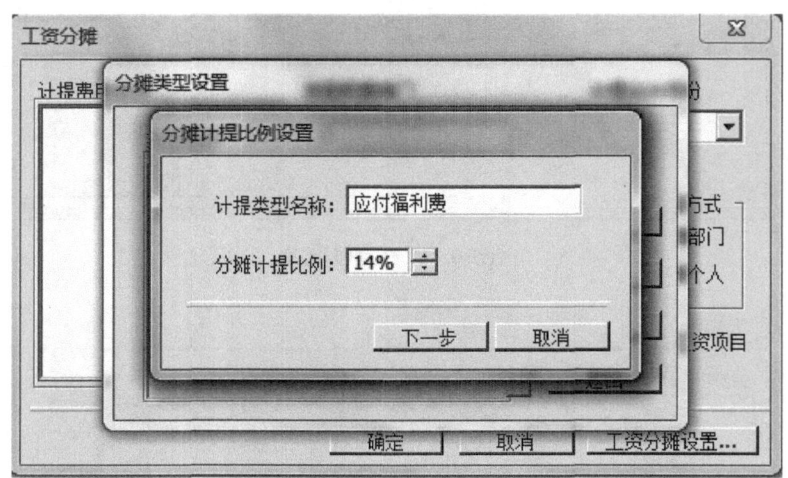

图 9-9　分摊计提比例设置

提示

- 所有与工资相关的费用及基金均需建立相应的分摊类型名称及分摊比例。
- 不同部门、相同人员类别可以设置不同的分摊科目。
- 不同部门、相同人员类别设置时，可以一次选择多个部门。

9.6　工资分摊并生成转账凭证

操作步骤

（1）执行“业务处理”|“工资分摊”命令，打开“工资分摊”对话框。

（2）分别选中“应付工资”及“应付福利费”前的复选框，并单击选中各个部门“明细到工资项目”复选框，如图 9-10 所示。

（3）单击“确定”按钮，进入“应付工资一览表”窗口，如图 9-11 所示。选中“合并科目相同、辅助项相同的分录”前的复选框。

（4）单击“制单”按钮，选择凭证类别为“转账凭证”，单击“保存”按钮。结果如图 9-12 所示。

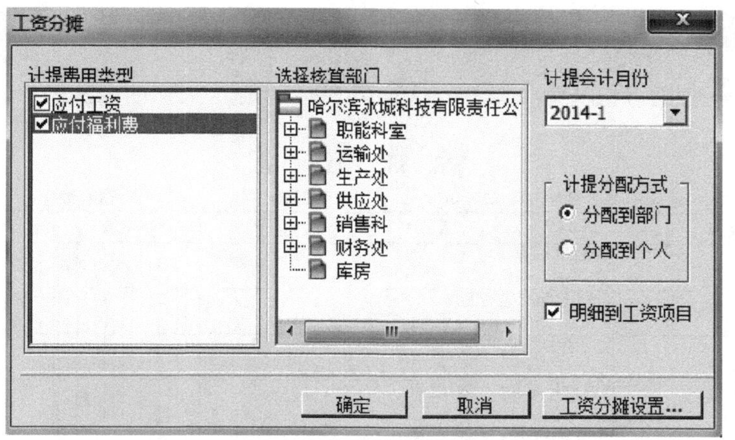

图 9-10　工资分摊

应付工资一览表

☑ 合并科目相同、辅助项相同的分录

类型 应付工资　　　　计提会计月份 1月

应发合计

分配金额	借方科目	借方项目大类	借方项目	贷方科目	贷方项目大类	贷方项目
7100.00	660201	费用类	非产品开...	221101		
6350.00	50010101	生产建造类	50W发电机	221101		
6450.00	50010101	生产建造类	80W发电机	221101		
6300.00	510101	生产建造类	甲工程	221101		
6050.00	50010101	生产建造类	50W发电机	221101		
6050.00	50010101	生产建造类	80W发电机	221101		
6200.00	510101	生产建造类	甲工程	221101		
19050.00	660101			221101		
31550.00	660101			221101		
12600.00	660201	费用类	非产品开...	221101		
6150.00	660201	费用类	非产品开...	221101		
12365.00	660201	费用类	非产品开...	221101		
33600.00	660201	费用类	非产品开...	221101		

图 9-11　应付工资一览表

（5）单击“退出”按钮，返回“应付工资一览表”。

（6）单击“类型”栏的下三角按钮，选择“应付福利费”，生成应付福利费分摊转账凭证，如图 9-13 所示。

提示

- 工资分摊应按分摊类型依次进行。
- 在进行工资分摊时，如果不选择“合并科目相同、辅助项相同的分录”，则在生成凭证时将每一条分录都对应一个贷方科目；如果单击“批制”按钮，可以一次将所有本次参与分摊的“分摊类型”所对应的凭证全部生成。

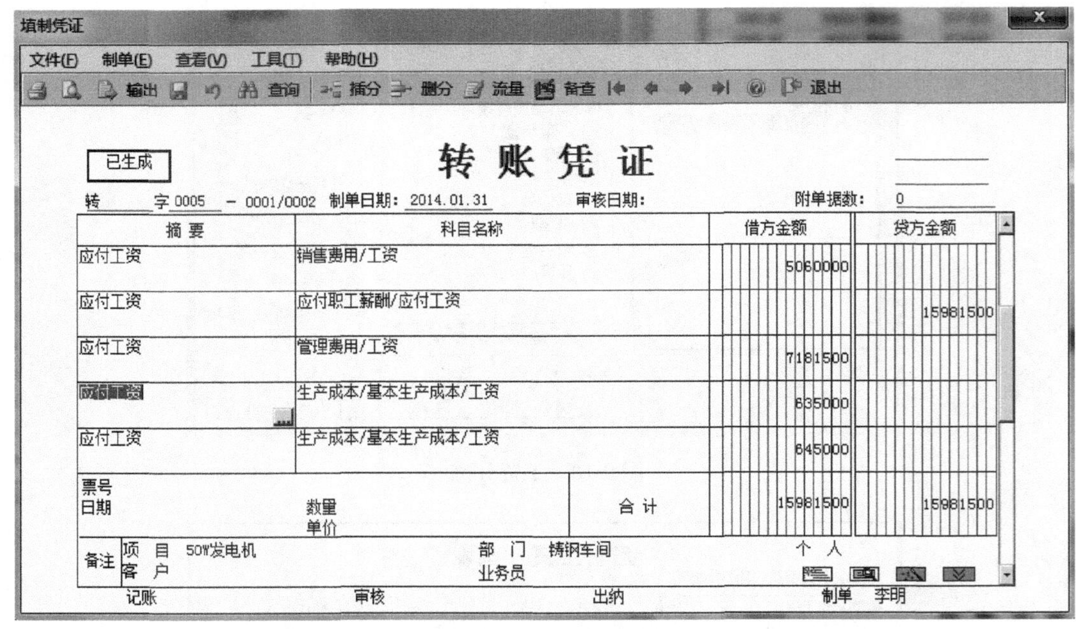

图 9-12　应付工资分摊转账凭证生成

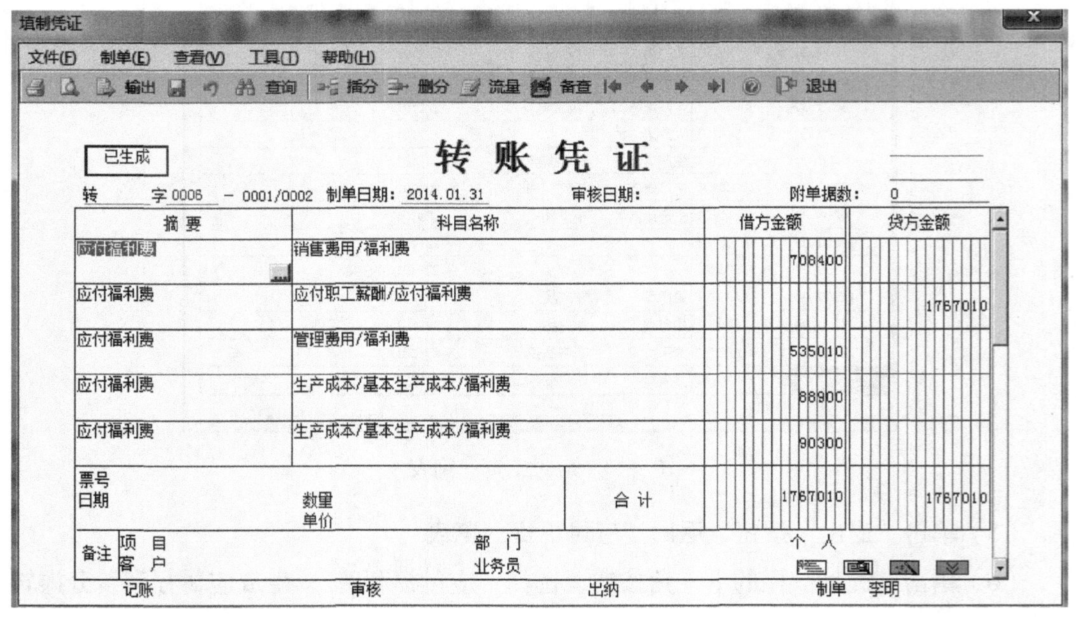

图 9-13　应付福利费分摊转账凭证

9.7　月末处理

操作步骤

（1）执行“业务处理”|“月末处理”命令，打开“月末处理”对话框，如图 9-14 所示。

（2）单击“确定”按钮，系统提示“月末处理之后，本月工资将不许变动！继续月末处理吗？”，如图 9-15 所示。

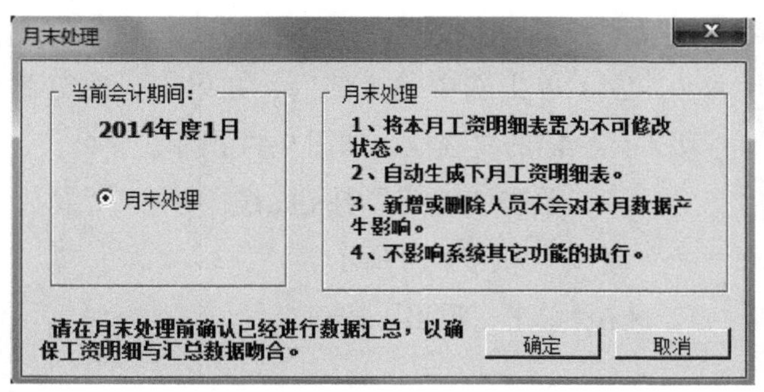

图 9-14　月末处理

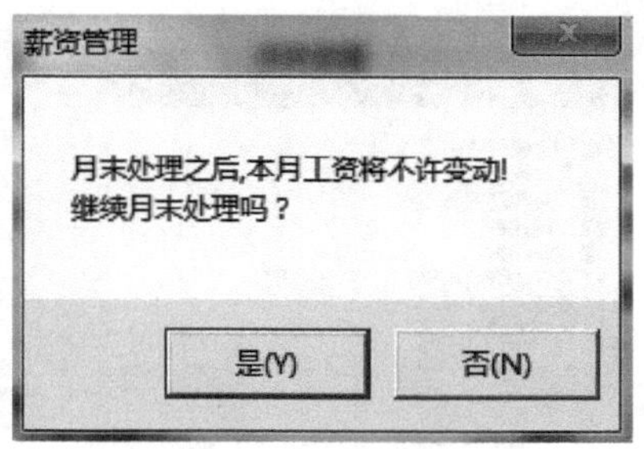

图 9-15　薪资月末处理系统提示

（3）单击“是”按钮。系统提示“是否选择清零项？”。

（4）单击“否”按钮，系统提示“月末处理完毕！”。

（5）单击“确定”按钮。

提示

- 月末处理只有在会计年度的 1 月至 11 月进行。
- 如果处理多个工资类别，则应分别打开工资类别，分别进行月末处理。
- 如果本月工资数据未汇总，系统将不允许进行月末处理。
- 进行月末处理后，当月数据将不允许变动。
- 月末处理功能只有账套主管才能执行。
- 在进行月末处理后，如果发现还有一些业务或其他事项要在已进行月末处理的月份进行账务处理，可以由账套主管以下月日期登录，使用反结账功能，取消已结账标记。
- 有下列情况之一不允许反结账：总账系统已结账；汇总工资类别的会计月份与反结账的会计月相同，并且包括反结账的工资类别。
- 本月工资分摊、计提凭证传输到总账系统，如果总账系统已审核并记账，需做红字冲销后，才能反结账；如果总账系统未做任何操作，只需删除此凭证即可。如果凭证已由出纳或主管签字，应在取消出纳签字或主管签字，并删除该张凭证后才能反结账。

9.8　查看薪资发放条

操作步骤

（1）执行“系统分析”|“账表”|“工资表”命令，打开“工资表”对话框。

（2）单击选中“工资发放条”，如图 9-16 所示。

（3）单击“查看”按钮，打开“工资发放条”对话框。

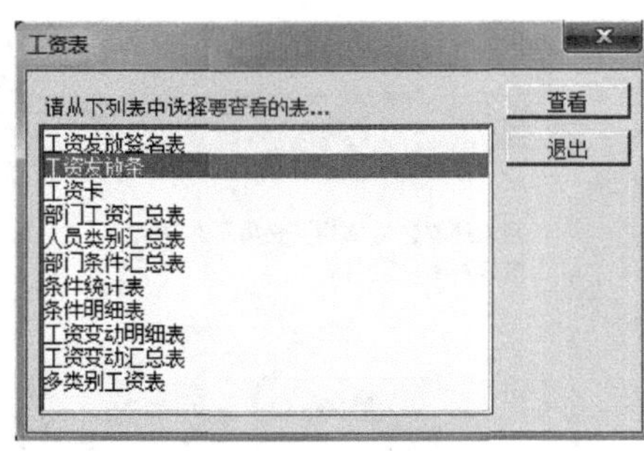

图 9-16　选中“工资发放条”

（4）单击选中各个部门，并单击“选定下级部门”前的复选框，如图 9-17 所示。

（5）单击“确定”按钮，进入“工资发放条”窗口，如图 9-18 所示。

（6）单击“退出”按钮。

图 9-17　选择部门

工资发放条

2014 年 01 月

部门 全部　　会计月份 一月　　人数：25

人员编号	姓名	基本工资	岗位工资	奖金	交补	应发合计	病假天数	病假扣款
101029	李行天	4,900.00	1,000.00	800.00	400.00	7,100.00		
301101	刘芳	4,700.00	750.00	500.00	400.00	6,350.00		
301102	刘明	4,800.00	750.00	500.00	400.00	6,450.00		
301103	刘云	4,500.00	900.00	500.00	400.00	6,300.00		
303101	陈列	4,400.00	750.00	500.00	400.00	6,050.00	1	
303102	陈重	4,400.00	750.00	500.00	400.00	6,050.00		
303103	陈志远	4,400.00	900.00	500.00	400.00	6,200.00		
501011	许晴	4,400.00	750.00	500.00	600.00	6,250.00		
501012	孙明	4,400.00	750.00	500.00	600.00	6,250.00		
501013	杨玲	4,700.00	750.00	500.00	600.00	6,550.00		
501014	刘杨	4,400.00	750.00	500.00	600.00	6,250.00		
502015	甘甜	4,600.00	750.00	500.00	600.00	6,450.00		
502016	潘张	4,600.00	750.00	500.00	600.00	6,450.00		
502017	张飞	4,300.00	750.00	500.00	600.00	6,150.00		
502018	赵良	4,400.00	750.00	500.00	600.00	6,250.00		
601019	李小明	4,500.00	750.00	500.00	400.00	6,150.00	2	
601020	李明	4,800.00	750.00	500.00	400.00	6,450.00		
602021	李明明	4,500.00	750.00	500.00	400.00	6,150.00		
603022	王三天	4,566.00	750.00	500.00	400.00	6,216.00		
603023	张青	4,499.00	750.00	500.00	400.00	6,149.00		
700024	王库	4,600.00	1,000.00	800.00	400.00	6,800.00		
700025	郭库	4,300.00	1,000.00	800.00	400.00	6,500.00	1	
700026	胡库	4,600.00	1,000.00	800.00	400.00	6,800.00		
700027	谈库	4,800.00	1,000.00	800.00	400.00	7,000.00		
700028	王库	4,300.00	1,000.00	800.00	400.00	6,500.00		
合计		113,365.00	20,550.00	14,300.00	11,600.00	159,815.00	4	0.00

制表：　　审核：

图 9-18　工资发放条

提示

- 工资业务处理完成后，相关工资报表数据同时生成，系统提供了多种形式的报表反映工资核算的结果。如果对报表的格式不满意还可以进行修改。
- 系统提供的汇总报表主要包括“工资发放签名表”、“工资发放条”、“部门工资汇总表”、“人员类别汇总表”、“部门条件汇总表”、“条件统计表”、“条件明细表”及“工资变动明细表”等。
- 工资发放条是发放工资时交给职工的工资子项目清单。系统提供了自定义工资发放打印信息和工资项目打印位置格式的功能，提供固定表头和打印区域范围的“工资套打”格式。

9.9 查看部门工资汇总表

操作步骤

（1）执行“系统分析”|“账表”|“工资表”命令，打开“工资表”对话框。

（2）单击选中“部门工资汇总表”，单击“查看”按钮，打开“部门工资汇总表-选择部门范围”对话框。

（3）单击选中各个部门，并单击“选定下级部门”前的复选框。单击“确定”按钮，继续选择，如图9-19所示。

（4）单击“确定”按钮，进入“部门工资汇总表”窗口。

（5）单击“退出”按钮退出。

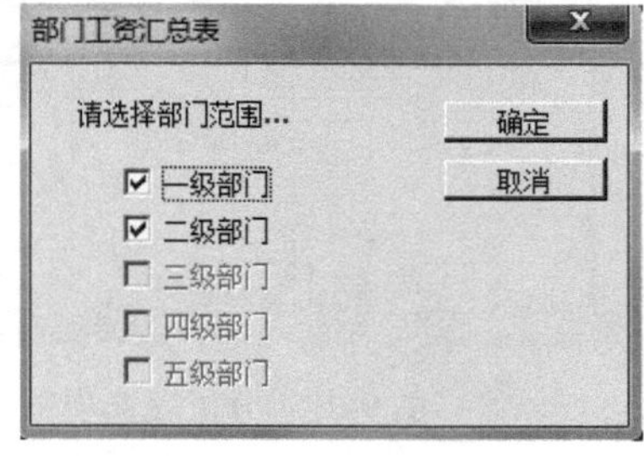

图9-19 选择部门范围

提示

- 部门工资汇总表提供按单位（或各部门）进行工资汇总的查询。
- 可以选择部门级次，可以查询当月部门工资汇总表，也可以查询其他各月的部门工资汇总表。

9.10 对财务部进行工资项目构成分析

操作步骤

（1）执行“确定”按钮，进行“工资项目分析表”命令，打开“工资分析表”，如图9-20所示。

（2）单击“确定”按钮，打开“选择分析部门”对话框。

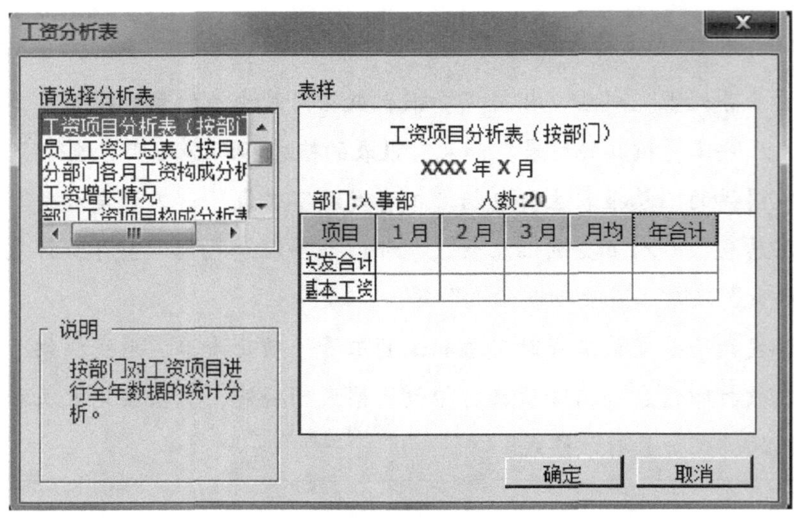

图 9-20　工资分析表

（3）在“选择分析部门”对话框中，单击选中各个部门。

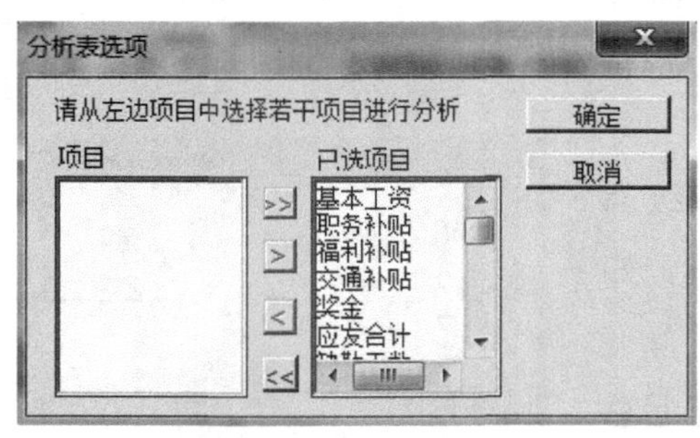

图 9-21　分析表选项

（4）在“分析表选项”对话框中，单击“〉〉”按钮，选中所有的薪资项目内容，如图 9-21 所示。

（5）单击“确定”按钮，进入“工资项目分析表（按部门）”窗口。

（6）单击“部门”栏的下三角按钮，选择“财务部”，可以查看财务部工资项目构成情况。

（7）单击“退出”按钮退出。

提示

- 对于工资项目分析，系统仅提供单一部门的分析表。用户可以在分析界面单击“部门”栏的下三角按钮，查看该部门的工资项目构成分析。

9.11　查询 1 月份计提“应付福利费”的记账凭证

操作步骤

（1）执行“系统分析”|“凭证查询”命令，打开“凭证查询”对话框，如图 9-22 所示。

（2）在“凭证查询”对话框中，单击选中“应付福利费”所在行。

（3）单击“凭证”按钮，打开计提应付福利费的转账凭证。

（4）单击“退出”按钮退出。

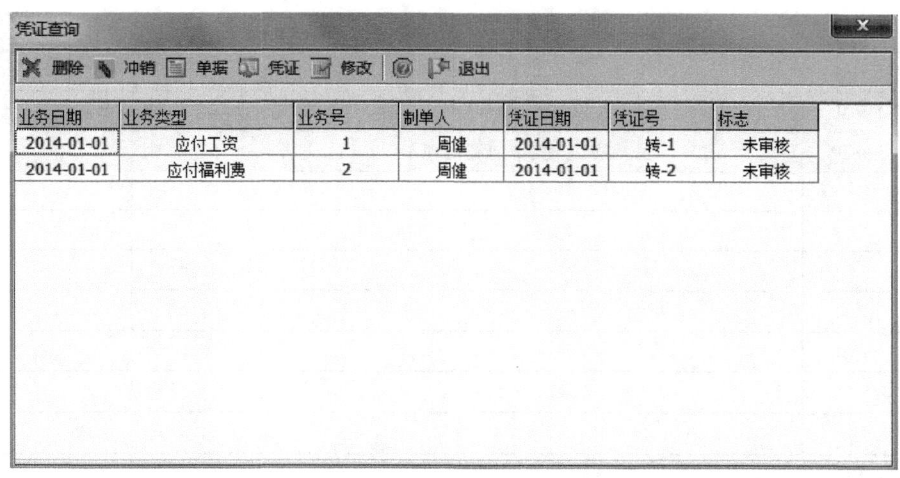

图 9-22　凭证查询

提示

- 薪资管理系统中的凭证查询功能可以对薪资管理系统生成的转账凭证进行查询、删除或冲销。而在总账系统中，对薪资管理系统中传递过来的转账凭证只能进行查询、审核或记账等操作，不能进行修改或删除。
- 在凭证查询功能中单击“单据”按钮，可以查看盖章凭证所对应的单据。
- 如果要进行工资数据的上报或采集或者进行不同工资类别之间的人员变动，应在“工资数据维护”功能中完成。
- 在“工资数据维护”功能中还可以进行“人员信息复制”及“工资类别汇总”的操作。

9.12　账套备份

在“D：\100 账套备份”文件夹中新建“任务 9 薪资管理系统业务处理”文件夹。将账套输出至“任务 9 薪资管理系统业务处理”文件夹中。

计　划　单

学习领域	会计信息化实务		
学习情境四	薪资管理系统	学　时	15
工作任务 9	薪资管理系统业务处理	学　时	9
计划方式	小组讨论、团结协作共同制订计划		
序　号	实施步骤		使用资源

续表

学习领域	会计信息化实务		
学习情境四	薪资管理系统	学　　时	15
工作任务 9	薪资管理系统业务处理	学　　时	9
制订计划说明			
计划评价	班　　级		第　　组	组长签字	
	教师签字		日　　期	
	评语：		

决　策　单

学习领域	会计信息化实务				
学习情境四	薪资管理系统		学　　时		15
工作任务 9	薪资管理系统业务处理		学　　时		9
方案讨论					
方案对比	组　号	方案合理性	实施可操作性	安全性	综合评价
	1				
	2				
	3				
	4				
	5				
	6				
	7				
	8				
	9				
	10				
方案评价	评语：				
班　　级		组长签字		教师签字	月　　日

实施单

学习领域	会计信息化实务		
学习情境四	薪资管理系统	学　　时	15
工作任务 9	薪资管理系统业务处理	学　　时	9
实施方式	小组成员合作；动手实践		

序　　号	实施步骤	使用资源
1		
2		
3		
4		
5		
6		
7		
8		
9		
10		

实施说明：

班　　级		第　　组	组长签字	
教师签字			日　　期	
评　　语				

检查单

学习领域	会计信息化实务			
学习情境四	薪资管理系统		学　　时	15
工作任务 9	薪资管理系统业务处理		学　　时	9
序　　号	检查项目	检查标准	学生自查	教师检查
1	工资变动汇总表	录入计算正确		
2	所得税计算表	正确		
3	计税基础	设置正确		
4	工资费用分摊	设置正确		
5	工资分摊凭证	正确生成		

检查评价	班　　级		第　　组	组长签字	
	教师签字		日　　期		

续表

学习领域	会计信息化实务		
学习情境四	薪资管理系统	学　　时	15
工作任务 9	薪资管理系统业务处理	学　　时	9
检查评价	评语：		

评　价　单

<table>
<tr><td>学习领域</td><td colspan="8">会计信息化实务</td></tr>
<tr><td>学习情境四</td><td colspan="4">薪资管理系统</td><td colspan="2">学　　时</td><td colspan="2">15</td></tr>
<tr><td>工作任务 9</td><td colspan="4">薪资管理系统业务处理</td><td colspan="2">学　　时</td><td colspan="2">9</td></tr>
<tr><td>评价类别</td><td>项　　目</td><td colspan="2">子项目</td><td>个人评价</td><td colspan="2">组内互评</td><td colspan="2">教师评价</td></tr>
<tr><td rowspan="6">专业能力</td><td>资讯（10%）</td><td colspan="2">搜集信息及引导问题回答</td><td></td><td colspan="2"></td><td colspan="2"></td></tr>
<tr><td>计划（5%）</td><td colspan="2">计划可执行性和安排合理性</td><td></td><td colspan="2"></td><td colspan="2"></td></tr>
<tr><td>实施（20%）</td><td colspan="2">实施的完整性、合理性及可执行性</td><td></td><td colspan="2"></td><td colspan="2"></td></tr>
<tr><td>检查（10%）</td><td colspan="2">全面准确和特殊情况处理</td><td></td><td colspan="2"></td><td colspan="2"></td></tr>
<tr><td>过程（5%）</td><td colspan="2">安全合理、符合操作规范</td><td></td><td colspan="2"></td><td colspan="2"></td></tr>
<tr><td>结果（10%）</td><td colspan="2">准确性、快速性</td><td></td><td colspan="2"></td><td colspan="2"></td></tr>
<tr><td rowspan="2">社会能力</td><td>团结协作（10%）</td><td colspan="2">合作情况及对小组贡献度</td><td></td><td colspan="2"></td><td colspan="2"></td></tr>
<tr><td>敬业精神（10%）</td><td colspan="2">吃苦耐劳及遵守纪律</td><td></td><td colspan="2"></td><td colspan="2"></td></tr>
<tr><td rowspan="2">方法能力</td><td>计划能力（10%）</td><td colspan="2">计划条理性</td><td></td><td colspan="2"></td><td colspan="2"></td></tr>
<tr><td>决策能力（10%）</td><td colspan="2">方案正确性</td><td></td><td colspan="2"></td><td colspan="2"></td></tr>
<tr><td rowspan="3">评价评语</td><td>班　　级</td><td></td><td>姓　　名</td><td></td><td>学　　号</td><td></td><td>总　　评</td><td></td></tr>
<tr><td>教师签字</td><td></td><td>第　　组</td><td>组长签字</td><td colspan="2"></td><td>日　　期</td><td></td></tr>
<tr><td colspan="8">评语：</td></tr>
</table>

学习情境五

固定资产管理系统

学习目标

- 理解用友 ERP-U8V10.1 固定资产管理系统的主要功能；
- 了解用友 ERP-U8V10.1 固定资产管理系统基础设置的主要内容；
- 掌握固定资产初始化的基本操作；
- 掌握输入固定资产卡片的方法；
- 掌握日常业务处理的主要内容和操作方法；
- 能够设置操作员并授予相应的权限；
- 掌握固定资产增加、减少、变动的操作方法和要求；
- 掌握固定资产折旧的处理过程及操作方法；
- 了解固定资产账套内容及作用；
- 熟悉固定资产月末转账、对账及月末结账的操作方法。

工作任务

- 固定资产管理系统初始化；
- 固定资产业务处理。

学习情境描述

固定资产是企业长期使用的资产，有效的固定资产管理对增加产品产量、降低产品成本以及节约资金都有非常重要的意义，电算化固定资产核算有助于提升企业经营管理水平，它是会计信息化系统的一个重要组成部分。

固定资产核算模块的功能是完成企事业单位固定资产日常业务的核算和管理，生成固定资产卡片，按月反映固定资产的增加、减少、原值变化及其他变动，并将相应的增减变动自动生成凭证及账簿，以保证企事业单位固定资产的安全完整并充分发挥其效能；同时还能定期自动计提折旧，并自动生成折旧分配凭证，转入账务处理模块进行账务处理。此外，固定资产核算模块还可查询输出一些同设备管理相关的报表和账簿，以分析固定资产的利用效果。

任务10 固定资产管理系统初始设置

任 务 单

学习领域	会计信息化实务				
学习情境五	固定资产管理系统			学　时	15
工作任务 10	固定资产管理系统初始设置			学　时	6
布置任务					
工作目标	1. 能够根据企业实际需要建立固定资产账套； 2. 能够根据企业实际情况进行基础设置； 3. 对现有固定资产的使用情况录入原始卡片； 4. 进行账套的备份。				
任务描述	我国《企业会计准则第4号——固定资产》规定：固定资产，是指企业为生产商品、提供劳务、出租或经营管理而持有的，使用寿命超过一个会计年度的房屋及建筑物、专用设备、通用设备、交通工具以及其他与生产、经营有关的设备、器具、工具等。 为了提高哈尔滨冰城科技有限责任公司的信息化程度，需要以用友ERP-U8V10.1中的固定资产子系统为平台，对企业原有的固定资产进行分类整理，以完成建立固定资产账套、进行基础设置等操作。				
学时安排	资讯1学时	计划与决策1学时	实施3学时	检查与评价1学时	
提供资料	1. 固定资产管理办法； 2. 固定资产的编码方式； 3. 固定资产的折旧方法； 4. 企业现有固定资产的基本信息； 5.《新编用友ERP财务管理系统实验教程》，王新玲主编，清华大学出版社，2009； 6.《电算会计项目化教程》，张冬梅主编，电子工业出版社，2012； 7.《会计信息化实务》，徐亚文主编，武汉大学出版社，2011； 8.《会计电算化实务》，王曦东主编，北京邮电大学出版社，2013。				

续表

学习领域	会计信息化实务		
学习情境五	固定资产管理系统	学　　时	15
工作任务 10	固定资产管理系统初始设置	学　　时	6
对学生的要求	1. 了解固定资产核算的目的和意义； 2. 熟悉固定资产各个模块的主要功能； 3. 根据企业未来发展需要，建立固定资产账套； 4. 将建立的固定资产账套与财务系统进行有效对接，保证数据传输的准确性； 5. 根据企业现有固定资产的实际情况，将固定资产进行有效分类，设置固定资产类别； 6. 设置固定资产的增减方式； 7. 录入固定资产原始卡片； 8. 必须具有团队合作的精神，以小组的形式完成工作任务； 9. 严格遵守课堂纪律和工作纪律，不迟到，不早退，不旷课； 10. 树立职业意识，按照企业的岗位职责要求自己。		

资　讯　单

学习领域	会计信息化实务		
学习情境五	固定资产管理系统	学　　时	15
工作任务 10	固定资产管理系统初始设置	学　　时	9
资讯方式	在图书馆、专业期刊、互联网及信息单上查询问题；咨询任课教师。		
资讯问题	1. 如何对固定资产的核算范围进行准确定义？ 2. 固定资产的确认条件有哪些？ 3. 固定资产和无形资产的区别有哪些？ 4. 固定资产进行初始设置时都包括哪些具体内容？每一个内容都有哪些方面需要注意？ 5. 固定资产建立账套时，初始化向导中都会要求用户进行哪些内容的设置？ 6. 固定资产卡片录入时，有哪些事项需要注意？ 7. 系统中给出的固定资产增减方式都包括哪几种？可否根据企业实际需要进行任意添加？		
资讯引导	问题的解答可以在下面的资料中查找： 1.《新编用友 ERP 财务管理系统实验教程》，王新玲主编，清华大学出版社，2009，171-190 页； 2.《电算会计项目化教程》，张冬梅主编，电子工业出版社，2012，177-194 页； 3.《会计信息化实务》，徐亚文主编，武汉大学出版社，2011，181-197 页； 4.《会计电算化实务》，王曦东主编，北京邮电大学出版社，2013，175-201 页； 5.《会计信息系统应用》，孙莲香主编，清华大学出版社，2010，185-204 页； 6. 哈尔滨职业技术学院会计信息化实务教学资源库。		

信　息　单

【任务导入】

在企业应用平台的“财务会计”-“固定资产”选项卡中，分别进行固定资产账套的建立；选项、部门对应折旧科目、固定资产类别、固定资产增减方式的设置；对固定资产原始卡片的录入。

10.1 100 账套固定资产系统的参数

按平均年限法（一）计提折旧，折旧分配周期为 1 个月；类别编码方式为 2112；固定资产编码方式：按“类别编码＋部门编码＋序号”自动编码，卡片序号长度为 3；要求与账务系统对账，固定资产对账科目：1601 固定资产；累计折旧对账科目：1602 累计折旧；在对账不平的情况下允许月末结账；业务发生后要立即制单，月末结账前一定要完成制单登账业务；固定资产缺省入账科目：1601；累计折旧缺省入账科目：1602；当（月初已计提月份＝可使用月份－1）时，要求将剩余折旧全部提足。

10.2 固定资产选项设置

（1）固定资产缺省入账科目：1601。

（2）累计折旧缺省入账科目：1602。

10.3 部门对应折旧科目

部门对应折旧科目如表 10-1 所示。

表 10-1 部门对应折旧科目

所在部门	对应折旧科目
1 职能科室	管理费用——折旧费 660205
2 运输处	管理费用——折旧费 660205
3 生产处	制造费用——折旧费 510105
4 供应处	管理费用——折旧费 660205
5 销售处	管理费用——折旧费 660205
6 财务处	管理费用——折旧费 660205
7 库房	管理费用——折旧费 660205

10.4 固定资产类别

固定资产类别如表 10-2 所示。

表 10-2 固定资产类别

类别编码	类别名称	使用年限	净残值率	计提属性	折旧方法	卡片样式
01	房屋及建筑物			正常计提	平均年限法（一）	通用样式
011	房屋	30	2%	正常计提	平均年限法（一）	通用样式
012	建筑物	30	2%	正常计提	平均年限法（一）	通用样式
02	通用设备			正常计提	平均年限法（一）	通用样式
021	生产用设备	10	4%	正常计提	平均年限法（一）	通用样式
022	非生产用设备	5	3%	正常计提	平均年限法（一）	通用样式
03	电子设备及其他通讯设备			正常计提	平均年限法（一）	通用样式
031	生产用设备	3	1%	正常计提	平均年限法（一）	通用样式
032	非生产用设备	3	1%	正常计提	平均年限法（一）	通用样式

10.5 固定资产增减方式

固定资产增减方式如表 10-3 所示。

表 10-3 固定资产增减方式

增加方式	对应入账科目	减少方式	对应入账科目
直接购入	银行存款 - 工商银行（100201）	出售	固定资产清理（1606）
盘盈	待处理财产损益 - 待处理固定资产损益（190102）	盘亏	待处理财产损益 - 待处理固定资产损益（190102）
投资者投入	实收资本（4001）	投资转出	长期股权投资 - 其他股权投资（151102）
捐赠	营业外收入（6301）	捐赠转出	固定资产清理（1606）
在建工程转入	在建工程（1604）	报废	固定资产清理（1606）

10.6 固定资产原始卡片

固定资产原始卡片如表 10-4 所示。

表 10-4 固定资产原始卡片

固定资产名称	类别编码	所在部门	增加方式	使用年限	开始使用日期	原值	累计折旧	净残值率	对应折旧科目
办公楼	011	厂办	在建工程转入	10	2011.06.15	540000	132300	2%	管理费用
厂房	012	铸钢车间	在建工程转入	30	2008.09.08	450000	77175	2%	制造费用
车床	021	铸钢车间	直接购入	10	2009.10.16	150000	60000	4%	制造费用
刨床	021	金工车间	直接购入	10	2010.08.28	180000	57600	4%	制造费用
专用量具	021	机装车间	直接购入	10	2012.06.18	270000	38880	4%	制造费用
吊车	021	铸钢车间	直接购入	10	2010.11.18	100000	29600	4%	制造费用
复印机	032	厂办	直接购入	3	2011.09.20	6000	4455	1%	管理费用
打印机	032	总账组	直接购入	3	2012.06.01	4000	1980	1%	管理费用
合计						1700000	401990		

【任务要求】

（1）建立固定资产账套。

（2）基础设置。

（3）录入原始卡片。

（4）账套备份。

【相关知识】

固定资产核算系统可以用于固定资产总值、累计折旧数据的动态管理，协助设备管理部门做好固定资产实体的各项指标的管理、分析工作。具体包括以下内容：

初始设置：根据用户的具体情况，建立一个适合的固定资产子账套的过程。初始设置包括系统初始化、部门设置、类别设置、使用状况定义、折旧方法定义、卡片项目定义、卡片样式定义等。

原始卡片录入：原始卡片是把使用系统前的原始资料录入系统，以保持固定资产管理和核算的连续性和完整性。鉴于原始资料可能较多，在一个月内不一定能录入完毕，您可以有两种选择：一是一直以该月日起登陆，直到录入完毕，再进行以下各部分操作；另一种做法是，月底前在没有录入完成全部原始卡片的情况下，继续以下各部分操作，以后各月陆续录入。由于固定资产系统和其他系统的制约关系，本系统不结账，总账不能结账，所以在特定情况下，必须执行第二种做法。

【任务实施】

10.1 建立固定资产账套

操作步骤

（1）在用友 ERP-U8 企业应用平台中，选择“财务会计”中的“固定资产”，系统弹出“这是第一次打开此账套，还未进行过初始化，是否进行初始化？”信息提示对话框，如图 10-1 所示。

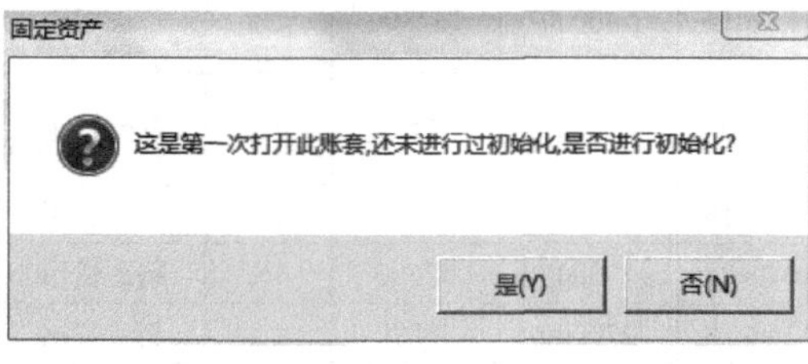

图 10-1　固定资产系统初始化提示信息

（2）单击“是”按钮，打开“初始化账套向导 - 约定及说明”对话框。

（3）选中“我同意”单元按钮，单击“下一步”按钮，打开“初始化账套向导 - 启用月份”对话框，如图 10-2 所示。

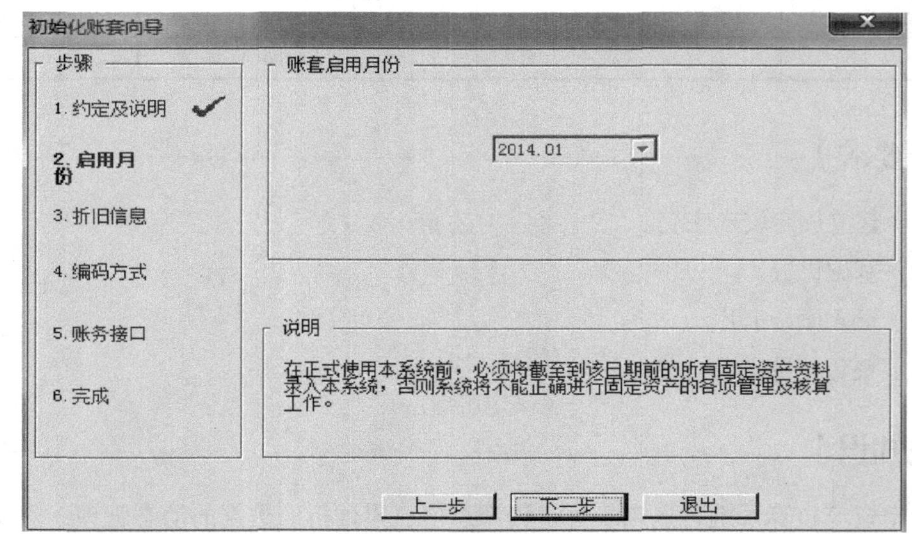

图 10-2　固定资产初始化向导 - 启用月份

（4）单击“下一步”按钮，打开“固定资产初始化向导 - 折旧信息”对话框，如图 10-3 所示。

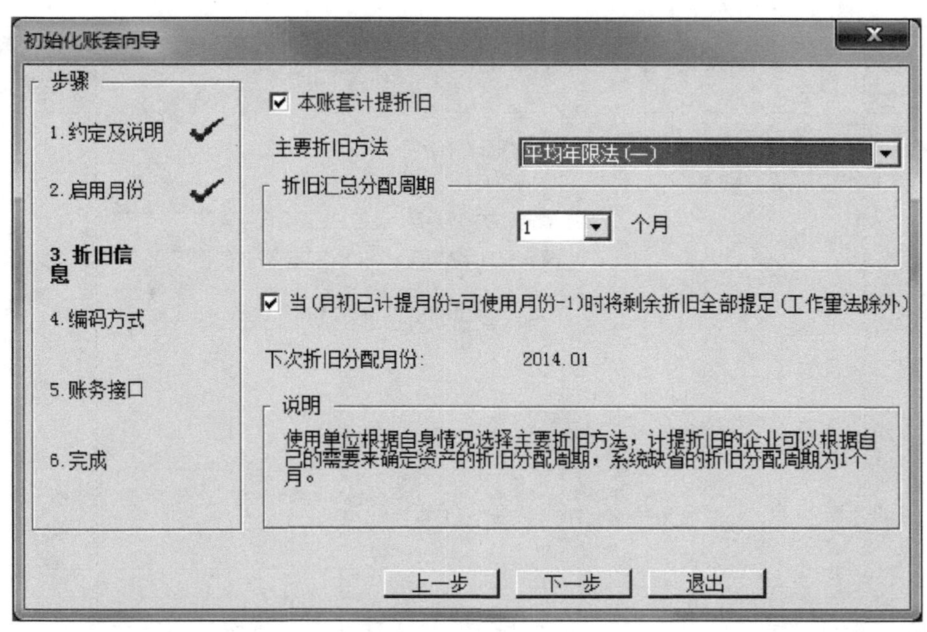

图 10-3　固定资产初始化向导 - 折旧信息

（5）选择主要折旧方法为“平均年限法（一）”，单击“下一步”按钮，打开“固定资产初始化向导 - 编码方式”对话框。选择固定资产编码方式为“自动编码”和“类别编码 + 部门编号 + 序号”，序号长度为“3”，如图 10-4 所示。

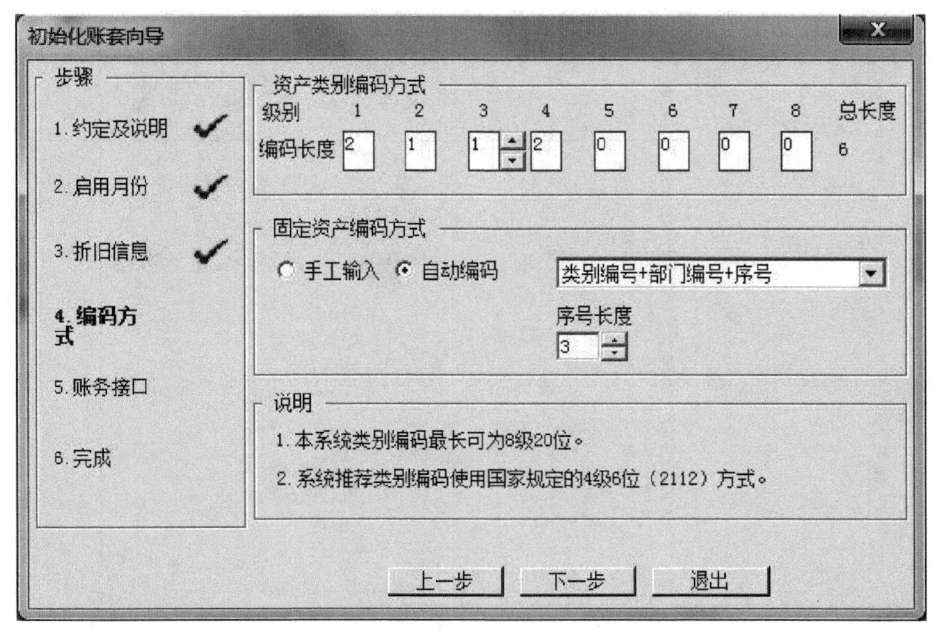

图 10-4　固定资产初始化向导 - 编码方式

（6）单击“下一步”按钮，打开“固定资产初始化向导 - 财务接口”对话框。

（7）在“固定资产对账科目”栏录入“1601”，在“累计折旧对账科目”栏录入“1602”，如图 10-5 所示。

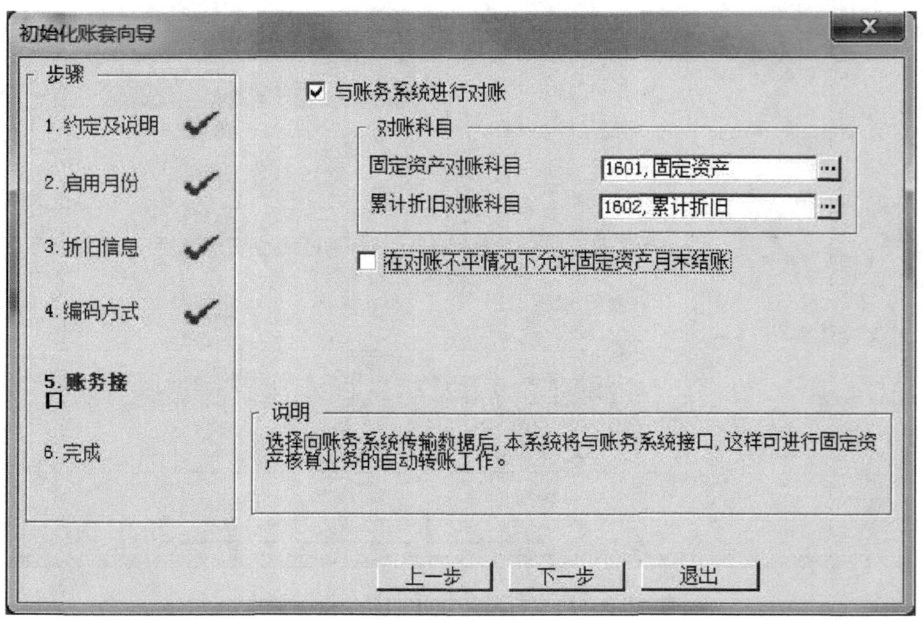

图 10-5　固定资产初始化向导 - 财务接口

（8）单击“下一步”按钮，打开“固定资产初始化向导 - 完成”对话框，如图 10-6 所示。

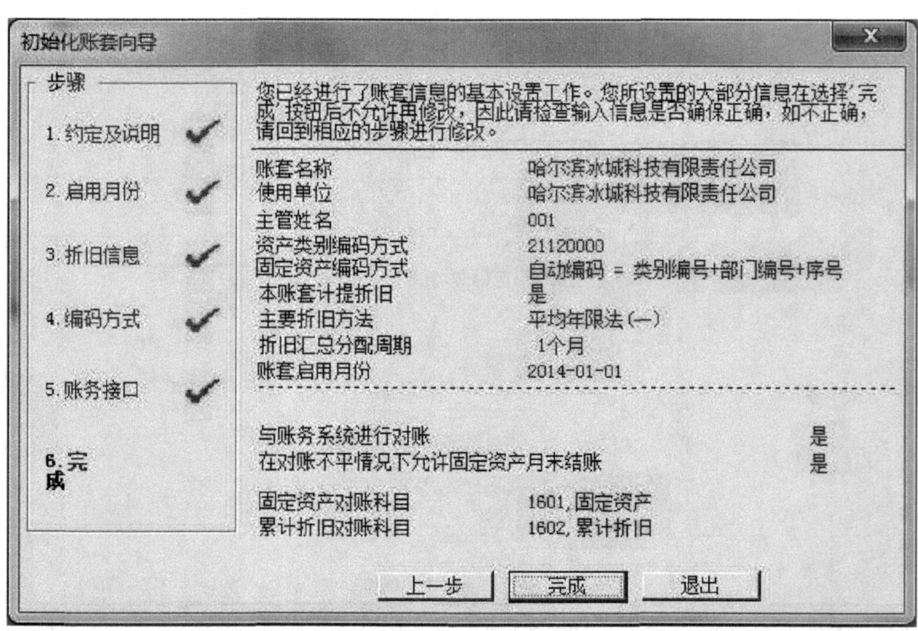

图 10-6　固定资产初始化向导 - 完成

（9）单击“完成”按钮，系统提示“已成功初始化本固定资产账套！”。

（10）单击“确定”按钮，固定资产建账完成。

提示

- 在“初始化帐套向导-启用月份”中所列示的启用月份只能查看，不能修改。启用日期确定后，在该日期前的所有固定资产都将作为期初数据，在启用月份开始计提折旧。
- 在“初始化账套向导-折旧信息”中，当（月初已计提月份=可使用月份−1）时，将剩余折旧全部提足（工作量法除外）是指除工作量法外，只要上述条件满足，则该月折旧额=净值−净残值，并且不能手工修改；如果不选该项，则该月不提足折旧，并且可手工修改，但如以后各月按照公式计算的月折旧率或折旧额是负数时，认为公式无效，令月折旧率=0，月折旧额=净值−净残值。
- 固定资产编码方式包括“手工输入”和“自动编码”两种方式。自动编码方式包括“类别编号+序号”、“部门编号+序号”、“类别编号+部门编号+序号”、“部门编号+类别编号+序号”。类别编号中的序号长度可自由设定为1～5位。
- 资产类别编码方式设定以后，一旦某一级设置类别，则该级的长度不能修改，未使用过的各级长度可以修改。每一个账套的自动编码方式只能选择一种，一经设定，该自动编码方式不能修改。
- 固定资产对账科目和累计折旧对账科目应与账务系统内对应科目一致。
- 对账不平不允许结账是指当存在对应的账务账套的情况下，本系统在月末结账前自动执行一次对账，给出对账结果。如果不平，说明两系统出现偏差，应予以调整。

10.2 设置选项

操作步骤

（1）执行“设置”|“选项”命令，打开“选项”对话框。

（2）单击“编辑”按钮，单击“与财务系统接口”选项卡，设置固定资产缺省入账科目为1601；累计折旧缺省入账科目为1602，如图10-7所示。

（3）单击“确定”按钮返回。

10.3 设置部门对应折旧科目

操作步骤

（1）执行“设置”|“部门对应折旧科目”命令，进入“部门编码表-列表视图”窗口。

（2）选择“职能科室”所在行，单击“修改”按钮，打开“部门编码表 - 单张视图”窗口（也可以直接选中部门编码目录中的职能科室，单击“单张视图”选项卡，再单击“修改”按钮）。

（3）在“折旧科目”栏录入或选择“660205”，如图 10-8 所示。

（4）单击“保存”按钮。以此方法继续录入其他部门对应的折旧科目。

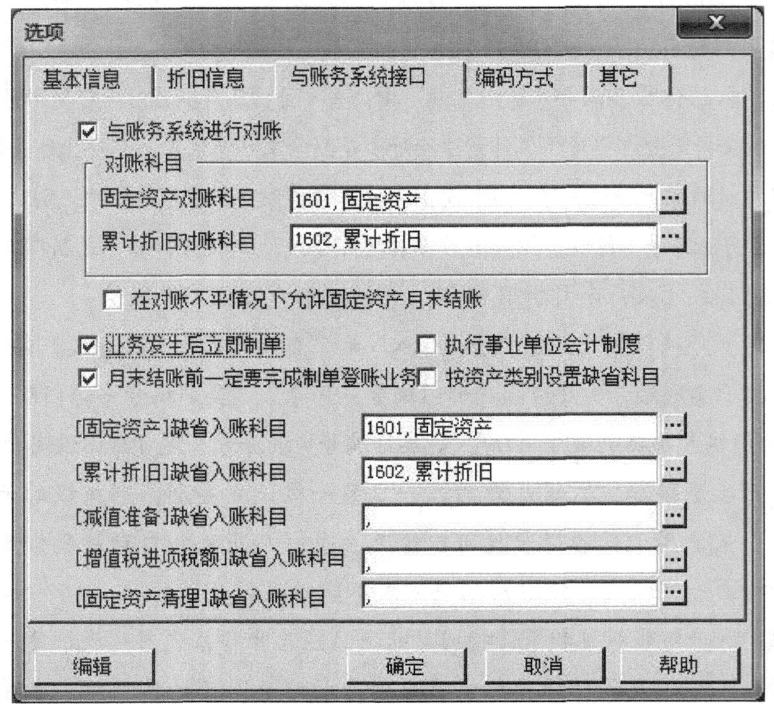

图 10-7　选项设置

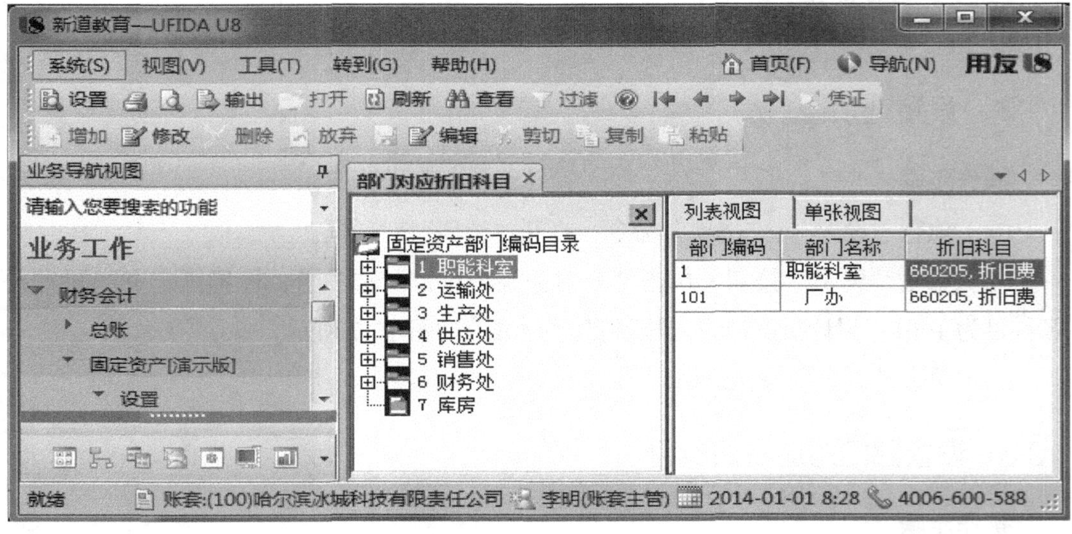

图 10-8　部门编码表 - 单张视图

提示

- 因本系统录入卡片时，只能选择明细及部门，所以设置折旧科目也只有给明细级设置才有意义。如果某一上级部门设置了对应的折旧科目，下级部门继承上级部门的设置。
- 当为销售部门设置对应科目为“6601 销售费用”时，系统会提示“是否将销售科的所有下级部门的折旧科目替换为‘销售费用’？如果选择是，请在成功保存后单击‘刷新’查看”。单击“是”按钮，即将销售部的两个下级部门的折旧科目一并设置完成。
- 设置部门对应的折旧科目时，必须选择末级会计科目。设置上级部门的折旧科目，则下级部门可以自动继承，也可以选择不同的科目，即上下级部门的折旧科目可以相同，也可以不同。

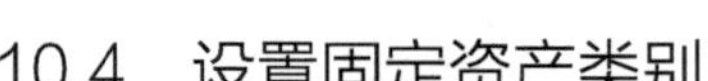

10.4 设置固定资产类别

操作步骤

（1）执行“设置”|“资产类别”命令，打开“类别编码 - 列表视图”窗口。

（2）单击“增加”按钮，打开“类别编码 - 单张视图”窗口。

（3）在“类别名称”栏录入“房屋”，在“使用年限”栏录入“30”，在“净残值率”栏录入“2”，如图 10-9 所示。

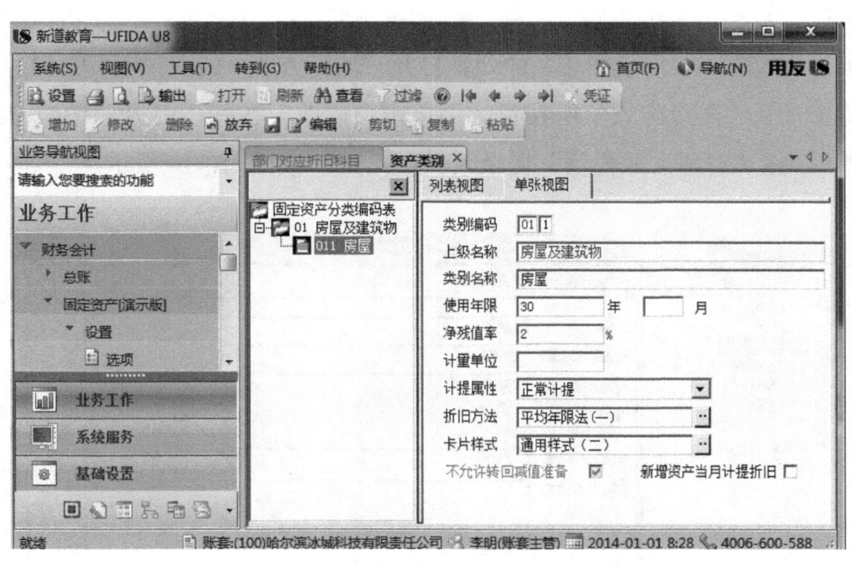

图 10-9 类别编码 - 单张视图

（4）单击“保存”按钮，继续录入 02 号资产的类别名称“通用设备”，单击“保存”按钮。

（5）单击“放弃”按钮，系统提示“是否取消本次操作”，单击“是”按钮，返回“类别编码-列表视图”窗口。

（6）单击选中“固定资产分类编码表”中的“01 房屋及建筑物”分类，再单击“增加”按钮，在“类别名称”栏录入“办公楼”。

（7）单击“保存”按钮。以此方法继续录入其他的固定资产分类。

提示

- 应先建立上级固定资产类别后再建立下级类别。由于在建立上级类别“房屋与建筑物”时就设置了使用年限、净残值率，其下级类别如果与上级类别设置相同，自动继承不用修改；如果下级类别与上级类别设置不同，可以修改。
- 类别编码、名称、计提属性及卡片样式不能为空。
- 非明细类别编码不能修改和删除，明细及类别编码修改时只能修改本级的编码。
- 使用过的类别计提属性不能修改。
- 系统已使用的类别不允许增加下级和删除。

10.5 设置固定资产的增减方式

操作步骤

（1）执行“设置”|“增减方式”命令，打开“增减方式-列表视图”窗口。

（2）单击选中“直接购入”所在行，再单击“修改”按钮，打开“增减方式-单张视图”窗口，在“对应入账科目”栏录入“100201”，如图 10-10 所示。

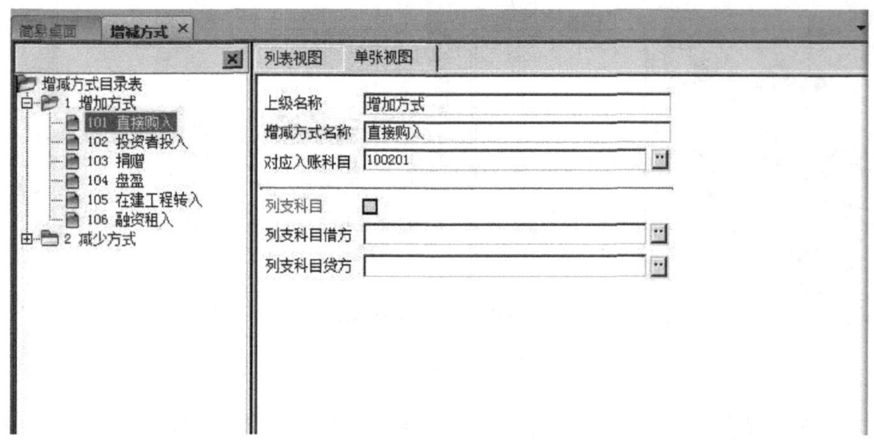

图 10-10　增减方式-单张视图

（3）单击“保存”按钮。以此方法继续设置其他的增减方式对应的入账科目。

提示

- 在资产增减方式中所设置的对应入账科目是为了生成凭证时默认。
- 因为本系统提供的报表中有固定资产盘盈盘亏报表，所以增减方式中“盘盈、盘亏、毁损”不能修改和删除。
- 非明细增减方式不能删除；已使用的增减方式不能删除。
- 生成凭证时，如果入账科目发生了变化，可以即时修改。

10.6　录入固定资产原始卡片

操作步骤

（1）执行“卡片”｜“录入原始卡片”命令，打开“固定资产类别档案”对话框。

（2）选择“011 房屋”前的复选框，回车后进入“固定资产卡片【录入原始卡片：00001 号卡片】”窗口。

（3）在“固定资产名称”栏录入“办公楼”，单击部门名称栏，再单击“部门名称”按钮，打开“固定资产 - 本资产部门使用方式”对话框，如图 10-11 所示。

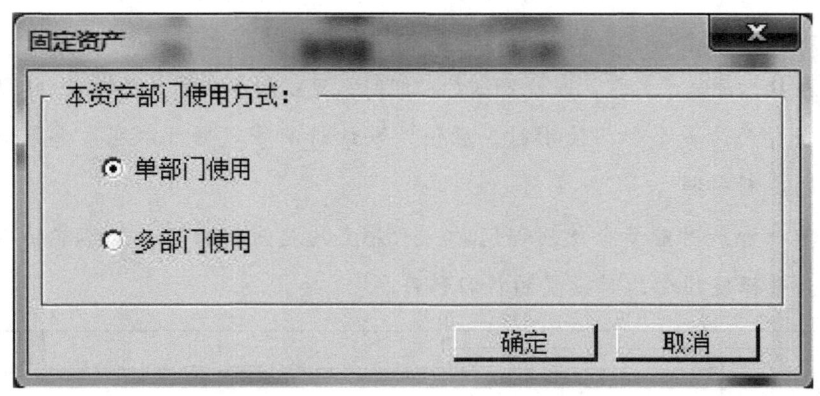

图 10-11　固定资产 - 本资产部门使用方式

（4）单击“确定”按钮，打开“部门参照”窗口。

（5）选择“厂办”，双击确认。

（6）单击“增加方式”栏，再单击“增加方式”按钮，打开“固定资产增减方式”对话框，选择“105 在建工程转入”，双击确认。

（7）单击“使用状况”栏，再单击“使用状况”按钮，打开“使用状况参照”对话框。默认“在用”，单击“确定”按钮。

（8）在“开始使用日期”栏录入“2011-06-15”，在“原值”栏录入“540000”，在

“累计折旧”栏录入“132300”，如图10-12所示。

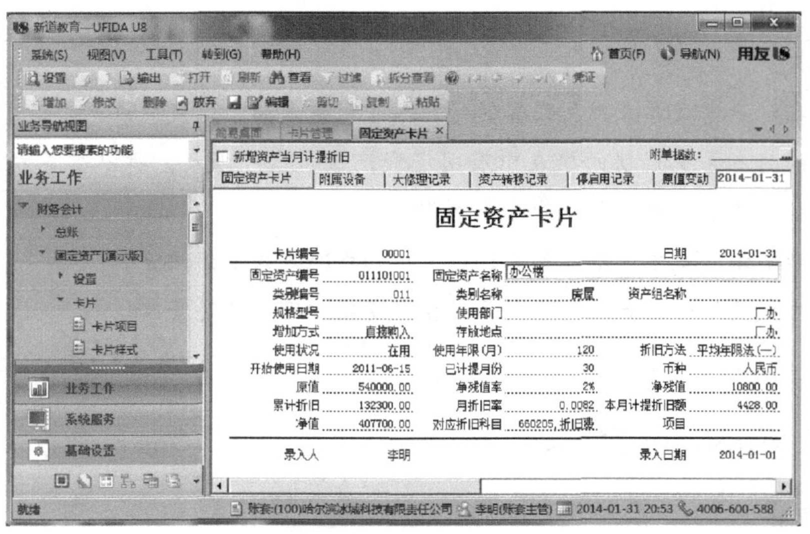

图 10-12　录入原始卡片

（9）单击“保存”按钮，系统提示“数据成功保存！”。

（10）单击“确定”按钮。以此方法继续录入其他的固定资产卡片。

提示

- 在固定资产卡片界面中，除“固定资产”主卡片外，还有若干的附属选项卡，附属选项卡上的信息只供参考，不参与计算也不回溯。
- 在执行原始卡片录入或资产增加功能时，可以为一个资产选择多个使用部门。
- 当资产为多个部门使用时，原值、累计折旧等数据可以在多部门间按设置的比例分摊。
- 单个资产对应多个使用部门时，卡片上的对应折旧科目处不能输入，默认为选择使用部门时设置的折旧科目。

10.7　账套备份

在“D:\100账套备份”文件夹中新建“任务10固定资产管理系统初始设置”文件夹。将账套输出至“任务10固定资产管理系统初始设置”文件夹中。

计　划　单

学习领域	会计信息化实务		
学习情境五	固定资产管理系统	学　时	15
工作任务10	固定资产管理系统初始设置	学　时	6
计划方式	小组讨论、团结协作共同制订计划		

续表

学习领域	会计信息化实务		
学习情境五	固定资产管理系统	学　　时	15
工作任务 10	固定资产管理系统初始设置	学　　时	6

序号	实施步骤	使用资源
制订计划说明		

计划评价	班级		第　　组	组长签字	
	教师签字			日期	
	评语：				

决　策　单

学习领域	会计信息化实务		
学习情境五	固定资产管理系统	学　　时	15
工作任务 10	固定资产管理系统初始设置	学　　时	6

方案讨论

	组　　号	方案合理性	实施可操作性	安全性	综合评价
方案对比	1				
	2				
	3				
	4				
	5				
	6				
	7				
	8				
	9				
	10				
方案评价	评语：				

班　　级		组长签字		教师签字		月　日

实　施　单

学习领域	会计信息化实务		
学习情境五	固定资产管理系统	学　时	15
工作任务 10	固定资产管理系统初始设置	学　时	6
实施方式	小组成员合作；动手实践		

序号	实施步骤	使用资源
1		
2		
3		
4		
5		
6		
7		
8		
9		
10		

实施说明：

班级		第　组	组长签字	
教师签字			日期	
评语				

检　查　单

学习领域	会计信息化实务			
学习情境五	固定资产管理系统		学　时	15
工作任务 10	固定资产管理系统初始设置		学　时	6
序号	检查项目	检查标准	学生自查	教师检查
1	固定资产账套建立	与任务内容一致		
2	基础设置	与任务内容一致		
3	录入原始卡片	生成原始卡片		
4				
5				

续表

学习领域	会计信息化实务				
学习情境五	固定资产管理系统		学　时	15	
工作任务 10	固定资产管理系统初始设置		学　时	6	
6					
7					
8					
9					
检查评价	班级		第　组	组长签字	
	教师签字		日期		
	评语：				

评　价　单

学习领域	会计信息化实务				
学习情境五	固定资产管理系统			学　时	15
工作任务 10	固定资产管理系统初始设置			学　时	6
评价类别	项目	子项目	个人评价	组内互评	教师评价
专业能力	资讯（10%）				
	计划（5%）				
	实施（20%）				
	检查（10%）				
	过程（5%）				
	结果（10%）				
社会能力	团结协作（10%）				
	敬业精神（10%）				
方法能力	计划能力（10%）				
	决策能力（10%）				

评价评语	班级		姓名		学号		总评	
	教师签字		第　组	组长签字			日期	
	评语：							

任务 11　固定资产管理系统业务处理

任　务　单

<table>
<tr><td>学习领域</td><td colspan="4">会计信息化实务</td></tr>
<tr><td>学习情境五</td><td colspan="2">固定资产管理系统</td><td>学　时</td><td>15</td></tr>
<tr><td>工作任务 11</td><td colspan="2">固定资产管理系统业务处理</td><td>学　时</td><td>9</td></tr>
<tr><td colspan="5">布置任务</td></tr>
<tr><td>工作目标</td><td colspan="4">1. 了解固定资产业务处理的主要功能模块；
2. 熟知企业固定资产业务处理的主要核算内容；
3. 能够完整地描述固定资产业务处理的流程；
4. 能够对固定资产原始卡片进行修改；
5. 掌握企业折旧处理的核算方式；
6. 掌握企业对固定资产计提折旧的操作步骤；
7. 了解出现操作错误时的处理思路和方法；
8. 能够对固定资产进行期末业务处理涉及的模块进行必要的操作；
9. 利用期末处理后的数据进行查询。</td></tr>
<tr><td>任务描述</td><td colspan="4">固定资产的日常操作主要涉及固定资产变动输入、计提折旧、固定资产折旧分配和转账等工作。其中资产管理主要包括原始设备的管理、新增资产的管理、资产减少的管理等，并提供资产评估及计提固定资产减值准备功能，支持折旧方法的变更；可以按月自动计算折旧，生成折旧分配凭证，完成月末结账对账工作，同时输出有关的报表和账簿。</td></tr>
<tr><td>学时安排</td><td>资讯 3 学时</td><td>计划与决策 1 学时</td><td>实施 4 学时</td><td>检查与评价 1 学时</td></tr>
<tr><td>提供资料</td><td colspan="4">1. 固定资产日常处理的业务内容；
2. 折旧方法的选择标准与计算方式；
3.《新编用友 ERP 财务管理系统实验教程》，王新玲主编，清华大学出版社，2009；
4.《电算会计项目化教程》，张冬梅主编，电子工业出版社，2012；
5.《会计信息化实务》，徐亚文主编，武汉大学出版社，2011；
6.《会计电算化实务》，王曦东主编，北京邮电大学出版社，2013。</td></tr>
<tr><td>对学生的要求</td><td colspan="4">1. 掌握固定资产日常业务处理的相关内容；
2. 明确折旧提取的目的及意义；
3. 明确增加与减少固定资产对固定资产明细账的影响；
4. 掌握增加、减少固定资产的操作方法；
5. 选择不同折旧方法的操作步骤；
6. 必须具有团队合作的精神，以小组的形式完成工作任务；
7. 严格遵守课堂纪律和工作纪律，不迟到，不早退，不旷课；
8. 树立职业意识，按照企业的岗位职责要求自己。</td></tr>
</table>

资　讯　单

<table>
<tr><td>学习领域</td><td colspan="3">会计信息化实务</td></tr>
<tr><td>学习情境五</td><td>固定资产管理系统</td><td>学　时</td><td>15</td></tr>
<tr><td>工作任务 11</td><td>固定资产管理系统业务处理</td><td>学　时</td><td>9</td></tr>
<tr><td>资讯方式</td><td colspan="3">在图书馆、专业期刊、互联网及信息单上查询问题；咨询任课教师。</td></tr>
<tr><td>资讯问题</td><td colspan="3">1. 固定资产变动的输入在时间上是否有要求？
2. 如何选择与固定资产匹配的折旧方法？
3. 固定资产系统生成的凭证传递到总账系统中与之形成的是哪种数据传送关系？
4. 建立固定资产原始卡片时，如果输入错误，应该如何修改？
5. 查询固定资产卡片时，可以查询到的内容有哪些？</td></tr>
</table>

续表

学习领域	会计信息化实务		
学习情境五	固定资产管理系统	学　时	15
工作任务 11	固定资产管理系统业务处理	学　时	9
资讯问题	6. 对固定资产卡片进行修改时，什么情况下可以做到“无痕迹修改”？ 7. 如果当月录入的卡片有错误进行删除时，原有的卡片编号在系统中会如何体现？ 8. 什么情况下，已添加的卡片不允许在系统中被直接删除？ 9. 通过什么方式，可以使增、减的固定资产直接生成对应的凭证？ 10. 如何进行期末业务处理？		
资讯引导	问题的解答可以在下面的资料中查找： 1.《新编用友 ERP 财务管理系统实验教程》，王新玲主编，清华大学出版社，2009，191-216 页； 2.《电算会计项目化教程》，张冬梅主编，电子工业出版社，2012，194-221 页； 3.《会计信息化实务》，徐亚文主编，武汉大学出版社，2011，198-217 页； 4.《会计电算化实务》，王曦东主编，北京邮电大学出版社，2013，202-230 页； 5.《会计信息系统应用》，孙莲香主编，清华大学出版社，2010，205-235 页； 6. 哈尔滨职业技术学院会计信息化实务教学资源库。		

信　息　单

【任务导入】

在“财务会计”的“固定资产”选项卡中，可以按照任务内容对固定资产的卡片进行修改、增加；选择不同的折旧处理方法；自动生成固定资产的记账凭证等操作。

11.1　修改固定资产卡片

2014 年 1 月 15 日，将卡片编号为“00003”的固定资产（车床）的使用状况由“在用”修改为“大修理停用”。

11.2　新增固定资产

新增固定资产如表 11-1 所示。

表 11–1　新增固定资产

资产名称	类别编码	所在部门	增加方式	使用年限	开始使用日期	原值	对应折旧科目
磨床	021	铸钢车间	直接购入	10	1 月 10 日	50000	制造费用
吊车	021	金工车间	直接购入	10	1 月 10 日	100000	制造费用

11.3　减少固定资产

减少固定资产如表 11-1 所示。

表 11–2　减少固定资产

资产名称	卡片编号	所在部门	减少方式	减少日期	清理收入	清理费用
专用量具	00005	机装车间	出售	1 月 20 日	10000	1000
刨床	00004	金工车间	出售	1 月 20 日	7000	500

11.4　固定资产变动

2014 年 1 月 31 日，根据企业需要，将卡片号码为“00006”的固定资产（吊车）的折旧方法由“平均年限法（一)”更改为“工作量法”。工作总量为 60000 小时，累计工作量为 10000 小时。

【任务要求】

（1）修改固定资产卡片。

（2）增加固定资产。

（3）折旧处理。

（4）生成增加固定资产的记账凭证。

（5）减少固定资产。

（6）对账和结账。

【相关知识】

固定资产日常业务处理与系统应用相关的主要项目包括以下几个：

11.1　卡片管理

固定资产管理在企业中分为两部分，一是固定资产卡片台账管理，二是固定资产的会计处理。系统提供了卡片管理的功能，主要从卡片、变动单及资产评估三方面来实现卡片管理。包括卡片录入、卡片修理、卡片删除、资产增加及资产减少等功能，不仅实现了固定资产文字资料的管理，而且还实现了固定资产的图片管理。

11.2　折旧管理

自动计提折旧形成折旧清单和折旧分配表，按分配表自动制作记账凭证，并传递到总账系统。在对折旧进行分配时可以在单位和部门之间进行分配。

11.3　月末对账结账

月末按照系统初始设置的账务系统接口，自动与账务系统进行对账，并根据对账结果和初始设置决定是否结账。

11.4　账表查询

通过“我的账表”对系统所能提供的全部账表进行管理，资产管理部门可随时查询分析表、统计表、账簿和折旧表，提高资产管理效率。

【任务实施】

11.1 修改固定资产卡片

操作步骤

（1）执行“卡片”|“卡片管理”命令，进入“卡片管理”窗口，如图 11-1 所示。

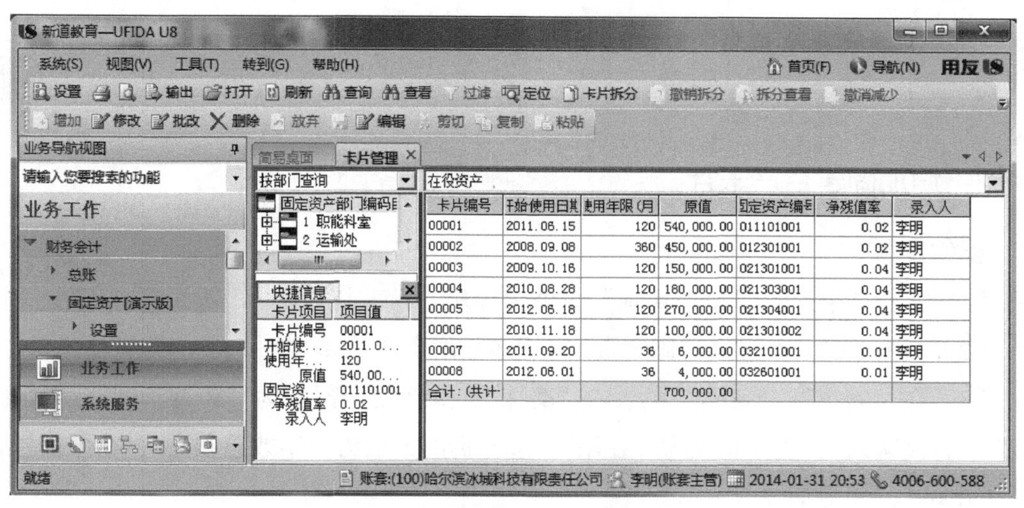

图 11-1 卡片管理

（2）单击选中“00003”所在行，再单击“修改”按钮，进入“固定资产卡片 [编辑卡片：00003 号卡片]”窗口。

（3）单击“使用状况”栏，再单击“使用状况”按钮，打开“使用状况参照”对话框。

（4）单击选中“1004 大修理停用”，单击“确定”按钮。

（5）单击“保存”按钮，系统提示“数据保存成功！”。

（6）单击“确定”按钮返回卡片管理窗口。

提示

- 当发现卡片有录入错误，或资产使用过程中有必要修改卡片的一些内容时，可以通过卡片修改功能实现，这种修改为无痕修改。
- 原始卡片的原值、使用部门、工作总量、使用状况、累计折旧、净残值（率）、折旧方法、使用年限、资产类别在没有做变动单或评估单的情况下，在录入当月可以无痕迹修改；如果做过变动单，只有删除变动单才能无痕迹修改；若各项目做过一次月末结账，只能通过变动单或评估单调整，不能通过卡片修改功能改变。

- 通过资产增加录入系统的卡片如果没有制作凭证和变动单、评估单的情况下，录入当月可以无痕迹修改。如果做过变动单，只有删除变动单才能无痕迹修改。如果已制作凭证，要修改原值或累计折旧，必须删除凭证后，才能无痕迹修改。卡片上的其他项目，任何时候均可无痕迹修改。
- 非本月录入的卡片，不能删除。
- 卡片做过一次月末结账后不能删除。做过变动单或评估单的卡片删除时会提示先删除相关的变动单或评估单。

11.2　增加固定资产卡片

操作步骤

（1）执行“卡片”|“资产增加”命令，打开“资产类别参照”对话框。

（2）双击“021”，进入“固定资产卡片[新增资产：00009号卡片]”窗口。

（3）在“固定资产名称”栏录入“磨床”；选择使用部门为“铸钢车间”；增加方式为“直接购入”；使用状况为“在用”；选择折旧方法为“年数总和法”；在原值栏录入“50000”，如图11-2所示。

固定资产卡片

卡片编号	00009			日期	2014-01-31
固定资产编号	021301003	固定资产名称			磨床
类别编号	021	类别名称	生产用设备	资产组名称	
规格型号		使用部门			铸钢车间
增加方式	直接购入	存放地点			
使用状况	在用	使用年限(月)	120	折旧方法	年数总和法
开始使用日期	2014-01-10	已计提月份	0	币种	人民币
原值	50000.00	净残值率	4%	净残值	2000.00
累计折旧	0.00	月折旧率	0	本月计提折旧额	0.00
净值	50000.00	对应折旧科目	510105,折旧费	项目	
录入人	李明			录入日期	2014-01-31

图11-2　新增固定资产卡片

（4）单击“保存”按钮，系统提示“数据成功保存！”。

（5）单击“确定”按钮。单击“退出”按钮退出。

提示

- 新增卡片录入的第一个月不提折旧，折旧额为空或为零。
- 原值录入的必须是卡片录入月初的价值，否则将会出现计算错误。
- 如果录入的累计折旧、累计工作量大于零，说明是旧资产，该累计折旧或累计工作量是进入本单位前的值。
- 已计提月份必须严格按照该资产在其他单位就已经计提或估计已计提的月份数，不包括使用期间停用等不计提折旧的月份。
- 只有当资产开始计提折旧后才可以使用资产减少功能，否则，减少资产只有通过删除卡片来完成。

11.3 生成增加固定资产的记账凭证

操作步骤

（1）执行“处理”|“批量制单”命令，打开“批量制单 - 制单选择”对话框。

（2）单击“全选”按钮，或双击“选择”栏，选中要制单的业务，如图 11-3 所示。

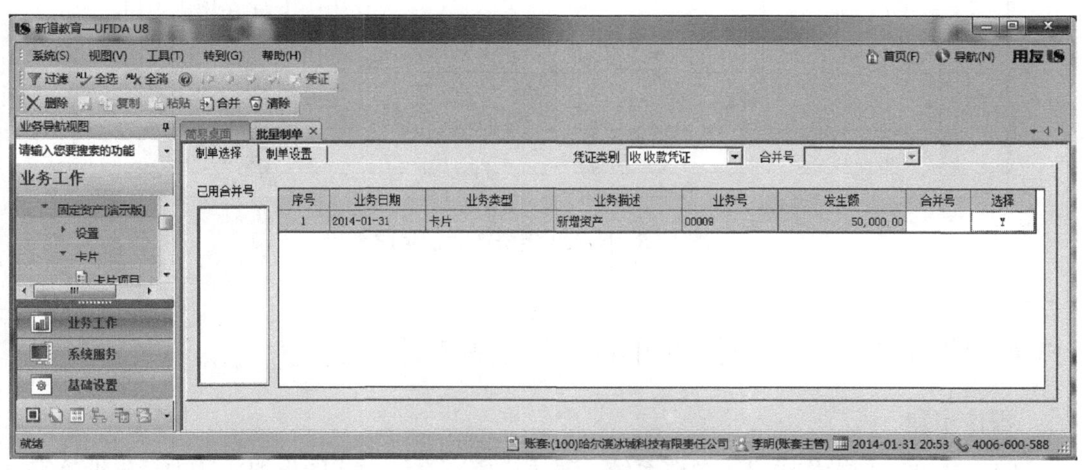

图 11-3 制单选择

（3）单击“制单设置”选项卡，查看制单科目设置，如图 11-4 所示。

（4）单击“制单”按钮，修改凭证类别为“付款凭证”。

（5）单击“保存”按钮，如图 11-5 所示。

（6）单击“退出”按钮退出。

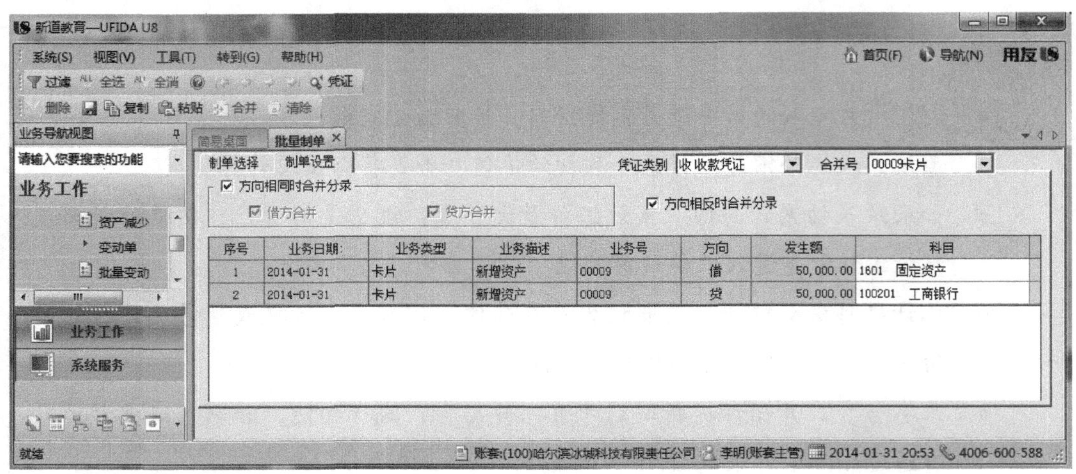

图 11-4　查看制单设置

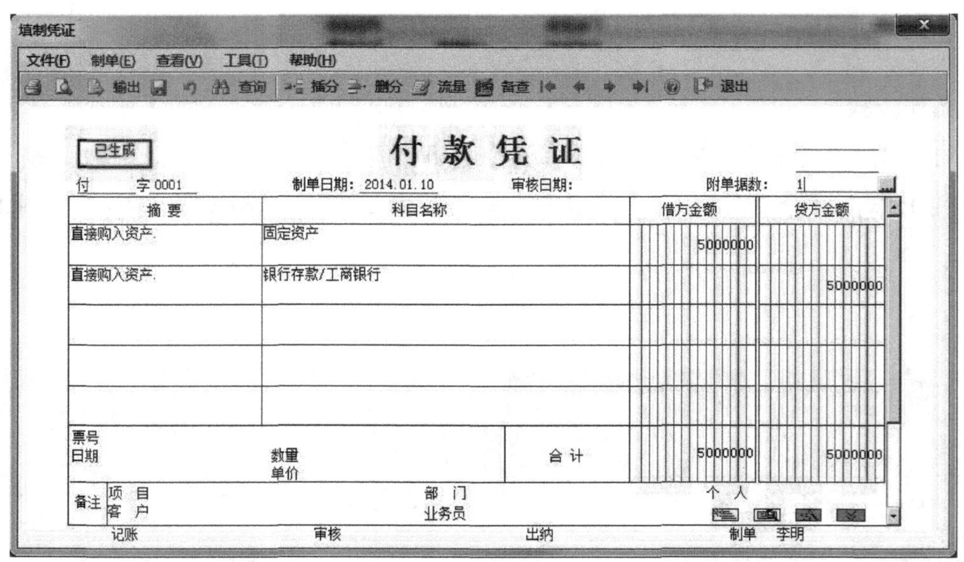

图 11-5　购入固定资产凭证生成

11.4　将固定资产系统所生成的记账凭证审核并记账

操作步骤

（1）由 003 号操作员进入总账系统，对固定资产系统生成的出纳凭证进行出纳签字。

（2）由 002 号操作员进入总账系统，审核增加原值和计提折旧的记账凭证，并进行记账处理。

11.5　固定资产变动

操作步骤

（1）执行“卡片”|“变动单”|“折旧方法调整”命令，打开“固定资产变动单 [新

建变动单：00001 号变动单]”对话框。

（2）在“卡片编号”栏录入“00006”，或单击“卡片编号”栏，选择“00006”。

（3）单击“变动后折旧方法”栏，再单击“变动后折旧方法”按钮，选择“工作量法”。

（4）单击“确定”按钮，打开“工作量输入”对话框，如图 11-6 所示。

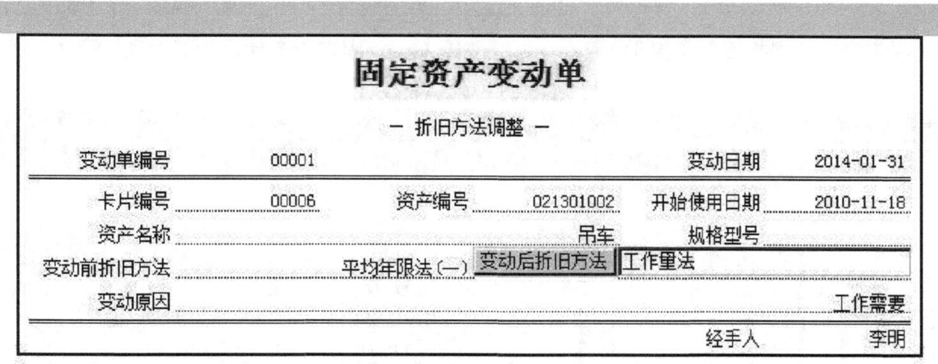

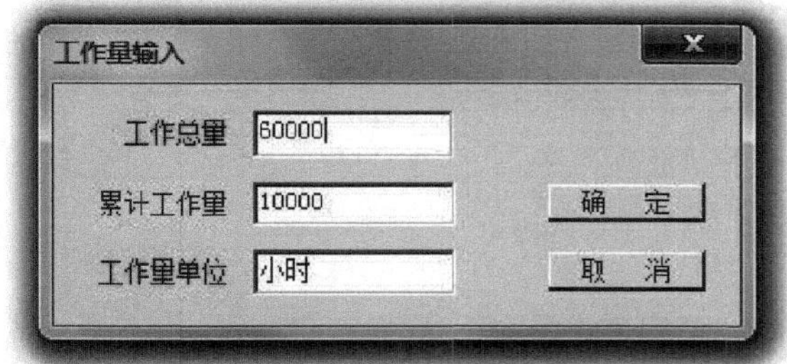

图 11-6　折旧方法变动

（5）在“工作量输入”对话框中，在“工作总量”栏输入“60000”，在“累计工作量”栏录入“10000”，在“工作量单位”栏录入“小时”，单击“确定”按钮。

（6）在“变动原因”栏录入“工作需要”。

（7）单击“退出”按钮，系统提示“数据成功保存！”。单击“确定”按钮。

11.6　计提固定资产折旧

操作步骤

（1）执行“处理”|“计提本月折旧”命令，系统弹出“是否要查看折旧清单？”信息提示框，如图 11-7 所示。

（2）单击“是”按钮。系统提示“本操作将计提本月折旧，并花费一定时间，是否要继续？”，如图 11-8 所示。

（3）单击“是”按钮，打开“折旧清单”窗口，如图 11-9 所示。

（4）单击“退出”按钮，打开“折旧分配表”窗口，如图 11-10 所示。

图 11-7 固定资产计提折旧信息提示 1

图 11-8 固定资产计提折旧信息提示 2

卡片编号	资产编号	资产名称	原值	计提原值	本月计提折旧额	累计折旧	本年计提折
00001	011101001	办公楼	000.00	540,000.00	4,428.00	136,728.00	4,428.
00002	011301001	厂房	000.00	450,000.00	1,215.00	78,390.00	1,215.
00003	021301001	车床	000.00	150,000.00	1,200.00	61,200.00	1,200.
00004	021303001	刨床	000.00	180,000.00	1,440.00	59,040.00	1,440.
00005	021304001	专用量具	000.00	270,000.00	2,160.00	41,040.00	2,160.
00007	032101001	复印机	000.00	6,000.00	165.00	4,620.00	165.
00008	032601001	打印机	000.00	4,000.00	110.00	2,090.00	110.
合计			000.00	600,000.00	10,718.00	383,108.00	10,718.

图 11-9 折旧清单

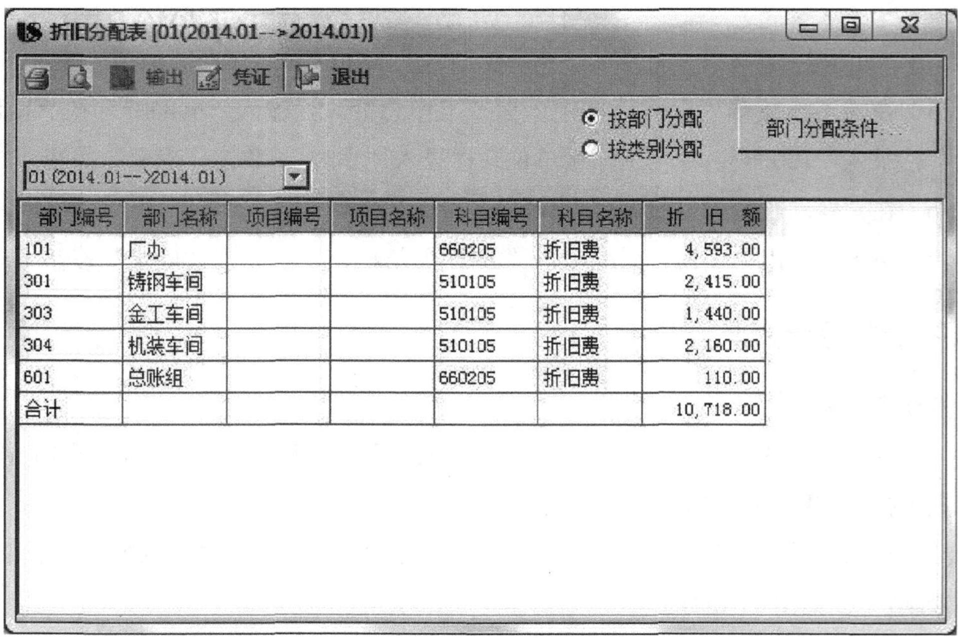

部门编号	部门名称	项目编号	项目名称	科目编号	科目名称	折旧额
101	厂办			660205	折旧费	4,593.00
301	铸钢车间			510105	折旧费	2,415.00
303	金工车间			510105	折旧费	1,440.00
304	机装车间			510105	折旧费	2,160.00
601	总账组			660205	折旧费	110.00
合计						10,718.00

图 11-10 折旧分配表

（5）单击“凭证”按钮，生成一张记账凭证。

（6）修改凭证类别为“转账凭证”。

（7）单击“保存”按钮，凭证左上角出现“已生成”字样，表示凭证已传递到总账，如图 11-11 所示。

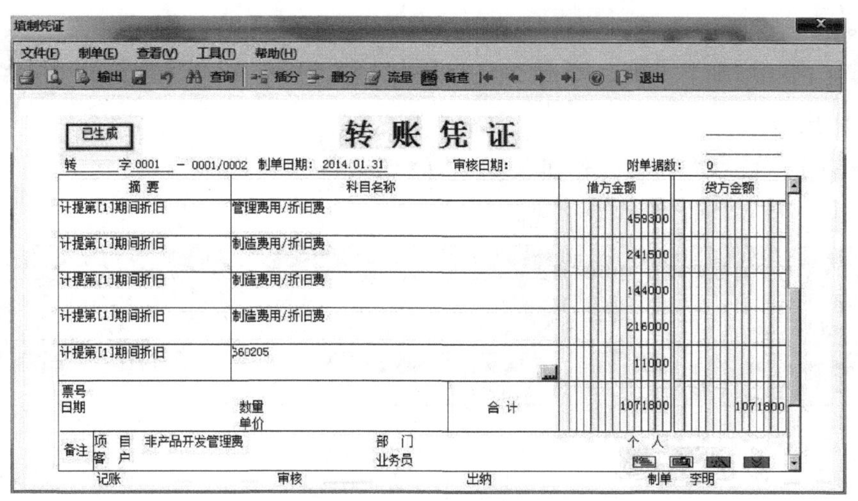

图 11-11　计提折旧转账凭证生成

（8）单击“退出”按钮退出。

提示

- 计提折旧功能对各项资产每期计提一次折旧，并自动生成折旧分配表，然后制作记账凭证，将本期的折旧费用自动登账。
- 部门转移和类别调整的资产当月计提的折旧分配到变动后的部门和类别。
- 在一个期间内可以多次计提折旧，每次计提折旧后，只是将计提的折旧累加到月初的累计折旧上，不会重复累计。
- 若上次计提折旧已制单并已传递到总账系统，则必须删除该凭证才能重新计提折旧。
- 计提折旧后又对账套进行了影响折旧计算或分配的操作，必须重新计提折旧，否则系统不允许结账。
- 资产的使用部门和资产折旧要汇总的部门可能不同，为了加强资产管理，使用部门必须是明细部门，而折旧分配部门不一定分配到明细部门，不同的单位处理可能不同，因此要在计提折旧后，分配折旧费用时作出选择。
- 在折旧费用分配表界面，可以单击“制单”按钮制单，也可以以后利用“批量制单”功能进行制单。

11.7 减少固定资产

操作步骤

（1）执行“卡片”|“资产减少”命令，打开“资产减少”对话框。

（2）在“卡片编号”栏录入“00005”，或单击卡片编号栏对照按钮，选择“00005”。

（3）单击“增加”按钮，双击“减少方式”栏，再单击“减少方式”栏参照按钮，选择“201 出售”。

（4）单击“确定”按钮，结果如图 11-12 所示。

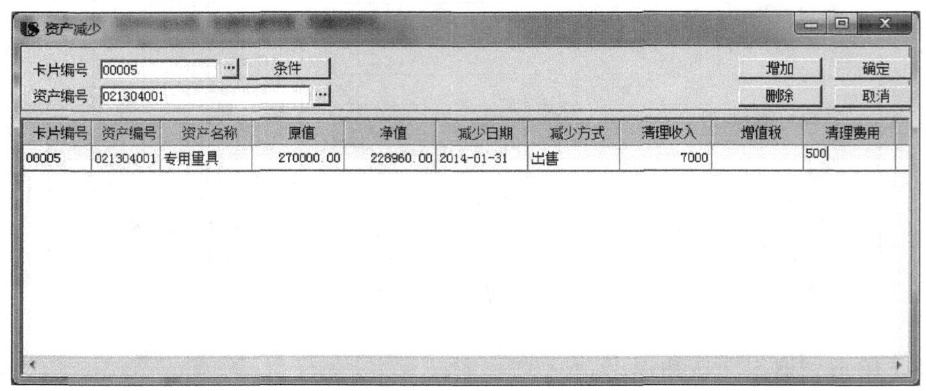

图 11-12　资产减少

（5）单击“确定”按钮，系统提示“所选卡片已经减少成功”。

（6）单击“确定”按钮。

11.8 批量制单

操作步骤

（1）执行“处理”|“批量制单”命令，打开“批量制单 - 制单选择”窗口。

（2）单击“全选”按钮，或双击制单栏，选中要制单的业务，如图 11-13 所示。

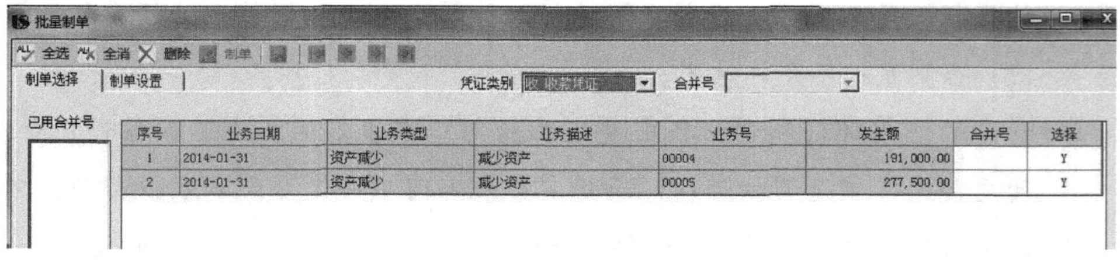

图 11-13　批量制单 - 制单选择

（3）单击“制单设置”选项卡，单击“制单”按钮，生成一张记账凭证。

（4）修改凭证类别为“收款凭证”。

（5）单击“保存”按钮，如图 11-14 所示。

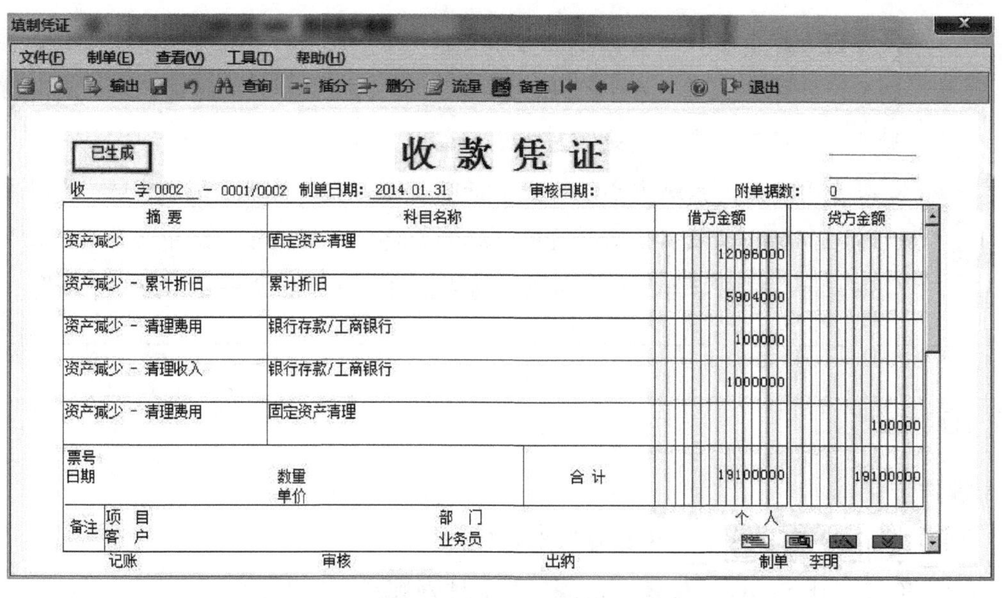

图 11-14 固定资产减少凭证生成

提示

- 批量制单功能可以同时将一批需要制单的业务连续制作凭证传递到总账系统。凡是业务发生时没有制单的，该业务自动排列到批量制单表中，表中列示应制单而没有制单的业务发生日期、类型、原始单据编号，默认的借贷方科目和金额以及制单选择标志。
- 如果在选项中选择“业务发生时立即制单”，摘要根据业务情况自动输入；如果使用批量制单方式，则摘要为空，需要手工输入。
- 修改凭证时，能修改的内容仅限于摘要、用户自行增加的凭证分录、系统默认的分录的折旧科目，而系统默认的分录的金额与原始单据金额不能修改。

11.9 对账

操作步骤

（1）执行“处理”|“对账”命令，打开“与账务对账结果”对话框，如图 11-15 所示。

（2）单击“确定”按钮。

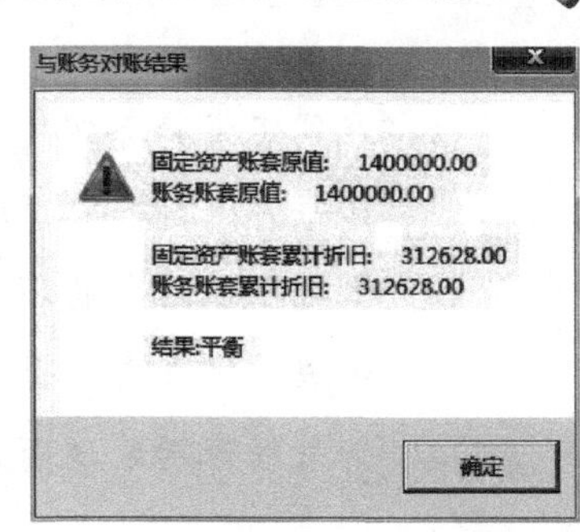

图 11-15 与账务对账结果

提示

- 只有设置账套参数时选择了“与账务系统进行对账”，本功能才能操作。
- 如果对账不平，需要根据初始化是否选中“在对账不平的情况下允许固定资产月末结账”来判断是否可以进行结账处理。
- 如果在固定资产系统中已经计提了折旧，但尚未在总账系统中记账，就会出现与账务对账结果不平衡的情况。此时需要用户到总账系统中将计提折旧的凭证审核、记账后再执行“对账”功能，与账务对账就会显示为“平衡”。

11.10 结账

操作步骤

（1）执行“处理”｜“月末结账”对话框。

（2）单击“开始结账”按钮，出现“与总账对账结果”对话框。

（3）单击“确定”按钮，出现系统提示，如图 11-16 所示。

（4）单击“确定”按钮。

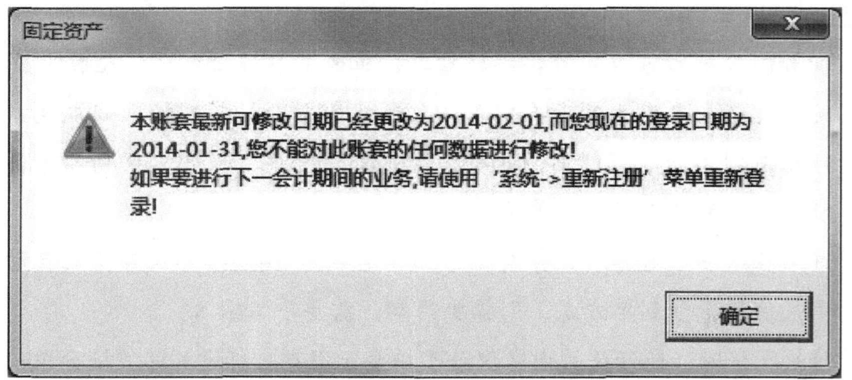

图 11-16　固定资产系统月末结账系统提示信息

提示

- 在固定资产系统完成了本月全部制单业务后，可以进行月末结账。月末结账每月进行一次，结账后当期数据不能修改。
- 本期不结账，将不能处理下期的数据；结账前一定要进行数据备份，否则数据一旦丢失，将造成无法挽回的后果。
- 如果结账后发现有未处理的业务或者需要修改的事项，可以通过系统提供的“恢复月末结账前状态”功能进行反结账。但是，不能跨年度恢复数据，即本系统年末结账后，不能利用本功能恢复年末结转。

- 恢复到某个月月末结账前状态后，本账套对该结账后所做的所有工作都可以无痕迹删除。

11.11 查询固定资产原值一览表

操作步骤

（1）执行“账表”|“我的账表”命令，进入“固定资产 - 报表”窗口。

（2）执行“账簿”中的“统计表”命令，如图 11-17 所示。

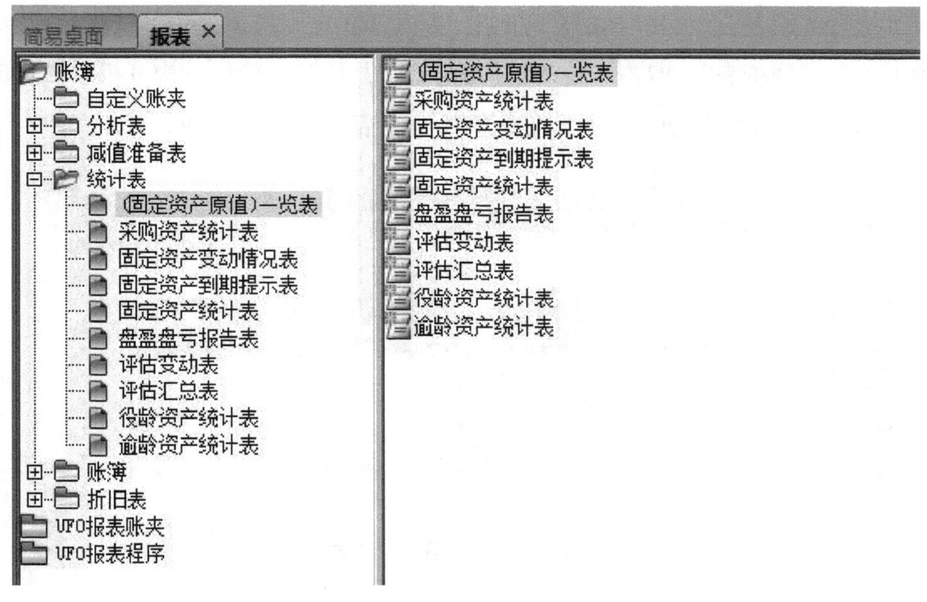

图 11-17 固定资产统计表

（3）双击“（固定资产原值）一览表”对话框。

（4）单击“确定”按钮，进入“（固定资产原值）一览表”窗口，如图 11-18 所示。

（5）单击“退出”按钮退出。

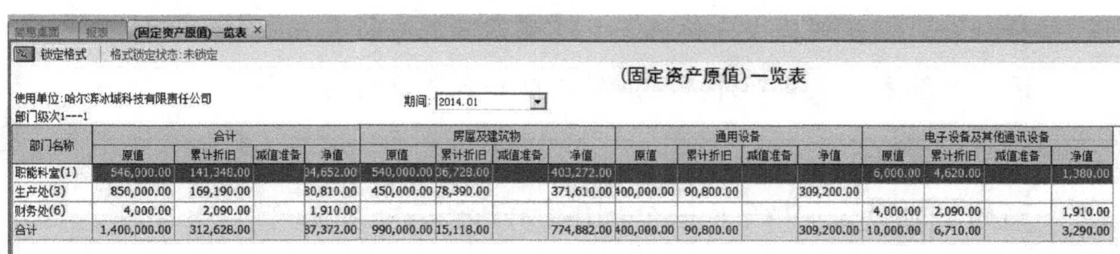

(固定资产原值)一览表

使用单位:哈尔滨冰城科技有限责任公司　　期间: 2014.01

部门级次1---1

部门名称	合计				房屋及建筑物				通用设备				电子设备及其他通讯设备			
	原值	累计折旧	减值准备	净值	原值	累计折旧	减值准备	净值	原值	累计折旧	减值准备	净值	原值	累计折旧	减值准备	净值
职能科室(1)	546,000.00	141,348.00		04,652.00	540,000.00	36,728.00		403,272.00					6,000.00	4,620.00		1,380.00
生产处(3)	850,000.00	169,190.00		80,810.00	450,000.00	78,390.00		371,610.00	400,000.00	90,800.00		309,200.00				
财务处(6)	4,000.00	2,090.00		1,910.00									4,000.00	2,090.00		1,910.00
合计	1,400,000.00	312,628.00		87,372.00	990,000.00	15,118.00		774,882.00	400,000.00	90,800.00		309,200.00	10,000.00	6,710.00		3,290.00

图 11-18 （固定资产原值）一览表

提示

- 在固定资产系统中提供了9种统计表，包括“固定资产原值一览表”、“固定资产变动情况表”、“固定资产到期提示表”、“固定资产统计表”、“评估汇总表”、“评估变动表”、“盘盈盘亏报告表”、“逾龄资产统计表”、“役龄资产统计表”。这些表从不同的侧面对固定资产进行统计分析，使管理者可以全面细致地了解企业对资产的管理、分布情况，为及时掌管资产的价值、数量以及新旧程度等指标提供依据。

11.12 查询“价值结构分析表”

操作步骤

（1）执行“账表”|“我的账表”命令，进入“固定资产（报表）”窗口。

（2）单击“分析表”。双击“价值结构分析表”，打开“价值结构分析表”对话框。

（3）单击“确定”按钮，打开“价值结构分析表”，如图11-19所示。

简易桌面　报表　价值结构分析表

恢复缺省格式　保存格式　锁定格式　格式锁定状态:未锁定

价值结构分析表

使用单位:哈尔滨冰城科技有限责任公司　　期间: 2014.01

资产类别	数量	计量单位	期末原值	期末累计折旧	期末减值准备	期末净值	累计折旧占原值百分比%	减值准备原值百分比%	净值率%
房屋及建筑物(01)	2		990,000.00	215,118.00		774,882.00	21.73		78.27
房屋(011)	2		990,000.00	215,118.00		774,882.00	21.73		78.27
通用设备(02)	4		400,000.00	90,800.00		309,200.00	22.70		77.30
生产用设备(021)	4		400,000.00	90,800.00		309,200.00	22.70		77.30
电子设备及其他通讯设备(03)	2		10,000.00	6,710.00		3,290.00	67.10		32.90
非生产用设备(032)	2		10,000.00	6,710.00		3,290.00	67.10		32.90
合计	8		,400,000.00	312,628.00		,087,372.00	22.33		77.67

图11-19　价值结构分析表

（4）单击“退出”按钮退出。

提示

- 在固定资产系统中，分析表主要通过对固定资产的综合分析，为管理者提供决策依据。系统提供了4种分析表，即“部门构成分析表”、“价值结构分析表”、“类别构成分析表”及“使用状况分析表”。管理者可以通过这些表，了解本企业资产计提折旧的程度和剩余价值的大小。

11.13 当月结账后，进行下一个月的固定资产相关操作

操作步骤

（1）执行“处理”|“工作量输入”命令，进入“工作量输入”窗口。

（2）在“工作量输入”对话框中，在“本月工作量”栏输入“20000”，“累计工作量”栏自动显示为“30000”，单击“保存”按钮。如图 11-20 所示。

图 11-20　工作量输入对话框

（3）执行“处理”｜“计提本月折旧”命令，系统提示计提折旧前要求，如图 11-21 和图 11-22 所示。

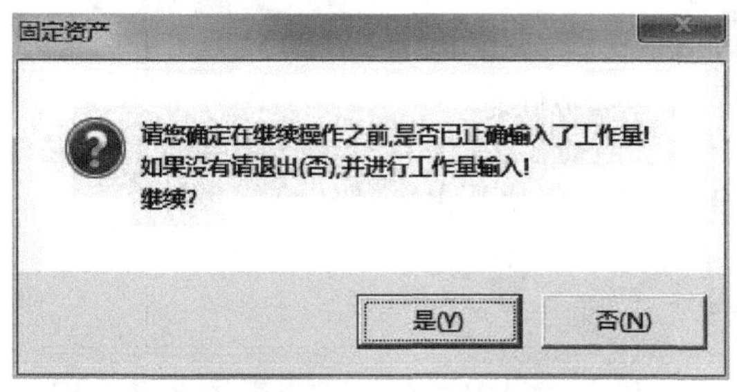

图 11-21　系统提示 1

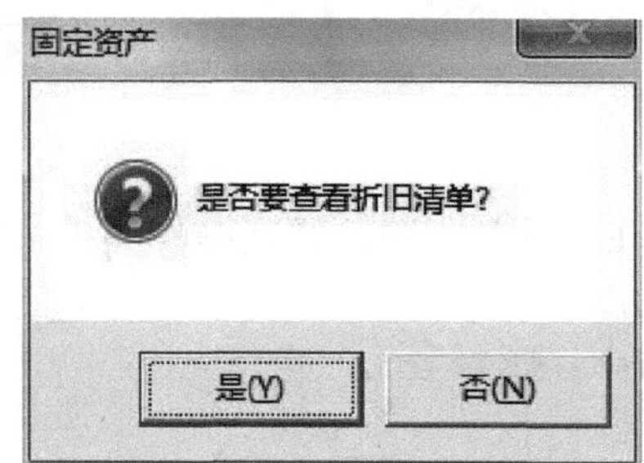

图 11-22　系统提示 2

（4）计提折旧后，系统提示“折旧清单”，如图 11-23 所示。

卡片编号	资产编号	资产名称	原值	计提原值	本月计提折旧额
00001	011101001	办公楼	000.00	540,000.00	4,428.0
00002	011301001	厂房	000.00	450,000.00	1,215.0
00003	021301001	车床	000.00	150,000.00	1,200.0
00006	021301002	吊车	000.00	100,000.00	26,560.0
00007	032101001	复印机	000.00	6,000.00	165.0
00008	032601001	打印机	000.00	4,000.00	110.0
00009	021301003	磨床	000.00	50,000.00	729.6
00010	021303002	吊车	000.00	100,000.00	800.0
合计			000.00	400,000.00	35,207.6

图 11-23　折旧清单

（5）自动生成转账凭证。如图 11-24 所示。

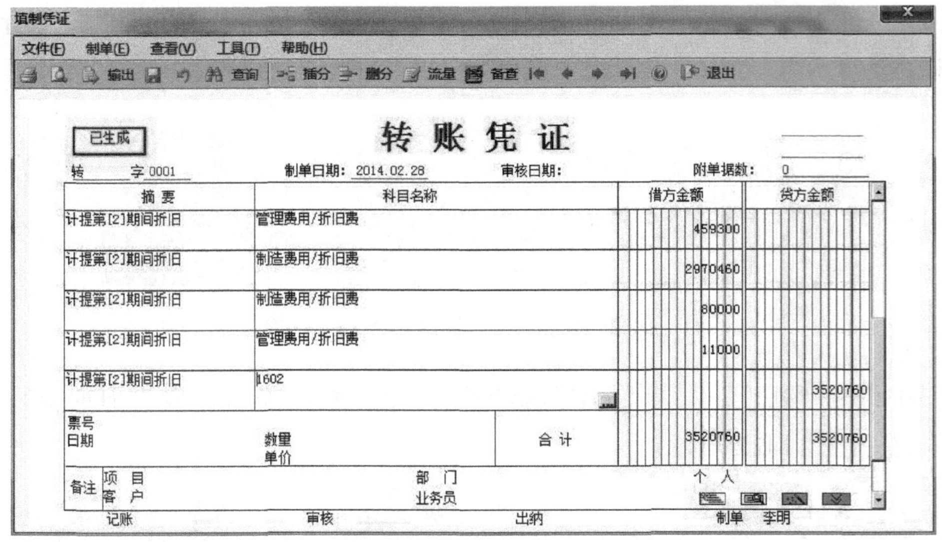

图 11-24 自动生成凭证

（6）月末对账、结账操作同 1 月份的操作。在此不再赘述。

11.14 账套备份

在“D:\100 账套备份”文件夹中新建“任务 11 固定资产管理系统业务处理”文件夹。将账套输出至“任务 11 固定资产管理系统业务处理”文件夹中。

计 划 单

学习领域	会计信息化实务			
学习情境五	固定资产管理系统		学 时	15
工作任务 11	固定资产管理系统业务处理		学 时	9
计划方式	小组讨论、团结协作共同制订计划			
序号	实施步骤			使用资源
制订计划说明				

续表

<table>
<tr><td>学习领域</td><td colspan="5">会计信息化实务</td></tr>
<tr><td>学习情境五</td><td colspan="3">固定资产管理系统</td><td>学　　时</td><td>15</td></tr>
<tr><td>工作任务 11</td><td colspan="3">固定资产管理系统业务处理</td><td>学　　时</td><td>9</td></tr>
<tr><td rowspan="3">计划评价</td><td>班级</td><td></td><td>第　　组</td><td>组长签字</td><td></td></tr>
<tr><td>教师签字</td><td colspan="3"></td><td>日　　期</td></tr>
<tr><td colspan="5">评语：</td></tr>
</table>

决　策　单

<table>
<tr><td>学习领域</td><td colspan="5">会计信息化实务</td></tr>
<tr><td>学习情境五</td><td colspan="2">固定资产管理系统</td><td>学　　时</td><td colspan="2">15</td></tr>
<tr><td>工作任务 11</td><td colspan="2">固定资产管理系统业务处理</td><td>学　　时</td><td colspan="2">9</td></tr>
<tr><td colspan="6">方案讨论</td></tr>
<tr><td rowspan="11">方案对比</td><td>组号</td><td>方案合理性</td><td>实施可操作性</td><td>安全性</td><td>综合评价</td></tr>
<tr><td>1</td><td></td><td></td><td></td><td></td></tr>
<tr><td>2</td><td></td><td></td><td></td><td></td></tr>
<tr><td>3</td><td></td><td></td><td></td><td></td></tr>
<tr><td>4</td><td></td><td></td><td></td><td></td></tr>
<tr><td>5</td><td></td><td></td><td></td><td></td></tr>
<tr><td>6</td><td></td><td></td><td></td><td></td></tr>
<tr><td>7</td><td></td><td></td><td></td><td></td></tr>
<tr><td>8</td><td></td><td></td><td></td><td></td></tr>
<tr><td>9</td><td></td><td></td><td></td><td></td></tr>
<tr><td>10</td><td></td><td></td><td></td><td></td></tr>
<tr><td>方案评价</td><td colspan="5">评语：</td></tr>
</table>

班级		组长签字		教师签字		月　日

实　施　单

<table>
<tr><td>学习领域</td><td colspan="3">会计信息化实务</td></tr>
<tr><td>学习情境五</td><td>固定资产管理系统</td><td>学　　时</td><td>15</td></tr>
<tr><td>工作任务 11</td><td>固定资产管理系统业务处理</td><td>学　　时</td><td>9</td></tr>
<tr><td>实施方式</td><td colspan="3">小组成员合作；动手实践</td></tr>
<tr><td>序号</td><td colspan="2">实施步骤</td><td>使用资源</td></tr>
<tr><td>1</td><td colspan="2"></td><td></td></tr>
<tr><td>2</td><td colspan="2"></td><td></td></tr>
<tr><td>3</td><td colspan="2"></td><td></td></tr>
</table>

续表

<table>
<tr><td>学习领域</td><td colspan="4">会计信息化实务</td></tr>
<tr><td>学习情境五</td><td colspan="2">固定资产管理系统</td><td>学　时</td><td>15</td></tr>
<tr><td>工作任务 11</td><td colspan="2">固定资产管理系统业务处理</td><td>学　时</td><td>9</td></tr>
<tr><td>4</td><td colspan="3"></td><td></td></tr>
<tr><td>5</td><td colspan="3"></td><td></td></tr>
<tr><td>6</td><td colspan="3"></td><td></td></tr>
<tr><td>7</td><td colspan="3"></td><td></td></tr>
<tr><td>8</td><td colspan="3"></td><td></td></tr>
<tr><td>9</td><td colspan="3"></td><td></td></tr>
<tr><td>10</td><td colspan="3"></td><td></td></tr>
<tr><td colspan="5">实施说明：</td></tr>
<tr><td>班级</td><td colspan="2"></td><td>第　组</td><td>组长签字</td></tr>
<tr><td>教师签字</td><td colspan="3"></td><td>日期</td></tr>
<tr><td>评语</td><td colspan="4"></td></tr>
</table>

检　查　单

<table>
<tr><td>学习领域</td><td colspan="5">会计信息化实务</td></tr>
<tr><td>学习情境五</td><td colspan="2">固定资产管理系统</td><td>学　时</td><td colspan="2">15</td></tr>
<tr><td>工作任务 11</td><td colspan="2">固定资产管理系统业务处理</td><td>学　时</td><td colspan="2">9</td></tr>
<tr><td>序号</td><td>检查项目</td><td>检查标准</td><td>学生自查</td><td colspan="2">教师检查</td></tr>
<tr><td>1</td><td>修改固定资产卡片</td><td>按要求修改</td><td></td><td colspan="2"></td></tr>
<tr><td>2</td><td>增加固定资产</td><td>卡片正确，凭证正确</td><td></td><td colspan="2"></td></tr>
<tr><td>3</td><td>减少固定资产</td><td>卡片正确，凭证正确</td><td></td><td colspan="2"></td></tr>
<tr><td>4</td><td>计提折旧</td><td>折旧清单正确，凭证正确</td><td></td><td colspan="2"></td></tr>
<tr><td>5</td><td>固定资产变动</td><td>系统显示与资料一致</td><td></td><td colspan="2"></td></tr>
<tr><td>6</td><td>对账和结账</td><td>系统显示与资料一致</td><td></td><td colspan="2"></td></tr>
<tr><td>7</td><td>账表查询</td><td>正确查询需要的账表</td><td></td><td colspan="2"></td></tr>
<tr><td>8</td><td></td><td></td><td></td><td colspan="2"></td></tr>
<tr><td>9</td><td></td><td></td><td></td><td colspan="2"></td></tr>
<tr><td rowspan="3">检查评价</td><td>班级</td><td></td><td>第　组</td><td>组长签字</td><td></td></tr>
<tr><td>教师签字</td><td></td><td>日期</td><td colspan="2"></td></tr>
<tr><td colspan="5">评语：</td></tr>
</table>

评价单

<table>
<tr><td>学习领域</td><td colspan="6">会计信息化实务</td></tr>
<tr><td>学习情境五</td><td colspan="3">固定资产管理系统</td><td colspan="2">学　时</td><td>15</td></tr>
<tr><td>工作任务 11</td><td colspan="3">固定资产管理系统业务处理</td><td colspan="2">学　时</td><td>9</td></tr>
<tr><td>评价类别</td><td>项目</td><td>子项目</td><td>个人评价</td><td colspan="2">组内互评</td><td>教师评价</td></tr>
<tr><td rowspan="6">专业能力</td><td>资讯
（10%）</td><td></td><td></td><td colspan="2"></td><td></td></tr>
<tr><td>计划
（5%）</td><td></td><td></td><td colspan="2"></td><td></td></tr>
<tr><td>实施
（20%）</td><td></td><td></td><td colspan="2"></td><td></td></tr>
<tr><td>检查
（10%）</td><td></td><td></td><td colspan="2"></td><td></td></tr>
<tr><td>过程
（5%）</td><td></td><td></td><td colspan="2"></td><td></td></tr>
<tr><td>结果
（10%）</td><td></td><td></td><td colspan="2"></td><td></td></tr>
<tr><td rowspan="2">社会能力</td><td>团结协作
（10%）</td><td></td><td></td><td colspan="2"></td><td></td></tr>
<tr><td>敬业精神
（10%）</td><td></td><td></td><td colspan="2"></td><td></td></tr>
<tr><td rowspan="2">方法能力</td><td>计划能力
（10%）</td><td></td><td></td><td colspan="2"></td><td></td></tr>
<tr><td>决策能力
（10%）</td><td></td><td></td><td colspan="2"></td><td></td></tr>
</table>

<table>
<tr><td rowspan="3">评价评语</td><td>班级</td><td></td><td>姓名</td><td></td><td>学号</td><td></td><td>总评</td><td></td></tr>
<tr><td>教师签字</td><td></td><td>第　　组</td><td>组长签字</td><td colspan="2"></td><td>日期</td><td></td></tr>
<tr><td colspan="8">评语：</td></tr>
</table>

会计信息化实务综合实训

实训一　系统管理与综合设置

【实训准备】

正确安装用友 ERP-U8V10.1 软件，将系统日期改为“2014 年 1 月 1 日”。

【实训要求】

（1）增加用户。

（2）建立账套（不进行系统启用的设置）。

（3）设置用户权限。

（4）201 号操作员在企业应用平台中分别启用“总账”、“应收款管理”、“应付款管理”、“固定资产”、“薪资管理”，启用日期为 2014 年 1 月 1 日。

（5）设置部门档案、人员类别、职员档案、供应商分类、供应商档案、客户档案。

（6）备份账套。

【实训资料】

1.1　操作员及其权限

操作员及其权限如实训表 -1 所示。

实训表 -1　操作员及其权限

编号	姓名	口令	所属部门	角色	权限
201	张强	A01	财务部	账套主管	账套主管的全部权限
202	陈红	A02	财务部	总账会计	
203	李乐	A03	财务部		总账系统中出纳签字（GL0203）及出纳（GL04）的所有权限

1.2　账套信息

账套号：200

单位名称：实达股份有限公司

单位简称：实达公司

单位地址：北京市西城区西四大街 11 号

法人代表：李明

邮政编码：100055

税号：100011010255669

启用会计日期：2014 年 1 月 1 日

企业类型：工业

行业性质：2007 年新会计科目

账套主管：张强

基础信息：对供应商进行分类

分类编码方案：

科目编码级次：4222

供应商分类编码级次：123

部门编码级次：122

1.3 部门档案

部门档案如实训表 -2 所示。

实训表 -2 部门档案

部门编码	部门名称
1	人事部
2	财务部
3	供销中心
301	采购部
302	销售部
4	生产车间

1.4 人员类别

在职人员分为企业管理人员、经营人员和生产人员。

1.5 人员档案

人员档案如实训表 -3 所示。

实训表 -3 人员档案

人员编码	人员姓名	性 别	人员类别	行政部门	是否业务员
001	李明	男	企业管理人员		是
002	江平	男	企业管理人员		
003	张强	男	企业管理人员		
004	陈红	女	企业管理人员		
005	李乐	男	企业管理人员		
006	王芳	女	经营人员		是
007	周莹	女	经营人员		是
008	马文杰	男	生产人员		

1.6 供应商分类

供应商分类如实训表 -4 所示。

实训表 -4 供应商分类

类别编码	类别名称
1	主料供应商
2	配料供应商

1.7 供应商档案

供应商档案如实训表 -5 所示。

实训表 -5 供应商档案

供应商编码	供应商名称 / 简称	所属分类	税 号	分管部门	专管业务员
01	大发公司	1 主料供应商	11028734650123	采购部	王芳
02	光华集团	2 配料供应商	11548357292443	采购部	王芳

1.8 客户档案

客户档案如实训表 -6 所示。

实训表 -6 客户档案

客户编码	客户名称 / 简称	税 号	分管部门	专管业务员
01	前进公司	430432432893257	销售部	周莹
02	建达公司	225832700549099	销售部	周莹

实训二 总账系统初始化

【实训准备】

已经完成了实训一的操作。将系统日期修改为“2014 年 1 月 1 日”，由 201 号操作员注册进入企业应用平台进行操作。

【实训要求】

（1）设置会计科目。

（2）指定会计科目。

（3）设置凭证类别。

（4）设置选项。

（5）输入期初余额。

（6）设置结算方式。

（7）设置项目目录。

（8）账套备份。

【实训资料】

2.1 会计科目

（1）“1001 库存现金”为现金总账科目、“1002 银行存款”为银行总账科目。

（2）增加会计科目（如实训表 -7 所示）。

实训表 -7 增加的会计科目

科目编码	科目名称	辅助账类型
100201	建行存款	日记账、银行账
122101	职工个人借款	个人往来
660201	差旅费	部门核算
660202	办公费	部门核算
660203	工资	部门核算
660204	福利费	部门核算
660205	折旧费	部门核算
660206	其他	

（3）修改会计科目。

- “1121 应收票据”、“1122 应收账款”、“2203 预收账款”科目辅助账类型为“客户往来”（受控系统为应收系统）；
- “2201 应付票据”、“2202 应付账款”、“1123 预付账款”科目辅助账类型为“供应商往来”（受控系统为应付系统）；
- “1605 工程物资”科目及所属明细科目辅助账类型为“核算项目”。

2.2 凭证类别

凭证类别如实训表 -8 所示。

实训表 -8 凭证类别

类别名称	限制类型	限制科目
收款凭证	借方必有	1001,1002
付款凭证	贷方必有	1001,1002
转账凭证	凭证必无	1001,1002

2.3 选项

不允许修改、作废他人填制的凭证；出纳凭证必须经由出纳签字；可以使用应收、应付系统的受控科目。

2.4 期初余额

库存现金：9000（借）

建行存款：191000（借）

应收账款：30000（借）前进公司

预付账款：30000（借）大发公司

职工个人借款——李明：7000（借）

固定资产：869000

累计折旧：72515

库存商品：13000（借）

短期借款：100000（借）

长期借款：496485（贷）

实收资本：480000（贷）

2.5 结算方式

结算方式包括现金结算、现金支票结算、转账支票结算及其他结算。

2.6 项目目录

项目大类为“工程”，核算科目为“工程物资”及明细科目，项目内容为“办公楼”和“商务楼”，其中“商务楼”包括“1 号楼”和“2 号楼”两项工程。

实训三 总账系统日常业务处理

【实训准备】

已经完成了实训二的操作。将系统日期修改为“2014 年 1 月 31 日”。

【实训要求】

（1）由 201 号操作员设置常用摘要并审核凭证；由 202 号操作员对除设置常用摘要、审核凭证和出纳签字以外的业务进行操作；由 203 号操作员进行出纳签字。

（2）设置账套参数。

（3）填制凭证。

（4）审核凭证。

（5）出纳签字。

（6）修改第 2 号付款凭证的金额为 51000 元。

（7）删除第 1 号收款凭证并整理断号。

（8）设置常用凭证。

（9）记账。

（10）查询已记账的第 1 号转账凭证。

（11）银行对账。

（12）定义转账分录。

（13）生成机制凭证。

（14）对账。

（15）冲销第 1 号付款凭证。

【实训资料】

3.1 常用摘要

常用摘要如实训表 -9 所示。

实训表 -9 常用摘要

摘要编码	摘要内容
1	报销办公费
2	提现金
3	报销差旅费

3.2 2014 年 1 月发生如下经济业务

（1）1 月 8 日，以现金支付修理费 920 元。

借：管理费用——其他 920

贷：库存现金 920

（2）1 月 8 日，以建行存款 50000 元支付销售部广告费。

借：销售费用 50000

贷：银行存款——建行存款（转账支票 6355） 50000

（3）1 月 12 日，销售给前进公司库存商品一批，货税款 90200 元（货款 80000 元，税款 10200 元）已存入银行。

借：银行存款——建行存款 93600

贷：主营业务收入 80000

应交税费——应交增值税——销项税额 13600

（4）1 月 22 日，李明借差旅费 7000 元。

借：其他应收款——职工个人借款——李明 7000

贷：库存现金 7000

3.3 常用凭证

摘要：从建行提现金，凭证类别：付款凭证；科目编码：1001 和 100201。

3.4 银行对账期初数据

单位日记账余额为 391000 元，银行对账单期初余额为 300000 元，有银行已付而企业未收的未达账（2008 年 12 月 20 日）91000 元。

3.5 2014 年 1 月的银行对账单

2014 年 1 月的银行对账单如实训表 -10 所示。

实训表 -10 银行对账单

日期	计算方式	票号	借方金额	贷方金额	余额
2014-01-08	转账支票	1122		51000	249000
2014-01-22	转账支票	1234	1000		250000

3.6 期末转账的内容

“应交税费——应交增值税——销项税额”贷方发生额转入“应交税费——未交增值税”。

实训四 编制报表

【实训准备】

在完成上述实训的基础上，由 201 操作员进入“UFO 报表”进行编制报表的操作。

【实训要求】

（1）设计利润表的格式。

（2）按新会计制度设计利润表的计算公式。

（3）生成自制利润表的数据。

（4）将已生成数据的自制利润表另存为“1 月份利润表”。

（5）利用报表模板按新会计制度科目生成资产负债表。

（6）保存“资产负债表”。

【实训资料】

4.1 表样内容

表样内容如实训表 -11 所示。

实训表 -11 利润表

编制单位　　　　　　　　　　　　　　　　年　月

项　目	行　数	本 月 数	本年累计数
一、主营业务收入	1		
减：主营业务成本	2		
营业税费	3		

续表

项　　目	行　　数	本 月 数	本年累计数
销售费用	4		
管理费用	5		
财务费用（收益以“--”号填列）	6		
资产减值损失	7		
加：公允价值变动净收益（净损失以“-”号填列）	8		
投资净收益	9		
其中对联营企业与合营企业的投资收益	10		
二、营业利润（亏损以“-”号填列）	11		
加：营业外收入	12		
减：营业外支出	13		
其中：非流动资产处置净损失（净收益以“-”号填列）	14		
三、利润总额（亏损总额以“-”填列）	15		
减：所得税	16		
四、净利润（净亏损以“-”号填列）	17		
五、每股收益	18		
基本每股收益	19		
稀释每股收益	20		

4.2　报表中的计算公式

报表中的计算公式如实训表 -12 所示。

实训表 -12　计算公式

位置	单元公式	位置	单元公式
C5	fs（6001, 月，“贷”，, 年）	D5	?C5+select（D5, 年 @= 年 and 月 @= 月 +1）
C6	fs（6401, 月，“借”，, 年）	D6	?C6+select（D6, 年 @= 年 and 月 @= 月 +1）
C7	fs（6403, 月，“借”，, 年）	D7	?C7+select（D7, 年 @= 年 and 月 @= 月 +1）
C8	fs（6601, 月，“借”，, 年）	D8	?C8+select（D8, 年 @= 年 and 月 @= 月 +1）
C9	fs（6602, 月，“借”，, 年）	D9	?C9+select（D9, 年 @= 年 and 月 @= 月 +1）
C10	fs（6603, 月，“借”，, 年）	D10	?C10+select（D10, 年 @= 年 and 月 @= 月 +1）
C11	fs（6701, 月，“借”，, 年）	D11	?C11+select（D11, 年 @= 年 and 月 @= 月 +1）
C12	fs（6101, 月，“借”，, 年）	D12	?C12+select（D12, 年 @= 年 and 月 @= 月 +1）
C13	fs（6111, 月，“借”，, 年）	D13	?C13+select（D13, 年 @= 年 and 月 @= 月 +1）
C14		D14	
C15	C5-C6-C7-C8-C9-C10-C11+C12+C13	D15	?C15+select（D15, 年 @= 年 and 月 @= 月 +1）
C16	fs（6301, 月，“贷”，, 年）	D16	?C16+select（D16, 年 @= 年 and 月 @= 月 +1）
C17	fs（6711, 月，“借”，, 年）	D17	?C17+select（D17, 年 @= 年 and 月 @= 月 +1）
C18		D18	
C19	C15+C16-C17	D19	?C19+select（D19, 年 @= 年 and 月 @= 月 +1）
C20	fs（6111, 月，“借”，, 年）	D20	?C20+select（D20, 年 @= 年 and 月 @= 月 +1）
C21	C19-C20	D21	?C21+select（D21, 年 @= 年 and 月 @= 月 +1）

实训五　薪资管理

【实训准备】

已经完成了“总账系统初始化”的操作，将系统日期修改为“2014 年 1 月 8 日”。由 201 号操作员注册进入 200 账套的薪资管理系统。

【实训要求】

（1）建立工资账套。

（2）基础设置。

（3）工资类别管理。

（4）设置基本人员工资账套的工资项目。

（5）设置人员档案。

（6）录入并计算 1 月份的工资数据。

（7）扣缴所得税。

（8）银行代发工资。

（9）分摊工资并生成转账凭证。

【实训资料】

5.1　200 账套工资系统的参数

工资类别有两个，工资核算本位币为人民币，不核算计件工资，自动代扣个人所得税，进行扣零到元，人员编码长度采用系统默认的 10 位。工资类别为“基本人员”和“退休人员”，并且总人员分布在各个部门，而退休人员只属于人事部门。

5.2　人员附加信息

人员的附加信息为“学历”和“技术职称”。

5.3　“基本人员”的工资项目

“基本人员”的工资项目如实训表 -13 所示。

实训表 -13　工资项目

工资项目名称	类　型	长　度	小　数	增 减 项
基本工资	数字	8	2	增项
职务补贴	数字	8	2	增项
交通补贴	数字	8	2	增项
奖金	数字	8	2	增项
缺勤扣款	数字	8	2	减项
缺勤天数	数字	8	2	其他

5.4 银行名称

银行名称为“建设银行”。账号长度为 11 位，录入时自动带出的账号长度为 8 位。

5.5 工资类别

基本人员和退休人员（注：如果在建立工资账套后已经设置了“基本人员”的工资类别，此处只需设置“退休人员”的工资类别，否则，两处工资类别均需在此设置）。

5.6 基本人员档案

基本人员档案如实训表 -14 所示。

实训表 -14 基本人员档案表

职员编号	人员姓名	学历	职称	所属部门	人员类别	银行代发账号
0000000001	李明	大学	经济师	人事部（1）	企业管理人员	11020088001
0000000002	江平	大学	经济师	人事部（1）	企业管理人员	11020088002
0000000003	张强	大学	会计师	财务部（2）	企业管理人员	11020088003
0000000004	陈红	大专	助理会计师	财务部（2）	企业管理人员	11020088004
0000000005	王芳	大专		采购部（301）	采购人员	11020088005
0000000006	周莹	大专		销售部（301）	销售人员	11020088006

5.7 计算公式

缺勤扣款 = 基本工资 /22× 缺勤天数。

采购人员和销售人员的交通补贴为 200 元，其他人员的交通补贴为 100 元。

5.8 个人所得税

按“实发工资”扣除“3500”元后计税。

5.9 2014 年 1 月有关的工资数据

2014 年 1 月有关的工资数据如实训表 -15 所示。

实训表 -15 工资数据表

人员编号	人员姓名	所属部门	人员类别	基本工资	职务补贴	奖　金	缺勤天数
001	李明	人事部（1）	企业管理人员	4000	2000	800	
002	江平	人事部（1）	企业管理人员	3000	1500	700	2
003	张强	财务部（2）	企业管理人员	4000	1500	800	
004	陈红	财务部（2）	企业管理人员	1500	900	1000	
005	王芳	采购部（301）	采购人员	1500	900	1200	
006	周莹	销售部（301）	销售人员	1200	800	1100	

5.10　分摊构成设置

按工资总额的 14% 计提福利费，按工资总额的 2% 计提工会经费，如实训表 -16 所示。

实训表 -16　分摊构成设置

计提类型名称	部门名称	人员类别	项　目	借方科目	贷方科目
应付工资	人事部、财务部	企业管理人员	应发合计	管理费用 - 工资（660203）	应付职工薪酬 / 应付工资（221101）
	采购部、销售部	企业管理人员	应发合计	销售费用（6601）	应付职工薪酬 / 应付工资（221101）
应付福利费	人事部、财务部	企业管理人员	应发合计	管理费用 - 福利费（660204）	应付职工薪酬 / 应付福利费（221102）
	采购部、销售部	企业管理人员	应发合计	销售费用（6601）	应付职工薪酬 / 应付福利费（221102）
工会经费	人事部、财务部	采购人员	应发合计	管理费用 - 其他（660206）	应付职工薪酬 / 工会经费（221103）
	采购部、销售部	销售人员	应发合计	销售费用（6601）	应付职工薪酬 / 工会经费（221103）应付工资

实训六　固定资产系统

【实训准备】

已经完成了“总账系统初始化”的操作，将系统日期修改为“2014 年 1 月 8 日”。由 201 操作员注册进入 200 账套的“固定资产”。

【实训要求】

（1）建立固定资产子账套。

（2）基础设置。

（3）录入原始卡片。

（4）修改固定资产卡片。

（5）增加固定资产。

（6）计提本月折旧并制单。

（7）生成增加固定资产的记账凭证。

【实训资料】

6.1　200 账套固定资产系统的参数

固定资产账套启用月份为“2014 年 1 月”，固定资产采用“平均年限法（一）”计提折旧，折旧汇总分配周期为一个月；当“月初已计提月份 =（可使用月份 -1）”时将剩余折旧全部提足。固定资产编码方式为“2-1-1-2”；固定资产编码方式采用手工输入方法，编码方式为“类别编码 + 序号”；序号长度为“5”。要求固定资产系统与总账进行对账；固定资产对账科目为“1601 固定资产”；累计折旧对账科目为“1602 累计折旧”；对账不平衡的情况下允许固定资产月末结账。

6.2 部门对应折旧科目

部门对应折旧科目如实训表 -17 所示。

实训表 -17 部门对应折旧科目

部门名称	贷方科目
人事部	管理费用 - 折旧费（60205）
财务部	管理费用 - 折旧费（60205）
采购部	销售费用（6601）
销售部	销售费用（6601）
生产车间	制造费用（5101）

6.3 固定资产类别

固定资产类别如实训表 -18 所示。

实训表 -18 固定资产类别

类别编码	类别名称	使用年限	净残值率	计提属性	折旧方法	卡片样式
01	房屋及建筑物				平均年限法（一）	通用样式
011	行政楼	30	2%	正常计提	平均年限法（一）	通用样式
012	厂房	30	2%	正常计提	平均年限法（一）	通用样式
02	机器设备				平均年限法（一）	通用样式
021	办公设备	5	3%	正常计提	平均年限法（一）	通用样式

6.4 固定资产增减方式

固定资产增减方式如实训表 -19 所示。

实训表 -19 固定资产增减方式

增加方式	对应入账科目	减少方式	对应入账科目
直接购入	银行存款 - 建行存款（100201）	出售	固定资产清理（1606）
投资者投入	实收资本（4001）	投资转出	长期股权投资（1511）
捐赠	营业外收入（6301）	捐款转出	固定资产清理（1606）
盘盈	待处理财产损益（1901102）	盘亏	待处理财产损益（1901102）
在建工程转入	在建工程（1604）	报废对应入账科目	固定资产清理（1606）

6.5 固定资产原始卡片

固定资产原始卡片如实训表-20所示。

实训表-20 固定资产原始卡片

卡片编号	00001	00002	00003
固定资产编号	01100001	01200001	02100001
固定资产名称	8号楼	12号楼	电脑
类别编码	011	012	021
类别名称	行政楼	厂房	办公设备
部门名称	人事部	生产车间	财务部
增加方式	在建工程转入	在建工程转入	直接购入
使用状况	在用	在用	在用
使用年限	30年	30年	5年
折旧方式	平均年限法（一）	平均年限法（一）	平均年限法（一）
开始使用日期	2012-01-08	2012-03-10	2012-06-01
币种	人民币	人民币	人民币
原值	500000	350000	19000
净残值率	2%	2%	3%
累计折旧	40000	30515	2000
对应折旧科目	管理费用-折旧费	制造费用	管理费用-折旧费

6.6 修改固定资产卡片

将编号为“00003”的固定资产（电脑）的折旧方式由“平均年限法（一）”修改为“年数总和法”。

6.7 新增固定资产

2014年1月15日直接购入并交付销售部使用一台电脑，预计使用年限为5年，原值为21000元，净残值率为3%，采用“双倍余额递减法”计提折旧。

实训七 应收款系统

【实训准备】

已经完成了“总账系统初始化”的操作，将日期修改为“2014年1月8日”。由201号操作员注册进入200账套的“应收款管理”。

一、初始设置

【实训要求】

（1）设置系统参数。

（2）设置账目。

（3）坏账准备设置。

（4）账龄区间设置。

（5）报警级别设置。

（6）录入期初余额。

【实训资料】

7.1 200账套应收款系统的参数

坏账处理方式为“应收余额百分比法”，启用客户权限，并且按信用方式根据单据提前7天自动报警。

7.2 基本科目

应收科目为“1122应收账款”，销售收入科目为“6601主营业务收入”，应交增值税科目为“22210102应交税费——应交增值税——销项税额”，销售退回科目为“6601主营业务收入”，商业承兑科目为“1121应收票据”。

7.3 结算方式科目

现金支票结算方式科目为“1001库存现金”，转账支票结算方式科目为“100201建行存款”。

7.4 坏账准备

提取比例为“0.3%”，坏账准备期初余额为“0”，坏账准备科目为“1231坏账准备”，坏账准备对方科目为“6602管理费用”。

7.5 账龄区间

总天数分别为120天和240天。

7.6 报警级别

A级时的总比率为20%，B级时的总比率为30%，总比率在30%以上是C级。

7.7 期初余额

期初余额开票日期为2014年，如实训表-21所示。

实训表-21 期初余额情况

单据名称	方向	开票日期	客户名称	销售部门	科目编码	价税合计
其他应收单	正	2013-12-22	前进公司（01）	销售部（302）	1122	30000

二、日常业务处理

【实训要求】

（1）录入应收单据（其他应收款）并在审核后制单。

（2）录入收款单据并在审核后制单。

（3）核销收款单据。

（4）填制商业承兑汇票并制单。

（5）应收冲应收暂不制单。

（6）处理坏账发生业务部制单。

（7）取消对同达公司的核销操作。

（8）将未制单的单据制单。

【实训资料】

（1）2014 年 1 月 15 日，向前进公司销售商品，形成应收款共计 90000 元，向建达公司销售商品，形成应收款共计 60000 元。

（2）2014 年 1 月 20 号，收到前进公司转账支票一张，还款共合计 80000 元。

（3）2014 年 1 月 22 日，收到建达公司签发并承兑的商业承兑汇票一张（NO. 6902），面值为 50000 元，到期日为 2014 年 5 月 20 日。

（4）2014 年 1 月 22 日，经三方同意将 1 月 15 日形成的应向建达公司收取的应收款 10000 元转为向前进公司的应收账款。

（5）2014 年 1 月 31 日，将 1 月 15 日形成的应向前进公司收取的应收账款的余款 10000 元转为坏账。

实训八　应付款系统

【实训准备】

已经完成了“总账系统初始化”的操作，将系统日期修改为“2014 年 2 月 8 日”。由 201 号操作员注册进入 200 账套的“应付款系统”

一、初始设置

【实训要求】

（1）设置系统参数。

（2）基础设置。

（3）报警级别设置。

（4）录入期初余额。

【实训资料】

8.1 200 账套应付款系统的参数

启用供应商权限，并且按信用方式根据单据提前 7 天自动报警。

8.2 基本科目

应付科目为“2202 应付账款”，预付科目为“1123 预付账款”，采购科目为“1401 材料采购”，采购税金科目为“22210101 应交税费——应交增值税——进项税额”，商业承兑科目为“2201 应付票据”。

8.3 结算方式科目

转账支票结算方式科目为“100201 建行存款”。

8.4 报警级别

A 级时的总比率为 30%，B 级时的总比率为 40%，总比率在 40% 以上为 C 级。

8.5 期初余额

期初余额开票日期为 2013 年，如实训表 -22 所示。

实训表 -22 期初余额

单据名称	方向	开票日期	结算方式	供应商名称	采购部门	科目编码	金额
预付款单	正	2013-12-23	转账支票	大发公司（01）	采购部（301）	1123	30000

二、日常业务处理

【实训要求】

（1）录入应付单据（其他应付单）并审核暂不制单。

（2）修改应付单据并审核。

（3）录入付款单据并在审核后制单。

（4）核销大发公司的付款单据。

（5）填制商业承兑汇票并制单。

（6）预付冲应付并制单。

（7）查询并删除凭证。

（8）取消对大发公司的转账操作。

（9）将未制单的单据制单。

【实训资料】

（1）2014年1月15日，从大发公司采购原材料20吨，单价为每吨800元，增值税率为17%，原材料已验收入库，货税款尚未支付。

（2）2014年1月15日，从大发公司采购原材料20桶，单价为每桶2000元，增值税率为17%，原材料已验收入库，货税款尚未支付。

（3）2014年1月18日，发现2014年1月15日从大发公司采购原材料的单价应为每吨790元。

（4）2014年1月22日，以转账支票向大发公司支付采购原材料20吨的货税款18486元。

（5）2014年1月22日，向大发公司签发并承兑商业承兑汇票一张（NO. 58891），面值为20000元，到期日为2014年6月22日。

（6）2014年1月28日，经双方同意，将向大发公司2014年1月15日购买原材料20桶税款的余款16800元与预付款冲抵。

（7）删除1月22日填制的签发并承兑商业承兑汇票的记账凭证。

（8）取消对大发公司的转账操作。

参 考 文 献

陈思雄，朱志国. 2010. 会计电算化. 成都：西南交通大学出版社.

崔艳丽. 2010. 会计电算化. 天津：天津教育出版社.

冯俊萍. 2011. 会计电算化应用. 武汉：中南大学出版社.

李冬梅，谷增军，葛红. 2011. ERP 财务管理实务. 北京：清华大学出版社.

亓文会，等. 2013. 会计电算化项目教程. 北京：北京大学出版社.

沈美莉，陈孟建，马银晓. 2010. 会计电算化实用教程. 北京：电子工业出版社.

孙莲香. 2012. 会计电算化技能实训教程（畅捷通 T3 版）. 北京：清华大学出版社.

王庆彤，孙书春. 2013. 财务软件应用. 上海：立信会计出版社.

王曦东. 2013. 会计电算化实务. 北京：北京邮电大学出版社.

王新玲，赵彦龙，蒋晓燕主编. 2009. 新编用友 ERP 财务管理系统实验教程. 北京：清华大学出版社.

武迎春. 2011. 新编会计电算化与实训. 上册. 北京：北京邮电大学出版社.

徐亚文，等. 2011. 会计信息化实务. 武汉：武汉大学出版社.

张冬梅. 2012. 电算会计项目化教程（用友 ERP-U872 版）. 北京：电子工业出版社.

张洪波. 2011. 会计信息化. 北京：高等教育出版社.

张丽静. 2013. 会计电算化. 上海：立信会计出版社.